天下·文化
BELIEVE IN READING

發現你的
共感天賦

同理心如何運作

The Space Between
How Empathy Really Works

By Heidi L. Maibom

麥波姆——著　張嘉倫——譯

科學文化 227

目次

中文版注：
本書各章內文中的編號（上標的數字），對應到作者補充撰寫的〈附注〉（Notes）。因〈附注〉和〈參考資料〉篇幅較大，經作者同意，改放在「天下文化官網」https://bookzone.cwgv.com.tw/
讀者可上網或掃描右側 QRcode 參閱。

但是，我的哲學同袍們，且讓我們從今往後更小心防範這種危險古老觀念的神話，此種觀念建立了「純粹、無意志、無痛且永恆的知識主體」。讓我們保護自己，遠離諸如「純粹理性」、「絕對靈性」、「知識本身」等彼此矛盾的觀念——在這些理論中，要一隻想像不出來的眼睛來進行思考，一隻在假設中毫無方向，而且主動和解讀功能受到束縛、不存在的眼睛；我所指的是，這些功能先是透過「抽象」觀看，然後變成了看見某事物；因此，這些理論中所要求的視角總是荒謬且無意義。一個觀點只有一種「看見」，只有一種「知曉」，我們談論某件事物產生的情感愈多，愈能運用更多不同的視角去觀察事物，對此事物的『概念』便愈完整，我們的『客觀性』也益臻完整。但是，完全消除意志，封閉所有情感，即使我們能做到，那又怎麼樣！這豈不是智性的閹割嗎？

——尼采（Friedrich Nietzsche）：《道德系譜學》第三篇，
　　第十二節

前言
讓我們的視角更加寬闊

2009 年 5 月 1 日，當時的美國總統歐巴馬（Barack Obama）打斷了白宮下午的記者會，並宣布美國最高法院大法官蘇特（David Souter）退休的消息，而他將負責決定接替人選。歐巴馬表示：我希望尋找的人選是……

> 深知司法不僅是基於抽象的法律理論或判例教材的注腳，而是會對人們實際的日常生活產生影響，……我希望尋找致力於法治、尊重憲法傳統且遵循司法程序整全性和司法相關限制的人。[1]

然而，歐巴馬如此看似無害的聲明，卻引發了反對黨和媒體重新檢視他過去關於同理心和司法的言論。焦點旋即轉向 2007 年歐巴馬在美國計畫生育協會（Planned Parenthood）的一場演說，當時他仍在競選總統，歐巴馬在會上指出：

> 我們必須思索，司法的核心為何？司法對美國未來的願景為何？羅伯茲大法官（Justice Roberts）說他將自己視為裁

判，但法庭上面對的並非體育競賽，而是生死攸關的議
題。我們需要有愛心、同理心的法官，能夠意識到身為一
名未成年的年輕母親會面臨何種處境；他必須具有同理心
去理解貧困者、非裔美籍人士、同志、身障人士或年長
者的處境與感受——這便是我決定大法官人選的標準。[2]

　　此番言論普遍被解讀為，歐巴馬期許的大法官人選會在特
定案件中，根據直覺做出有違法治的裁決，甚或是全然地藐視
法律。更不利的是，歐巴馬所提名的大法官候選人索托馬約爾
（Sonia Sotomayor），曾對美國議員麥康納（Mitch McConnell）等
人發表過評論，顯示出她可能會憑個人的經驗和想法來影響法律
判決。最著名的例子應該是 2001 年在加州大學柏克萊分校法學
院的紀念講座上，她所發表的言論：

　　我期許經驗豐富且明智的拉丁裔女性，會比從未經歷過這
　　種生活的白人男性，做出更好的決定。[3]

　　索托馬約爾的這番言論發人憂慮，有人擔心身分認同政治
（identity politics）會影響她在最高法院下的決定，而許多美國人
尤其是右派人士認為，這表示偏見和不公可能會被帶入本該公正
的司法程序當中。如當時的參議院司法委員會成員賽申斯（Jeff
Sessions）堅稱：

　　那顯然是同理心標準中存在的邏輯陷阱。……同理心或多
　　或少絕對隱含著某部分的偏見。[4]

有鑑於此，索托馬約爾必須在她的提名聽證會上消除各界的疑慮。不過，她的發言似乎否定了歐巴馬堅持他選的大法官應具有同理心的主張：

> 法官不能仰賴內心的聲音。法律並非由法官決定，國會制定法律，而法官的工作就是執行法律。因此，案件中得出的結論，並非取決於人的內心，而是法律。……我們將法律應用於事實之上，而非單憑感覺行事。[5]

對於索托馬約爾的回應，保守黨議員和利益團體似乎甚是滿意，之後也不再有關於法官同理心重要性的進一步討論。不過，《紐約時報》一年後發表了一篇文章，文中以「殺傷力強大」一詞來形容同理心，指出歐巴馬一年後在挑選第二位大法官提名人選時試圖避免使用這個詞。2011 年時，《基督教科學箴言報》仔細檢視了索托馬約爾對兩起死刑案的判決後，宣布她並未濫用同理心。[6]

關於這場司法同理心的爭辯，我們大可輕易地將其視為是迎合不同政治利益團體，而刻意提出分化左右派的另一項議題，此種看法或許不無道理。不過，對同理心的擔憂也是普遍存在的，有人認為同理心也許過於偏頗、主觀，而且是基於感覺並非事實或理性。麥康納等人文和科學領域的左派知識份子指稱同理心存有偏見。哲學家普林茲（Jesse Prinz）和心理學家布倫姆（Paul Bloom）都「反對同理心」，堅稱同理心不應做為道德指引。許多人追隨他們的研究，也提出了類似的疑慮，還下了《同理心的黑暗面》（*The Dark Sides of Empathy*）之類的不祥標題。[7]

我們其實不懂同理心

　　許多人聽來也許會覺得奇怪，我們小時候學習、幫助我們應對社會關係的道理，竟會像批評者所說如此有害，甚至危及道德和法治，這似乎有什麼不太對勁之處，但實際上確實如此。身為一個研究同理心超過十五年的人，我可以證實此言不假。我們對同理心知之甚少，不僅政治家或利益團體，有時連研究同理心的專家都毫無頭緒，甚至不比日常裡不加思索便能運用同理心的普通人瞭解得多。如大家經常指出，同理心之所以讓人困惑，部分的難題在於所謂的「同理心」指涉範圍太廣，從憐憫或同情到理解他人想法等，統統包含在內。

　　此言儘管不假，但問題遠不及於此。事實是，我們默默接受了關於公正和客觀的錯誤觀念。我們假設自己的評估原先就多多少少帶點客觀，能夠容許一些異於尋常；誤以為力求客觀便意味必須剔除個體經驗，我們追求哲學家內格爾（Thomas Nagel）所說的「本然的觀點」（view from nowhere），意即超越特定觀點的普遍觀點，不受任何特定主體或特定觀點的限制，並透過這種觀點試圖理解事物的客觀真相，超越個人的偏見和情感。我們在法律和道德領域，對公正的討論多過於客觀，但兩者的疑慮很類似。我們剔除主觀性以接近客觀，換句話說，我們抽離本身看待事物的特定（帶有偏見的）方式，以瞭解事物的本質。

　　這種方式是不是正確的科學研究方法，並非我在本書探究的目標，答案可能是，也可能不是。但可以肯定的是，人類事務本來就難以客觀。

為何不放棄追求客觀？人不僅僅是世上的客體，也是主體，我們感受這個世界，一舉一動都身在其中。正如接下來所述，我們在世上的體驗和行動必定涉及對世界特定的觀點，也就是我們看待事物的方式，主要是基於它們對於我們自身生存和福祉的貢獻。無論是誰，每個人都受限於自身的觀點，直到另一人向我們展示他們的看法，進而打破我們的思維。

正是藉由與世上其他觀點的碰撞，我們才得以意識到自身的限制，並讓我們能漸漸地更開放、更兼容且客觀地理解我們的世界。同理心不但不會讓我們變得較不客觀，反而能幫助我們更加客觀和公正。[8]

為了說明這一點，讓我們先回來談談歐巴馬總統尋求富有同理心的法官一事。他在意的並非憐憫或同情；相反地，歐巴馬期許的人選是「能夠理解他人感受」之人。原因為何？索托馬約爾在演說中暗示了令共和黨參議員擔憂的答案，我們也可從中略知一二：[9]

> 我日日提醒自己，我所做的決定會具體影響他人的生活。因此，我時時刻刻保持警惕，不斷檢視自己的臆斷、推定和觀點，確保在我有限的能力許可範圍內，一再重新評估這些想法，並根據眼前的情況和案件需要而調整……

> 然而，理解需要時間和精力，並非所有人都願意付出如此的時間精力。對某些人而言，個人經驗限制了他們理解他人經歷的能力；有些人則根本毫不在乎。

　　在此，索托馬約爾承認了她看待世界的方式，既非毫無偏頗也不客觀。然而，問題並不在於她——索托馬約爾的能力、臆斷或觀點有其局限，事實上，人人皆是，畢竟我們就是匯集生物遺傳、教養、文化和自我影響等各種因素於一身的最終產物。但是，索托馬約爾有別於她部分同僚之處，不在於她更偏頗，而是她深知自己看待事物的思維，也許有所限制且具獨特性，因此，她加倍努力拓展自己的觀點，並重新檢視自身的臆斷。既然如此，為何她還堅持認為身為拉丁美洲裔女性的她，比白人男性更懂得對案件做出良好評判呢？原因在於，她相信自己的經歷使她更可能注意到白人男性法官看不見之處，她的觀點有助於平衡司法體系存在的其他偏見。索托馬約爾繼續說道：[10]

　　　　正如我另一位哈佛法學院的同學，米諾（Martha Minow）
　　　　教授所言：「客觀立場並不存在，人有的只有一連串的觀
　　　　點，毫無中立可言，判決時免不了抉擇」，這便是「為何」
　　　　我深深認同我們身為女性和有色人種的經驗能影響我們所
　　　　做的決定。追求公正就是一種熱切的想望，之所以說它是
　　　　想望，是因為追求公正否認了人都是根據自身經歷，做出
　　　　有別於他人選擇的事實。

　　　　雖然，並非所有的女性或有色人種，都能在所有、部分或
　　　　特定案件情況下，做出影響判決過程的決定，但只要有夠
　　　　多的案件中，有夠多的有色人種參與，便有希望改變司法
　　　　判決。明尼蘇達州最高法院已為此做出示範。哥倫比亞特

區上訴法院法官瓦德（Patricia Wald）指出，明尼蘇達州法院的三名女性和兩名男性對於一項父親虐子案持不同意見，但判決同意對父親探視權發出保護令。《司法期刊》（*Judicature Journal*）中至少有兩篇以上出色的研究論文，在探討關於上訴法院和州最高法院的女性比其男性同僚更常在性別歧視案件中，投票支持女性的主張，以及在搜索和扣押案件中，更傾向支持刑事被告的主張。

　　不論是索托馬約爾或米諾，兩人都意識到完美、公正且近乎機械式地實行法律是不可能的。公正地執行法律是我們追求的理想，而且必須付出極大努力。為了判定犯行，必須考量犯罪的意圖以及需減輕或加重的情節。這並非是機械式的過程，判決可能讓人的生活毀於一旦，但負責此過程的人有可能會犯錯，而且仰賴其個人片面的經驗、背景和關切度。

人人心中有偏見

　　美國司法體系對非裔美國人存有偏見眾所周知，但較鮮為人知的是，許多州的研究發現，涉及到女性的案件中也存有系統上的偏見，主因來自男性的法官和律師。英國一項研究發現，陪審團成員的決定，與其組成的性別、職業和教育程度之間存在著顯著的相關性。司法體系絕對稱不上公正，但最令人稱奇的是，多少人對此事實視而不見，包括法官和陪審團本身在內。[11]

　　那麼，我們該如何是好？首先，我們顯然得先正視自己存有

偏見的事實。話雖如此，但誰願意承認自己心存偏見呢？似乎無人願意。一般人思忖自己的想法和態度時，並不覺得當中有所偏頗。即使是極端分子，也不認為自己心存偏見。三 K 黨拒絕承認他們是白人至上主義者，而白人至上主義者則拒絕承認自己有種族歧視。因此，問題不僅止於我們並未意識到的「隱性偏見」（implicit bias），顯性偏見（explicit bias）也是問題所在。

而「偏見」一詞本身就是個問題，它已成為不理性和道德瑕疵的同義詞，但偏見並非理性當中的缺陷，而是理性本身就存有偏見。我們的理性只是適合人類這一物種的其中一種理性。我們根據本身的興趣、重點和需求來看待世界，偏見並非問題，而是我們得以生存和繁榮的因素。只不過，當我們關切正義、真相或人際理解等事物時，偏見就成了負累。為了修正我們對外界片面的看法（相信您已猜到），我們必須擷取他人的觀點。

麥康納和賽申斯擔心同理心會將偏見和主觀帶入原本有序且公正的流程中，但其實恰恰相反，同理心有助於抵消預先存在的偏見。主觀並非個人客觀看法中存在的缺漏，主觀性顯然存在於各個層面，僅有程度之分。而隨著我們長大成熟，大多人都學會接納其他看法，並與自身的觀點結合。即使如此，我們依然無法從許多人認為的真正客觀——本然的觀點來看待外界，我們依舊是仰賴來自某一處觀點的生物：一項來自此處的觀點。[12]

接受與生俱來的主觀性能讓我們深切地重新評估同理心，讓同理心不再被簡化為是理解他人主觀和古怪脾性的一種方式。同理心其實也有助於我們突破看待世界、他人和自己的自身局限。同理心不會使人盲目，而是幫助人更看清現實。例如：同理心讓

法官在看待犯罪行為時，從原本習以為常的方式轉換角度，獲得不同的觀點，對於眼前評判的事件，他們獲得了更多資訊。此種裁量犯罪的新方法不會是唯一方式，但卻為我們提供了另一種方法——另一種也許同樣有效的方法。法官審度案件的思維具有更多面向，便可能做出更公正的裁決。

因此，真正的同理心，從來都不是那些對其過分簡化與反對者所說的論調，同理不是要全盤接納他人觀點，或當成是赤裸裸的真相。反之，我們透過同理他人，在自愛和自利之間與他人的利益和福祉取得平衡；我們透過同理他人來突破受限於文化、時間和空間的世界觀。我們經常沒有意識到自己對外界的看法，有多麼的自我中心且狹隘。因此，同理他人也許有助於我們取得關於對方的非客觀資訊。我們預先存在的想法和態度本來就是主觀，到頭來，同理心其實有助於我們減少偏見，變得更為客觀。

我們並不客觀

本書旨在修正一些錯誤觀念，例如：何謂同理心、同理心有何作用，以及人為何需要同理心等。首要之務是正視我們自己的觀點，這是第一部的主題。明地或暗地裡，我們將自己視為直接理解現實的主體或行為者（agent），其中多數人在迫不得已時都會承認自己的觀點其實有所局限，但行為上卻不是這麼一回事。

我們認為自己對世界、自身和他人極其客觀，且真實的評估中只存在著部分的主觀看法，但我們錯了，如我將在第二章解釋，我們看待世界的方式，其實是反映了自己的本質，世界是我

們的棲身之所，是我們賴以維生和蓬勃發展之地，並非是為了訓練我們的科學眼光而存在。因此，也反映了我們在看待不相干的人與自身行為時的差異。

第三章中將說明，我們看待自己時，採取的是行為者視角（agent perspective）；但當我們看待他人時，採取的是觀察者視角（observer perspective）。我們站在他人角度時，便不再是從觀察者的位置（即我所謂的觀察者視角）來看他人，我們不再從外部、有距離地觀察他們，而是試圖透過他人的眼光看世界，彷彿我們就是他們，也就是我所說的「行為者視角」。但是，當我們與其他人來往更密切時，可能會採納第三種視角，我稱此為「人際視角」（interpersonal perspective）。

在衝突的情境中，可以觀察到此種視角的一種面向，即受害者和加害者的視角。此種觀點反映的是個人對錯誤行為的個別看法，顯現各個相關人士與錯誤行為的關係，這部分我將於第四章進一步來說明。此外，現實的人際關係裡，有更多錯綜複雜和相互配合的運作方式，我將在第五章來討論。我們在這些互動中，暫時拋開自己的個性，與對方的視角合而為一。

探討並瞭解完第一人稱視角如何在根本上影響我們看待自己與自身行為，以及和他人行為之間的落差後，便可進一步討論換位思考（perspective taking）。事實證明，換位思考是錯綜複雜的過程，其中涉及使用自己的自我中心來代表另一個人在其處境下的觀點，將自己放在他人的位置，試圖理解他們的感受、想法和動機，此種過程涉及自我和他人觀點的融合，我稱此為「人我的中介」（the space between）。既然我們永遠無法真正進入另一個主

體或理解另一人的主觀意識，我們所能做的就是用自己的主觀來模擬他人的主觀，如第一部所示，這其實沒有想像中困難，因為主觀性其實有其形式固定和不變的面向。

「我」與世界的關係可被其他的「我」複製。然而，為了理解「我」所處的情境及其代表的特定關係，的確需要獨有的經驗和洞察力，這意味換位思考正如我在第六章所述，可能既艱辛又令人困畏。不過，大多時候，我們對詳細理解他人的經歷並不感興趣，我們自身漫布著更大、更多的擔憂，例如：這個人對我的感覺正面嗎？那些人剛才說的話是否帶有敵意？我想說的話會傷害別人嗎？我和別人的意見一致嗎？這一部分我將在第七章做討論，然後進一步說明用他人視角看待自己，對於理解我們當下的行為有多重要。

如第八章所述，想負責任必須要能靈活轉換視角。據心理學實驗顯示，換位思考可為人際關係、道德和司法帶來正面影響，但並非全然有益。其他人可能對我們懷帶著令人誤解或壓迫的看法，採納這類觀點也許會帶來傷害，如我們將在第九章所見，同理心的確有其陰暗面，而且陰暗面甚至可能不止一個。

不過，解決辦法近在眼前，我們必須平衡各異的觀點，不該因為別人的觀點而輕易推翻自身的看法。反之，他人的觀點能讓我們反思如何兼容人我的差異，凝聚更融洽的世界觀。我們常透過同理他人來讓自己更全面、完整地理解現實，不過，當觀點發生衝突時，轉換視角也許不單單只是幫助我們更貼近事實，甚至可能會顛覆我們的現實，雖說如此，也許這並非全然是壞事。

第十章中，我們將為本書中的提問提供確切的解答。其中一

個答案是換位思考以及與他人共感，這並不會讓我們更偏頗，而是有助於我們減少偏見。在道德和法律情境下運用同理心，主要關鍵在於從三方來衡量不同觀點。舉例來說，裁定衝突時，我們必須考量衝突雙方和相關觀察者（也許就是我們）的觀點，如此可為我們提供所有必要的公正性。

這看來似乎相當複雜，事實上也確實如此，但我們沒有其他合適的選擇。例如，去設想「理想觀察者」的看法並無益處，此種假想的問題在於，理想也許盡善盡美，但為了達到「理想」通常有違人性，所謂理想的觀察者必須被剝奪絕大部分的人性面，也就是對一般人而言最重要的部分。

然而，法律和道德並非抽象、普世且永恆的事實，我們不該削足適履地去配合。相反地，法律和道德是人努力嘗試的作為，因此必須適合人的能力、人的興趣和人的經驗，而要做到此點，方法就是站在人類的角度去思考。這便是為何我們文化中普遍存在的某種公正和客觀的觀點不僅錯誤，而且有害。

同理心是理解現實的核心能力

我是一名訓練有素的全職哲學家，所以，我所寫的論文《知己知彼》（*Knowing You, Knowing Me*）代表的是關於同理心的哲學觀。坊間有諸多心理學家、精神病學家、心理治療師和其他科普作家撰寫了關於同理心的書籍，其中不乏優秀的作品，但卻鮮少觸及同理心的更深層面，因此，我們需要借助哲學之力，原因在於哲學是一門永不停止探問的學問。當生物學家問：「生物如何

存活？」，哲學思索的也許是何謂存在的本質；當心理諮商師問客戶：「您對此事還有何記憶？」，哲學家可能會思考何謂記憶。

　　問題決定了答案，而我在此的提問是，何謂換位思考？為何換位思考如此重要？我所提供的解答將涉及我們如何認識自己、他人和周遭環境，也就是牽涉到自我的本質、人如何生存於世，以及客觀性的意義為何。

　　話雖如此，本書絕非是單純的理論書，我的想法和主張有充足的實證支持。整本書的內容也貫串了各式心理學資料和哲學思想，希望能滿足哲學和實證的愛好者。同時，您也會發現本書的方方面面都十分實用，碰上糟糕的約會？不妨閱讀一下第九章；不解為何其他人對您的行為感到憤怒？請參考第八章；想解決與伴侶的爭吵？請洽第四章和第七章。

　　希望閱畢本書之時，您能對同理心擁有與我相同的認識，瞭解同理心遠比一般人所認為地更強大、複雜，而且是我們理解現實的重要核心能力。同理心並不會讓人掉入他人主觀的陷阱，而是為我們與他人共有的世界提供更廣闊的視野。

第 1 部

視角與觀點

1

人我之間

荷米雅：「希望我父親能從我的角度來思考。」
—— 威廉・莎士比亞：《仲夏夜之夢》第一幕，第一場

　　開始考慮撰寫這本書的夏天，我去看了當地社區莎士比亞劇團在公園的公演。演出的是《仲夏夜之夢》，這雖不是我最愛的莎士比亞戲劇（所有的仙子都在嬉戲到底怎麼回事），但那是一個美好、溫暖的夜晚，而我正好無事可做。

　　《仲夏夜之夢》以雅典公爵（Duke of Athens）的宮殿場景開場，伊吉斯（Egeus）前來請求公爵下令，若自己的女兒荷米雅（Hermia）不肯嫁給他為荷米雅所選的對象迪米崔斯（Demetrius），就判荷米雅死罪。然而，荷米雅卻愛上了另一名男子萊桑德（Lysander），並聲稱萊桑德是與迪米崔斯不相上下的好對象，但伊吉斯並不接受。他堅持荷米雅身為他的女兒，就必須遵循父母之命。

　　然後，神奇的事發生了——荷米雅在向她父親訴諸最後的請求時，她的話彷彿是對著我說的，她說：「希望我父親能從我的角度來思考。」（第一幕，第一場）。無獨有偶，我正巧著手在寫一本關於換位思考的書，此時不禁心想，發生這種巧合的機率有多高？其實不算低，一旦我開始尋找換位思考的例子，便會發現生活中隨處可見。

　　您大概會認為荷米雅想要的事很簡單，她不過就是希望自己的父親能同意她的看法——故事完畢。我有位朋友是知名的同理心專家，他對故事的解讀就是這樣，但我不認同這樣的解讀；荷米雅當然不想死，也不想嫁給迪米崔斯，不過，這些都不是她希

望父親從她的角度來思考的原因。

荷米雅希望獲得的是認可（recognition）；獲得認可之後，她希望能說服她父親讓她嫁給萊桑德。既然如此，她想要哪種認可？雅典公爵對荷米雅的回覆正好道出一二，他回答：「妳還是該順從父親的看法才對。」（第一幕，第一場）由此可見，荷米雅做為一個人的部分，卻在這場討論中消失了，她成了被交換和控制的東西，她變成了物品，而物品不具有觀點；即使有，對旁人替她做的決定也無關緊要。

嚴格說來，荷米雅在當時社會是隸屬於她父親的財產，而她大聲疾呼，希望父親採納她的觀點，其實就是在表明她是一個主體、一個人，她有自己應對世界的方式，有內心的感受，她是意識經驗的中心，這便是她希望獲得的認可。

因此，接納荷米雅對婚姻議題的看法便是認可的行為。然而，正如後續將討論，認可並不等於贊同。雖然如此，當我們成功採納他人觀點時，哪怕只有短短一刻，表現出的便是我們更接近了對方的態度和想法，而不是堅持自己的態度和想法。為說明這一點，且看伊吉斯對此情況的回應（第一幕，第一場）：

> 你啊，你啊，萊桑德，你為我的女兒寫詩，
> 與她交換愛情的信物：
> 你來到她的窗前在月下唱情歌，
> 裝腔作勢地唱著花言巧語的詩句，
> 並用自己頭髮編的手環、戒指、各種心思，
> 還有些小玩意、小首飾、花束、甜食、

以及欺哄未經世事少女的書信，

竊取了她的一片痴情：

你狡猾地擄獲了我女兒的芳心，

讓原本對我言聽計從的她，

變得桀驁難馴；

所以，仁慈的公爵殿下，

若當著您的面，她仍不肯同意嫁給迪米崔斯，

我請求行使雅典自古以來的權利，

她既是我的女兒，便任我處置：

按照我們的律法，

適逢此種情況，

她若不嫁予這位先生，便應立即處死。

　　此段話道出了由他人觀點出發的第一個誤解。採納別人的觀點不僅是去思考對方的動機、想法或意向，正如哲學家所言，換位思考並非單純地歸因他人的心理狀態。而伊吉斯除了自己的想法之外，並不採納任何人的觀點，且順理成章地認為萊桑德意圖引誘他的女兒，而荷米雅則是受到誘騙，如今頑固地不從父命。

　　回過頭來看伊吉斯上述那段話，他顯然是以十分偏執的角度來看待荷米雅和萊桑德的戀情。完全是從一個計畫挫敗者的角度出發。伊吉斯看待眼前情況絕不客觀，僅從事物對他的影響來評斷，看法扭曲。因此，當他設想這對戀人的想法和動機時，也乖張異常。在他眼裡，萊桑德糟糕至極，想方設法地引誘荷米雅，然後狡猾地擄獲了她的芳心；而荷米雅因為桀驁不馴，如今拒嫁

迪米崔斯，與萊桑德不懷好意的誘騙一樣糟。

　　儘管伊吉斯認為荷米雅和他一樣都是萊桑德詭計的受害者，但仍堅持要處死荷米雅。以佛洛伊德的觀點來解釋的話，可看出「桀驁不馴」一說與其用來形容荷米雅不願屈從父命，其實更適用於伊吉斯本身的固執己見。

客觀只是程度上的差異

　　莎士比亞邀我們從不同角度觀察情況。伊吉斯指稱萊桑德「假裝」戀愛，並費盡各種「心思」偷走荷米雅的心。但是，所為何來？若萊桑德不愛荷米雅，何苦假裝？難道是為了性？話雖如此，萊桑德的確打算娶荷米雅，所以，難道他想藉由娶她而魚躍龍門？可是，若荷米雅所言無誤，萊桑德的社會地位其實和迪米崔斯不相上下。如此說來，他之所以追求荷米雅，最合理的解釋不正是因為愛嗎？由此可知，伊吉斯的說法並不合理。不僅如此，當我們仔細檢視他對荷米雅的看法時，情況也相同。

　　荷米雅拒絕嫁給迪米崔斯真的只是出於個性「桀驁不馴」嗎？她無疑是固執的，但她不單是固執，她無法想像沒有萊桑德的生活，也無法想像要過上被一個非她所願的男人所束縛住的人生。此外，她父親僅因為中意迪米崔斯就要她婚嫁，這似乎不太為人著想。也許這些正是荷米雅希望她父親能看見的問題。

　　倘若伊吉斯能站在荷米雅的觀點來看這件事，也許至少能察覺自己對情況的看法有多片面、偏頗且不完整。他遺漏了也許有助於他做出明智決策的重要資訊。例如：若他想透過聯姻結盟，

那麼處死女兒絕非上策，這麼做也許或多或少能挽救他的「名聲」，但即使從他自己的角度來看，策略上也似乎大有問題。

　　若伊吉斯的個性更和善些，對權力和影響力少點執著，他也許會願意多瞭解自己的女兒一點；若他更有自省能力，也許會想多加瞭解自己和自身的動機。若他能採納荷米雅的觀點，便可達到前述目標，但以莎劇中所描繪的伊吉斯而言，不太可能因為這些動機受到動搖。不過，他可能會想更全面瞭解自己的處境——用一個不那麼主觀的方式來瞭解。真實情況經常有悖於個人所設想的情形，而換位思考能讓人不那麼主觀、片面或偏頗。

　　此話怎講？因為我們的看法本身就是主觀、片面且偏頗的。正如所見，剔除個人經驗的世界觀並不會使人更加客觀，世上並不存在本然的觀點，想擺脫主觀走向客觀，唯一的方法就是採納諸多不同觀點，這意味所謂的客觀始終只是程度上的差異。身而為人，我們永遠無法達到全然或理想的客觀，事實上，沒有任何生物可以做到。

　　不過，我們可以擴展對周遭世界的認識，正如尼采從很久以前便提出：「一個觀點只有一種『知曉』（knowing）；我們允許某件事物被談論的愈多，愈能運用更多不同的視角，去觀察這個事物，對此事物的『概念』便愈完整，我們的『客觀性』也會益臻完整。」[1]

　　許多人對我們能否做到換位思考存疑，問題在於這似乎需要一個認同（identification）的過程，但其中的隱憂是，如此的認同也許會變成單純的投射，以致我們最終根本無法理解對方，只能知道若自己處於對方情況下的反應。這種理解或許也有助益，但

卻無助於我們理解彼此之間的差異。如此說來，我們在模擬他人處境時，如何確保自己充分掌握對方獨有的背景、價值觀和情感等特質呢？許多哲學家和心理學家都認為我們辦不到，這不僅在原則上難以實現，對任何人而言，這項任務都太龐雜且難如登天。

　　本章內容將帶領大家走過此場爭辯，並邁向另外的面向，指出當前的辯論對我們採納他人觀點的目的，存在著深刻的誤解，換位思考並非要我們完全認同他人，而是幫助我們從人我的中介立場來理解他人。我們必須運用自身的知識、性格和偏向來理解他人的處境。

　　話雖如此，我們與他人的處境其實並不像自己所想的如此不同。我們對自己和對他人的看法雖存在著落差，而且拿我們現在和自己過去的經歷相比也有所落差，但前後兩者其實十分相似。假使我們能理解當下之外的自己，一如預見，我們同樣也能理解他人——至少原則上是如此。

從哲學與心理學談換位思考

　　心理學家在談到站在他人角度思考時，彷彿我們只有兩種選擇：要麼設想第三方處於對方處境中，要麼想像自己處於對方的處境中。但不難看出，光是想像第三方處於對方的處境中，其實仍無需採納對方的觀點。就算伊吉斯考量到了女兒的感受，他還是可能同樣認為荷米雅頑固忿恨。

　　您可曾在夜深人靜時，因自認是別人出於惡意的侮辱而忿忿

不平？如果答案是肯定的，那您多少有概念，人在想像他人時，往往會用以自我為中心的方式來建構他人形象。尤其是當我們的情緒受到刺激時，格外地容易以他人行為對我們的影響，來判斷其動機。但我們這樣的判斷通常是錯的。看起來，彷彿我們事先站在對方的角度來思考，就能更瞭解情況。可是，想像對方的處境，根本無需轉換個人的觀點。

那麼，試想自己處於對方的處境呢？看來似乎較有幫助，對吧？但問題在於，大家會說只是將自己投射到他人處境，只能讓人知道自己會如何反應，而這絕對不是對方想的。試想一下，伊吉斯想像他自己處於荷米雅的處境時會作何感想？他身為備受尊敬的中年男士，窗前有名年輕人前來追求，為他唱情歌，獻給他花束和甜食？想來有夠離譜！難道他會寧可在尼姑庵裡消磨時光，也不願同意媒妁之言？這樣的可能性也不大。諸如此類的情況下，單純的投射，恐怕只會獲得一塌糊塗的結論。

儘管如此，投射仍有其作用，能讓人對他人的觀點產生部分認同，原因在於投射是透過第一人稱視角，來看待對方所處的情況，雖然單純的投射會忽略了個人在特定情況下，會做出的反應及其他相關的資訊，但卻是以相同方式去彙整訊息，也就是說，您幻想發生在別人身上的事，正發生在自己身上。投射的結果也會大不相同。首先，是您會產生更強烈的情緒反應，若不相信，不妨姑且一試。即使是精神病患者，也會有相同反應。

不過，投射性認同（projective identification）只是換位思考的其中一部分。我們也必須容許人與人之間存在著差異。傳統哲學中，曾對如何有效容許人際差異提出討論，並認為這是一個關

鍵性的問題。模擬理論（simulation theory）早期支持者希爾（Jane Heal）認為，投射只是我們模擬他人心理時的第一步，此處的「模擬」是指想像自己處於與他人相同的境況，然後「觀察」自己會作何反應。

此一思想認為，我們之所以模擬他人心理，不是為了感他人所感、做他人所做或信他人所信，而是為了獲得關於我們本身的資訊，即我們在相同情況下會有何感受、行為或信念。希爾指出，我們都必須有所調整才能容許人際間存在的差異。換句話說，我們得視需要加入額外的信念（如地球是平的）或欲望（如我想征服西班牙等）；同時必須隔絕那些我們合理認為目標對象不認同的信念或欲望。[2]

想像不等於實際

一個小說中的例子可能有助於說明此點。在阿根廷大文豪波赫士（Jorge Luis Borges）的短篇故事〈《吉軻德》作者皮埃爾梅納爾〉（*Pierre Menard, el autor del Quijote*）中，主人翁梅納爾給了自己一項任務，就是逐字逐句重寫西班牙作家塞萬提斯（Miguel Cervantes）的小說《唐吉訶德》（*Don Quixote*）。他首先嘗試將自己置身於塞萬提斯所處的社會歷史情境：[3]

> 他想到的第一個方法相當簡單：精通西班牙語、恢復天主教信仰、與摩爾人（Moor）或土耳其人對抗、遺忘 1602 年至 1918 年間的歐洲歷史，然後成為塞萬提斯。梅納爾

研究了此般步驟（據我所知，他算得上是精通十七世紀的西班牙語），但最後因方法過於簡易而放棄。

讓人笑話的自然是這個方法實在太過簡單。恢復天主教信仰等手段不過是設想成為塞萬提斯的一小部分。雖然毫無安慰，但另外指出一點，此計畫的目標並非是要成為另一個人，而是透過設身處地來深入理解對方。舉例來說，假使要瞭解塞萬提斯寫《唐吉訶德》第二十章時的情況，確實需要設想自己具有當時的天主教信仰、與摩爾人作戰，並遺忘 1602 年到現在的歐洲歷史等，但那也只是讓我們的任務輕鬆一些，換句話說，這簡直是不可能的任務。

重點在於，我們最終不可能光是透過想像就完全把自己轉化為對方，並真的置身於對方的處境中，此一問題也始終讓哲學家倍感沉重，此種情況就如同青少女被情人拋棄後傷心欲絕，儘管母親試圖安慰，她卻堅稱自己的母親根本不明白她的感受。

年輕男女的確不經世事，但他們最終的感受卻是千真萬確的。英國哲學家哥迪（Peter Goldie）如此形容：人各有其獨特的性格、特定的邏輯思考方式和某些偏見等，而且他們對此大多或全然無所覺，但是無論如何，他們在特定情況下的反應依然深受影響。

「想像塞萬提斯當時的生活」與「塞萬提斯實際經歷的生活」，兩者肯定截然不同。他置身於當時的時空，本就無須多加思索；相對地，梅納爾要模擬塞萬提斯的心理，必須廣泛閱讀史料，儘管如此，他對摩爾人或其他事物的反應依然會有所差異。

塞萬提斯是打從骨子裡敵視摩爾人，但對梅納爾而言，則是刻意為之的假裝。[4]

我們若真想站在他人的角度去思考，那就不能勉強自己要完全想像自己置身於對方的處境。既然如此，我們該怎麼做才能彌補自己和試圖理解的對象之間的落差呢？

理解換位思考的方法

另外再舉一個虛構作品的例子，也許有助於說明為何完全認同我們試圖理解的對象不僅不可能，而且也不盡理想。在丹麥導演拉斯馮提爾（Lars von Trier）1984 年的劇情長片《犯罪分子》（*The Element of Crime*）中，主角費雪警探（Detective Fischer）利用心理認同的方法，來幫他追捕專門殺害賣彩券小女孩的連續殺人犯。

如同梅納爾一般，費雪全心參與其中，他並未閒坐在扶手椅上，皺著眉，試圖推敲嫌犯的心理意象或轉念思考。而是直接親身投入其中，利用一份過去的警方報告來重現嫌犯的行動。他的想法是，只要將自己置身於與嫌犯相同的情況，並依循與嫌犯相同（有限）的軌跡，最終他便能揣測出兇手的計畫並捕捉人犯。

他入住了同樣的飯店，服用相同藥物，甚至和兇手的情婦上床。費雪以兇嫌為模仿對象，自有危險之處，那便是他也許會變得完全跟兇手一樣。果不其然，費雪成了自己想捕捉的殺人犯。抑或，更準確地說，他變成了另一個高度神似的樂透小女孩殺手。原來的兇手已死，而他自己看似意外地殺死了一名女孩，但

這些行為卻並未讓他更瞭解兇手的動機。事實上，費雪變得跟兇手愈像，卻反倒愈不瞭解他。費雪說：「在我完全理解他之前，我不能罷手。」但費雪從未真正瞭解兇手。

由此可知，完全的認同無法幫助我們理解他人，因為我們已不再是對方，而是成了另一個人，或者更準確地說，我們成了對方的分身。然而，我們無法完全成為另一個人，任何人都是獨一無二的，不過我們可以成為對方精確的複製品。假使我們真的變成了如此的複製品，當然也就不再是我們自己。乍聽之下似乎令人訝異，但請試想一下，若除去所有個人化的特徵，像是個人的性格、經歷、信仰和偏好，那麼剩下的便只有意識活動的中樞。

法國哲學家笛卡兒（René Descartes）也許會將其稱為「思考實體」（Res Cogitans）或「能思之物」（Thinking Thing）。少了記憶、性格等個人特徵，您與另一個能思之物就毫無分別，內在空無一物，除了具有意識活動之外，只是最低限度的存在。一旦我們用另一人的記憶、信仰等來填滿您的內在，您便成了此人的複製品。即使如此，您還是無法理解想理解的對象，因為「您」已蕩然無存。

背景改變，思想也改變

此一思路看來也許像是一場詭辯。為何成為模仿對象的複製品一段時間後，不直接切換回原本的自己呢？然後再用所獲得的記憶來瞭解模仿的對象。例如：為何費雪無法及時回歸自我，並將他在模仿兇手時，所獲得的理解運用回到案件中？

　　原因是，他無法這麼做。想法和經驗無法任意切換，任何思想、欲望或經歷，都是在以其他思想、經歷和欲望做為背景下所發生的，而且唯有在如此情境下，才具有意義。去掉背景，思想就失去了意義；改變背景，思想的意義也會隨之變化。哲學家稱此為心理整體論（mental holism）。[5]

　　整體論的概念最初令人費解，但透過一些精挑細選的範例便可清楚說明。美國學者史帝奇（Stephen Stich）用了下列的例子：試想您去拜訪患有失智症的老阿姨，當你們坐著聊天時，她說：「麥金利總統被暗殺了！」您縱容她的胡言，並試圖就此話題繼續對話下去，但旋即她便連總統是什麼都搞不清楚了，而且還否認被暗殺的人已死。

　　試問，現在您要如何合理化她說的話？她肯定不相信麥金利總統被殺，而且這個觀點影響了她各層面的思想，而與此有關的不僅在於知識上的落差，還有個人所處的環境、資訊取得的途徑和欲望等，整體都與其思想息息相關。[6]

　　對此，波赫士也良好闡釋了這個想法。還記得梅納爾嗎？認為變成塞萬提斯太「容易」的那位仁兄。最後他決定用自己的經歷來重寫《唐吉訶德》。他心知自己無法完全重寫出所有內容，但也仍成功複製出了某些段落。然而，故事的敘事者指出，這些部分對比塞萬提斯的原作「幾乎是極盡豐富」。且容我引用長文來解釋：[7]

　　　　比較梅納爾與塞萬提斯的《唐吉訶德》，有令人意想不到的發現。例如：後者在第一部第九章寫道：

……真相誕生自歷史，是時間的對手、功績的寶庫、過往的見證者、現今的楷模和顧問，也是未來的諮詢者。

此段由「天才門外漢」塞萬提斯於十七世紀寫下的條列式文句，只是讚揚歷史的溢美之辭。然而，當梅納爾寫道：

……真相誕生自歷史，是時間的對手、功績的寶庫、過往的見證者、現今的楷模和顧問，也是未來的諮詢者。

相比之下，梅納爾的描述顯示出他認為歷史是真相之母，這個觀念真是讓人驚訝。梅納爾身在與美國心理學之父詹姆斯（William James）同時代的人，卻不將歷史視為對過去現實的探究，而是過去現實的起源。在他認為，歷史真相不僅僅是已發生之事，而是我們對已發生事件的判斷。最後兩句「現今的楷模和顧問，也是未來的諮詢者」，更是毫不避諱地流露出他對真相的務實看法。

兩者風格上的對比也很鮮明。畢竟，梅納爾的古腔古調略顯生硬，帶有某種程度的矯揉造作；塞萬提斯則不然，他能輕鬆處理當時的西班牙語，行文自然流暢。

梅納爾完美地複製了塞萬提斯的文字，但即使如此，這些詞句卻具有截然不同的涵義。原因在於，解讀他人的文字和言語

時，必須基於他的知識背景下來詮釋，因此，解讀梅納爾文字必須結合他當時的知識背景、時代和生活等資訊來理解，唯有如此，我們才能正確理解梅納爾此段文字的涵義。波赫士關注的正是語言和思想的普遍性，與它們表達或發生的特殊性之間的交互作用。

即使費雪警探康復、完全恢復自我，並能用他換位成為兇手時所使用的話來解釋他的經歷，這些語句在現下的情境中，也將擁有不同含義。合理推測，假設他的話反映了他的想法，且費雪有可能只保留與連環殺手的想法、計畫和個性有關的思想，就算如此，這些想法經由費雪思考之後，仍具有不同意義。例如：想到要謀殺小女孩時，他並不會感到興奮。

費雪無法單純將他在深入模擬連環殺手時的想法，轉移至現下已恢復的自我中，這樣的說法並不奇怪。畢竟，記憶不是等待重播的舊電影膠卷；記憶是藉由保留下來的核心要素建構起來的，但除此之外的諸多事物都可能改變。如：事件地點、事件對個人的意義、個人對此的情緒反應，甚至是個人記憶中的自身感受等。記憶不同於在放映機上重複播放的同一捲電影膠卷，它是由各種關於個人心理事實填充而成。下列數個例正好有助於說明此點。[8]

不可靠的記憶

我認識一名哲學家，他年輕時從樓梯上摔下來，這是十分可

怕的經歷，他聲稱自己對此事記憶深刻。以創傷性記憶而言，此種情況相當普遍。但是他說他記得自己是在青少年時搬到的一棟房子的樓梯摔下，可他心知記憶中的樓梯，不是他真正摔下的那一座樓梯，但卻對自己從那道樓梯摔下來有著強烈的印象。

記憶就是如此反覆無常，它通常會妥善保留核心資訊，如：從樓梯上摔下來，然後根據人腦中當時可用的材料重建其餘資訊。更複雜的是，記憶的重點往往會隨時間而改變。

像我一樣習慣寫日記的人，也許常會驚訝地發現，他們現在對某個生活時期的看法，與當時的自己相去甚遠。我回想起生命中某段歡欣、充滿希望，且相對快樂的時期，但在我的日記中，卻清楚表明了我當下有多麼地不快樂和焦慮。

我們常以為，唯有將自己的心理調整成與他人完全一致時，換位思考才派得上用場。然而，由於時間、資源和心理能力上的限制，阻礙了完全的認同，以致無論如何我們嘗試站在對方的觀點上，都將注定功虧一簣。依我之見，此種想法並不正確，而是誤把完全認同當成是自我的轉變，我們想要的是理解，而非改變自我。我們的理解永遠必須基於自身的知識、經驗，和所處時空下的生活方式。理解本身就是發生在情境之下的舉動。為了瞭解他人，我必須以自己背後的信念、經驗和渴望等知識來理解他人的經歷。

並非所有人都將自身的知識背景視為是換位思考或模擬他人的阻礙。反之，如我們即將看見，有些人認為這正是為何我們最初能理解他人的原因。

重新演繹他人立場和角度的換位思考

有些哲學家認為,我們模擬他人的思考過程是為了理解他人,他們之所以這麼想,原因紛繁。其一是若不運用模擬能力,另外的選擇就是運用民俗心理概念之類的理論來理解他人,儘管哲學家長久以來一直深受此概念吸引,而且至今依舊如此,但運用民俗理論存在部分問題。模擬理論學者史都博(Karsten Stueber)旋即指出其中疑義。

根據所謂的理論理論(theory theory)觀點,若我看見傑米說:「我想喝杯啤酒。」之後前往酒吧,便可透過我的某些理論推斷,傑米認為自己可以在酒吧喝到啤酒。而我的理論是,若一個人想要「乙」,並相信「如果甲成立,則乙也成立」,那麼他便會嘗試讓「甲」實現。不過,問題在於,即使我們碰巧知道傑米想要來杯啤酒,而且他也認為去酒吧可以喝上一杯,但他可能還是不會去酒吧,也許是他冰箱裡就有不錯的啤酒,又也許是他認為現在不適合喝啤酒,抑或他可能認為現身在酒吧,有人會傷害他。

因此,再多的理論也無助於我們預測傑米下一步的舉動,我們甚至無法確定,傑米說他想喝啤酒後去了酒吧,是否真的是因為想喝啤酒,也許他認為酒吧是艘太空船,又或許他是為了去酒吧借廁所,誰都說不準?為了預測人們的行為,光是知道他們的信念和欲望並不夠,我們必須對他們有更多的認識。[9]

史都博指出,想要真正開啟認識他人的歷程,唯一的方法是仰賴我們自己的背景知識。還記得史帝奇舉的例子嗎?那位老失智阿姨談論麥金利總統遇刺的例子。我想各位都同意,我們無法

將麥金利總統被暗殺的信念強加於老阿姨身上。為何不行？因為
她缺乏其他必要的信念，因此無法為這一個空洞的概念或言語賦
予意義，一個信念唯有在背後其他信念的支持下才有意義。

　　此點對於我們理解他人自是影響深重，我們必須根據一定的
背景知識，才能實際感知他人的信念，但那只能是我們自己的背
景知識。我們利用自身對事物的關聯和情境的感知，來理解或預
測他人的思想或行動。

　　我們不僅是應用簡單的理論來理解他人，而是運用了自身的
經驗、對事物相關的認識與感覺等背景知識。所以，我們不該將
自身的背景知識視為問題，反倒應該接受正因如此我們最初才得
以實現人與人之間的理解！這是我對上一節想法所提出的樂觀版
本。

站在對方的立場去思考

　　我們只能根據自己的知識和經驗來理解他人，我認為如此的
邏輯思維沒有錯。然而，那些認為模擬是理解他人最佳方式的哲
學家們，在其他方面的認知也有錯。而最重要的錯誤是以為我們
總是從內心去理解他人。

　　還記得伊吉斯如何看待女兒的愛情故事嗎？在他眼中，荷米
雅之所以拒絕嫁給迪米崔斯，是因為受到不當的誘惑而固執己
見。這的確是一種解釋，而且是心理上的解釋，但這並非是從荷
米雅的觀點來思考的結果，多半只是表達伊吉斯自己的觀點。然

而，他從荷米雅的角度來理解荷米雅時，也幾乎只使用自身的背景經驗和知識來思考，正如同他從自己的角度看待荷米雅一樣。

所以，真正理解他人的觀點，是要能站在對方的立場去思考，而非從自己的角度來理解對方，正因有這種立場上的差別，才會有觀點上的差異。欲知詳實，且讓我們看一個成功換位思考的實例。

幾年前，我帶著愛犬盧恩和友人茱麗一起來了趟緬因州海岸的公路旅行。有天晚上，我們在一家龍蝦餐廳吃晚飯，茱麗提議由她開車回去，這樣一來我便能再多喝一杯啤酒，享受我的龍蝦二重奏套餐。我接受了她的建議，但回去的路程實在糟透了。我們兩個歐洲人，開的都是手排車。但是，我的老天，她開我車的方式真是讓人難以忍受！她居然在時速五十公里時打四檔，更糟的是，她在狹窄的鄉間小道轉彎時，竟然沒換到低速檔，我屏氣凝神地看著速度表，默默地流著汗。

最後，我實在是忍不住，用了略帶要求的口氣，要她在轉彎處用低速檔，她困惑地看了我一眼，並說現在的車速用這個檔位正好，儘管如此，她還是換檔了。我感覺很差，心想：「她幫我忙，但我卻批評她的駕駛技術，我真是太糟糕了！」後來我誠心向她致歉，但茱麗沒放在心上，她說：「我一開始不明白妳在氣什麼，後來我想到，若是提摩西開我的車（提摩西是她的丈夫），我會有何感覺，我想我的反應會和妳一樣。」於是，一切又回歸正常。正如法國人常言道：理解一切，就能寬容一切（*tout comprendre c'est tout pardonner*）。

茱麗設身處地為我著想，因此扭轉了局面，但請注意她所用的方式。茱麗並非完全把自己投射在我的處境，若她這麼做，她可能會想像自己坐在自己旁邊，以批判的眼光打量自己的駕駛技術，但她並不會認為自己的開車方式欠缺責任感，我們回到現實吧，她並非不負責任，只是駕駛的方式與我不同，所以單純的投射毫無幫助。

相反地，茱麗想像自己坐在她自己車上的副駕駛座，然後，她想像一個她親近的人（而非她自己）在駕駛那輛車。若您認為這樣想有什麼難，那可就錯了。首先，她得先確定問題為何，與其說是她的開車方式，不如說是因為她開的是我的車；然後，她想像另一個人開著她的車，而她坐在副駕駛座上觀看對方開車。從此角度看來，她便可輕易地想像，自己會因為此人如何駕駛她的車而感到焦躁，即使那人（她的丈夫）是一位優良駕駛。

促成她換位順利的因素在於，她在想像中是將與我某種程度相關的物體，替換為與她類似相關的物體：車是她的車，而非我的車；駕駛是她的丈夫，而不是她自己。此種方式就是換位思考的視角，意即想像發生在別人身上的事，正發生在自己身上時的感覺。

不過，還有個未解之謎。茱麗用對她有一定意義的物體代替了我處境中的事物，然後想像她自己會有何反應。但是，她又是如何理解我的心情的呢？

理解他人何難之有？

若我們想要真正地理解他人，而不只是得知自己在對方處境下的反應，那光是想像自己處於他們的境況，顯然注定是白費力氣。因為我們必須要由自己的觀點來設想他人在此處境的心理背景，所以我們總是無法擺脫自我，換位思考最終仍是無法給予我們所想要的，世界就是如此令人失望。

我不反對世界有時令人失望，這只是另外一個事實，不過，我反對的是認為我們無法真正站在別人角度的看法。我認為我們可以，這就是我撰寫本書的原因。為何我如此有信心？且讓我們稍微回顧一下心靈哲學史。

十七世紀的法國哲學家、數學家暨科學家笛卡兒對西方思想產生了深遠的影響。他的思想深具影響力，因而被稱為現代哲學之父，使得柏拉圖或亞里斯多德成了古代哲學之父（可惜的是，哲學似乎是沒娘的孩子）。談到笛卡兒，通常會想到理性主義、二元論和笛卡兒坐標系。不過，您也可能是從最近科普界對他觀點的諸多抨擊中認識他的，比如：達馬西奧（Antonio Damasio）的著作《笛卡兒的錯誤》（*Descartes' Error*）；本科生則大概是透過笛卡兒的《沉思錄》（*Meditations on First Philosophy*）認識他，在這本書中，他重新檢視了所有知識，希望藉此為科學奠基。

笛卡兒的思維邏輯是這樣的，從古希臘時代至今，哲學的一大難題就是懷疑論（skepticism）。我們真的有能力瞭解任何事物嗎？抑或是我們認為自己瞭解呢？感官知覺儘管頗具說服力，但話說回來，我們又如何確知自己體驗的世界與現實世界相符呢？

換句話說，我似乎看見一隻鴨子走過我的草坪，並不足以讓我確知真的有隻鴨子正穿過我的草坪，我必須要有確切的實證，實際上必須有隻鴨子正走過我的草坪，我才能確信這個情況是真實的。但我該如何確定這點呢？答案是我無法，因為要真正確定這一點，我必須要能超越自我對世界的感知來進行觀察，但這不可能，對吧？也許如此。[10]

先談一個顯而易見的問題，即我們時常受到感官的矇騙，並且無法確知自己是否受到欺騙。笛卡兒提出了他認為我們可仰賴用於判定真實的標準──確切性（certainty），我們無法懷疑自己確信的事。笛卡兒推論，若我們無法懷疑某件事，便可確信此事；若我們確信此事，就知道此事。我們利用自身的心智力量來理解現實，仰賴理性而非感官來獲取知識，因此，笛卡兒又被稱為理性主義者。現在，懷疑主義可做為一種方法，用來確認我們可懷疑和無法懷疑的事物。笛卡兒藉由「懷疑論的方法」，帶著我們檢視所有可懷疑的事物。

這個方法不錯，只可惜有兩個缺點。首先，人的心智也許根本沒有能力去分辨最本質（ultimate nature）的現實為何，所以無法去討論懷疑或無疑。第二個缺點是，我們幾乎可以懷疑一切。笛卡兒指出，我們可以懷疑陽光是否燦爛？鳥兒是否在歌唱？二加二是否等於四？我們甚至可以懷疑自己是否擁有實體？我們是否真實存在？有人認為我們是人類的全像投影或模擬影像，我們可能活在電影《駭客任務》其中一版母體中。若說懷疑的反面是確切性，那麼我們能確定的事似乎寥寥無幾。

這樣說來，我們能否確定任何事呢？所幸，我們可以。我們

可確知自己做為意識的存在，抑或如笛卡兒所言，做為能思之物而存在。如何確定這點？不妨試著懷疑「你正在懷疑」這件事，您也許會問我要怎麼做？方式就是透過懷疑。笛卡兒認為他無法懷疑「他正在懷疑」這件事，所以，即使您比笛卡兒更多疑，相信也會同意，就算認為自己在「我實際上正在懷疑」這件事上也許有誤，但至少在「思考」這件事上絕不會錯。

　　正如笛卡兒所說，我懷疑，故我思考。重點是，若您會思考，您就必定存在。或更準確地說，我思故我在。儘管如此，我依然完全無法確定您是否存在，此話怎講？原因在於，證明我們存在的正是思考這項行為本身，既然我們無法確知他人是否真的也在思考，他人具有思想這件事，就如同我正用來吃飯的碗究竟是不是綠色、圓形的一樣值得懷疑。簡單來說，我可以確定自己的存在，至少做為意識存在，但我不確定其他人是否也存在。

　　笛卡兒在最後的沉思中，試圖證明其他人也存在，而且他人和他都擁有身體。麻煩的是，若要證明此點，他必須仰賴如此假設：上帝是真實存在且良善的，因此不會欺騙我們，而這些都不容置疑。換句話說，笛卡兒讓我們每個人都有理由認為自己做為思考者而存在，他人卻不見得。這雖使得我們陷入奇怪的唯我論僻地，但卻捕捉到了我們看待自己和他人思想上的重要差異。

人與人的知識差距無法縮減

　　大多數人並不會主動懷疑其他思想／人的存在，但我們也深知，自己永遠無法像接近自己思想那樣去接觸或貼近他人的想

法。正如一位哲學家所言，我的思想對我而言清楚透明，而他人的思想對我來說，則是晦澀難解，當然，反之亦然。

在人類的情境中，人與人之間的認知或知識落差是難以逾越、常在且無法根除的，這便成了所謂「他心問題」（the problem of other minds）的根源。言及於此，我知道您在想什麼，沒錯，他人確實常令人頭痛，但這不是哲學家關心的議題，他們想知道的是，我們如何確知其他人的存在。換位思考讓我能在腦海中利用本身可立即取用的內容，來重新演繹我設想中他人的想法，以幫助彌補人我思想上的落差。說起來，換位思考是透過（部分）認同來進行的一種內省。

然而，即使我站在您的角度思考，也無法讓我像接觸自己想法一般貼近您的想法，換位思考無法彌補人對自身想法和他人想法在理解上的落差，這點常被視為一大困難。有人認為，人我思想之間的知識差距無法縮減。然而，事實其實更有趣、更令人驚訝。直接和間接取用思想之間當然存在差異，但這個差距遠比我們想像得還大。

問題不在於我是我、你是你，或是我們受困於根深柢固的主觀之中，真正的重點在於，一個人的知識和經驗、想要和需要、慣性的思維方式等心理背景，如何與他在特定情況下，所擁有的特定經驗相互影響。而且，人的一生中，此種交互作用也會有所變化，為了說明此點，讓我們再來看看笛卡兒關於「我思故我在」的論證。

當笛卡兒證明他做為能思之物而存在時，他似乎想當然爾地認為，他——笛卡兒除了肉體之外，更做為他這個人而存在，但

笛卡兒的論證是否足以讓他做出如此的假設？試想若您是笛卡兒，您懷疑了自以為知道的一切，除了不容置疑的事實，即我正在懷疑，這表示我必定正在思考，因此我存在。當您斷定自己存在時，儘管只是做為一種思維，而非具體的事物，難道您不會認為自己是做為您這個人而存在嗎？

您認為自己是在法國圖爾（Touraine）附近的拉海鎮（La Haye）長大、擁有出色的數學證明能力、母親在您一歲時去世、曾經想成為一名軍官的人。若思考的自我驗證性質證明了您的存在，畢竟，思考必定有思考者，您自然有權斷定有事物在思考，但認為這個思想者就是「我」，那就是過度詮釋了。

思考的本質並不能確保正在思考的思考者（現在）與我們記憶中的思考者（過去）是完全相同的。換句話說，當我在回顧「我思故我在」的論證時，可歸結出：我確實在思考，但前提是「我」指的是正在進行思考的那個實體，可是，那個「我」指的不一定是我——麥波姆，這個生於丹麥洛德維爾（Rødovre）、今早坐下寫這篇文章的人。

據我所知，每當一個想法消失，思考者也隨之消失。看來我們唯一能確定的是，每個思考行為背後必然存在著一個執行思考的實體。但是，我無法從任何實質意義上確知那就是我。

因此，知識上的差距不僅僅存在於我們與他人的心智之間，還存在於我們堅定的認知之間，即「我」正在思考，而這個「我」與回憶中過去經歷的「我」是否相同。例如：所有這些都無法確保思考這些想法的「我」，與構思撰寫本書的人是同一個人。[11]

我們之間的距離沒有想像中那麼遙遠

　　我的論點並非是想指出笛卡兒是錯的，他的確錯了。問題在於，我們也錯了，因為我們都認為能回憶過去就代表這些過去屬於我們。我們理所當然地認為自己隨著時間推移而存在。我為何認定，現在的自己與今早起床時的我是同一個人？因為我記得自己早上起床，我不假思索地確信這一點，而且完全未加思考記憶被置換或植入的可能性。

　　重點在於，不論問題是現在的我與今早起床的我是否是同一人？或是，您現在是否心裡正想著笛卡兒？其實我都無法確知。內省（introspection）雖讓我得以接觸自己當下的內心狀態，但我是否持續存在的問題與他人的存在一樣令人存疑。我無法確定自己記得做過、想過或渴望過的事是否真的是「我的」行為、思想或願望，我可能從未經歷過自己認為做過的事。

　　這教會了我一個道理，除了當下的想法以外，我們對自己其他時候想法的理解，基本上並無異於我們對他人思想的理解。我心知，我認為自己記得昨天去過某家店，但我無法確定自己真的去過，因而必須仰賴大腦以外的資訊來驗證自己是否真的去了那家店，而這與我瞭解您心智的可能性其實相差並不太大。我與您其實比我們所認為的更靠近，彼此之間的差距，並不如我們原本想得那麼遙遠。

　　如此說來，笛卡兒的錯誤不在於確定思維或意識的存在，而是思維或意識能否確立我們做為人類或個體，也能隨時間推移而存在？可是，這點與我們能否透過站在他人角度來真正理解他人

第一章 | 人我之間 045

有何關聯？說到底，我們之中許多人不太願意接受，這一種需要確切性來論證的知識概念，因為這樣的概念難以有實質的幫助，正如笛卡兒激進的懷疑論方法所顯示的結果。若我們唯一能確定的是當思想發生時，有事物在思考，那麼我們其實所知無幾，像是我們根本無法確知自己是否身在母體之中。

因此，知識理論朝向了不同方向發展。然而，不變的事實是，我們認為存在於自己和他人之間根本上的鴻溝，同樣存在於現在的我們和其他一切事物之間，包含我們自己的過去、我們隨時間推移的存在，以及其他人的想法。這要從何說來？

要回答這個問題，關鍵是自問，您是否真的瞭解自己？若您自認大多時候是瞭解自己的，那麼您也能理解其他人。

人會不斷改變

撇開「人是否隨時間而存在」這些形而上的憂慮不談，事實是，人是會改變的。換句話說，我們的想法、渴望、行為方式等都不會恆久不變；甚至連我們的性格，也會有所轉變，內向的人有時會變得外向，反之亦然。幫助我們理解短暫經歷的背景心理會不斷變化，所以我們在讀舊日記時會感到訝異。

人的改變通常是緩慢而漸進的，因此難以察覺，不過有時變化也會突如其來且深刻。下列的案例強而有力地說明了我想傳達的重點。[12]

詹姆斯在《宗教經驗之種種》（*The Varieties of Religious Experience*）一書中，引述了下列年輕人的證言：

　　我這兩年的經歷十分糟糕，幾乎讓人發瘋。我瘋狂愛上了一個女孩，她儘管年輕，卻如貓般令人難以捉摸。如今回想起她，我感到憎恨，也對深受她吸引而無可自拔的自己，感到難以理解怎會墮落至此。[13]

　　此名男子接著描述了他求愛的過程，以及戀愛感覺突然消失的剎那。感覺一旦消失，他便再也無法「明白」自己為何如此迷戀這女孩。若我說對了的話，大多人一生至少會經歷一次這種狂愛然後不愛的情況，而且回過頭來看，也覺得當時的自己難以理解。雖然我們自己確實有過這些經歷，但卻不懂什麼緣故，我們運用想像也無法重現當時的經驗。碰到極度熱情的狀態尤其如此。但我們已經變了，因此無法理解從前的自己。

　　人會不斷改變的事實顯示出，我們對過去自己的理解其實並不比對他人的理解更多，而他人與現在的我們的距離，其實無異於過去的我們和現在的自己之間的差距，隔閡始終存在。所以，問題並不在於主觀性，而是我們必須站在「現在」的立場去理解自己或他人。聽來似乎有點不妙，所幸，即使我們改變甚巨，至少有時可以對過去的自己有點瞭解。

　　舉例來說，有了孩子會改變一個人，您開始重視新事物、有新體驗，過去的生活方式逐漸消失；成家時擔心會錯過的事物，現在幾乎被您拋諸腦後，您曾經熱愛和享受的擁擠酒吧、喧鬧音樂，如今都失去了吸引力；當您回想起沒有小孩時的自己，以及對那人而言重要的事物和擔憂時，可能會感到有點陌生。

　　但是，重點來了，難道您會認為自己根本無法理解過去的自

己嗎？事實上，回顧過往時，我們會感覺與數年前的自己有點疏遠。可是，若我們願意嘗試，也許可以和過去的自己重新連結。從何做起？辦法正是我們瞭解他人時所用的方式，設身處地從過去自己的角度來思考。[14]

當人歷經大幅轉變時，常需要認同過去的自己，這麼做有時相當困難，特別是當一個人不喜歡以前的自己時。但即使我們高度認同過去的自己，我們仍是用當前的心理背景來重現過去的自己，此種情況原則上與我們試圖理解他人時，並無差別。

無庸置疑的地方在於，兩者相較之下，獲得過往自己的資訊，自然是多過他人的資訊，而且這些資訊多半來自過往自己的觀點。儘管如此，現在我理解過去所仰賴的背景，並非是過去運作的背景，「此刻」才是我的背景，這意味準確與否的重點在於相似度，而非獨特性。只要我們的背景夠相似，我對您的理解比起對自己的理解，也不會相差太遠。

結論是，我們在兩種情況下用的方法大致相同，因此，原則上，我們幾乎可以像理解自己一般理解他人。

人我的中介

由此可知，我們無法從他人的觀點看待事物，試圖透過想像完全成為另一個人既不可能、也不可行。反之，如高登（Robert Gordon）曾提及，我們必須將自我中心轉移至另一人身上，以另一人為中心，同時考量關鍵的差異之處，並在其他方面依靠自我的心理背景資源來補足並完成此過程。這使得換位思考既非單純

的投射，也不是客觀公正的描述。我們既非全然的自己，也不是我們試圖理解的對象。從某種意義上來說，我們處於「人我的中介」。正如我先前所強調，當我們試圖瞭解過去的自己時，我們也處於過去和現在自我的「中介」。[15]

　　說到這裡，您可能會說：「等等！什麼自我中心？」在此所指的自我中心，是形容我們看待世界的一種方式，此種說法正好顯示出周遭的世界，如何引起我們的注意和興趣，並深切影響著我們的思維方式。依我之見，這種說法正好體現了我們的想法和欲望。

　　不過，其實還有其他更簡單的方式來看我們的世界觀，比如透過觀察我們的感官，尤其是視覺。感官引出了我們對觀點及其本質的探索，這也是本書第一部分其餘章節的主題。第二章解釋了何謂視覺觀點（visual perspective），以及視覺觀點如何暗示了我們做為行動者（actors）理解世界的方式。結果發現，我們感知事物的方式，是透過我們身體和行動所決定，我們並非如諸多許多思想史所認為，是無形無體的思想者。

　　在第三章中，將會說明我們對自己和對他人的看法有何差異之處，並於第四章中持續探討。我們將會發現，換位思考之所以可能發生且有用，是因為一個有意識、有形體、具有感知和行動能力的人類，其觀點具有固定形式和不變的特質，從根本上展現了此人體驗和看待世界的方式，其中也包括他獨特看待自己和他人的思考方式。

　　觀點在本質架構上並不因人而異，所以，當我切換觀點至您的角度時，實際上是在試圖理解您部分的主觀體驗，如同自己是

您一般，來理解您處境中的一切事物與您的關係，換句話說，也就是以您的自我為中心來進行理解。換位思考的這一個統合面向經常受到忽視，研究者多半著重於需要調整的背景想法和感受，因此常將重點放在人際間的差異上。然而，卻忽略我們彼此都擁有的一個明顯共通點：大家都是在世上努力嶄露頭角的行為者。[16]

如我們接下來所見，「持有觀點」是造就我們的關鍵，人無法沒有觀點。對某些人而言，這也許意味我們永遠不可能客觀或公正，根據內格爾的論點，要保持客觀，我們就必須從本然的觀點來看待事物。然而，人天生就是具有特定（即自己）立場的生物，因此，這或許是一個我們永遠達不到的理想，但是，容我恕難苟同。我同意客觀是一種理想，某種意義上來說確實永難實現，話雖如此，我不認為客觀就是要將觀點除去得一乾二淨，反而應該盡可能涵納不同觀點。

這聽來似乎有點違反直覺，您注意過字典上對於「客觀」的定義的話，在《韋氏字典》上，「客觀」之意包含了「不受個人情感、解讀或偏見影響」。然而，不去解讀世界，便無法理解世界，所以，我們能做的就是盡量不偏頗地去看待世界，盡量採納更多觀點，將各種觀點融入自身。這就是我們所能達到的客觀或公正。世上並不存在神的視角，若有的話，那也會是一種本然的觀點。

有意識的心智總是有特定立場，而生存在特定環境的生物，思想的目的始終是想要求生存。雖然我們無法採取本然的觀點，但我們可以一路採納諸多不同的觀點，進而形成更周密的方式來看待世界。

　　最後一件事，若您好奇的話，荷米雅最終沒能成功說服她父親，但在漫漫長夜裡，歷經過仙子的嬉鬧、背叛和魔法之後，她和萊桑德還是有情人終成眷屬了。

2

何謂觀點？

　　現今使用的「觀點」（perspective）一詞，源於視覺藝術的「透視」概念。透視是一種繪畫技巧，用於在平面上繪製實體物件，以顯示從空間中特定角度觀看時物件的高度、寬度、深度和相對位置。在布魯涅內斯基（Filippo Brunelleschi）和阿爾伯提（Leon Battista Alberti）等文藝復興時期的藝術家和哲學家闡述透視原理前，繪畫並非使用透視法繪製，而是如巴比倫（Babylonian）、希臘和埃及藝術中常見美麗但平面的圖像。

　　然而，發現直線透視法之後，便徹底顛覆了繪畫世界。藝術史學家宮布利希（Ernst Gombrich）在《藝術的故事》（*The Story of Art*）一書中，為了說明透視法的重要性，將透視法與約西元前四世紀希臘化時期的豐富壁畫對比；這段期間的具象藝術，開始思量其所描繪事物的現實生活場景。

　　有別於許多古希臘的花瓶繪畫，僅簡單地在空白背景下描繪平面人物，希臘化時期開始著重看似寫實的風景，然而希臘化繪畫中缺少某種元素──透視。正如宮布利希所著：[1]

　　　在這些繪畫中，一切事物都精心鋪排，各項元素看來都再美好不過。我們著實感覺自己正在欣賞一片安閒的風景。然而，即使是這樣的作品，第一眼看上去時也遠不及我們所想的逼真。假使我們開始提出難以回答的問題，或試圖繪製畫中場景的地圖，旋即便會發現問題無解或根本辦不到，因為我們不曉得神廟和莊園之間的距離，也不知道橋梁離神廟的遠近。

其實，希臘化時期的藝術家，根本不知道現代所謂的透視
法。許多人在學校畫過的那條直直延伸至消失點的著名白
楊大道，在當時並不是例行的練習作業。古典時期的藝術
家會將位於遠處的事物畫小，把近處或重要的事物畫大，
但對於物體隨距離增加而逐漸變小的法則，也就是我們現
在用來表現景物的透視架構，古代藝術家並未採用。

現今我們所熟悉的具象繪畫幾乎都是透視畫作，人物和物件
的呈現，是按透視法在遠離畫作焦點時逐漸縮小。透視畫代表一
個人從空間中特定位置觀看場景時，所看到世界的模樣，與早期
的具象藝術大相逕庭。

早期的具象藝術不注重外觀，而著重在呈現出藝術家對繪畫
物件和空間的認識。這些畫作本身很美麗，但可能不同於我們實
際看到的場景，而且對於所呈現的空間格局，提供的資訊也較
少。透視加上空間格局的資訊，可透露出觀看時的重要訊息，我
們不僅呈現出以自我為中心所架構的世界，甚至還能從中獲取物
體相對於我們、物體彼此之間的距離和大小等資訊。

觀看揭露了我們如何存在於世上更深層的真相。我們學習將
感知和知識轉化為技能時，並非先是這世界的凝視者或客觀的旁
觀者，才成為行動者。如我們即將討論，當我們開始反思這個世
界時，我們已做為環境中實際的行動者，而融入其中，我們也因
此對世界有更廣泛的理解。世界反映了我們的興趣、欲望、情感
和計畫，這些層面深深影響了我們所見與看待事物的方式。

因此，我們並非客觀地體驗世界，我們所經驗的世界是相對

於我們自己的。幸運的是，這種相對並非全然主觀。以血肉之軀
生存於世，是我們所有人共同的命運。我們在世上所處的特定位
置，造就了彼此間的差異，儘管如此，我們依然都能欣賞以透視
法所繪的圖畫。透視畫有其固定的規則和不變的特質，我們藉由
理解此種特質，使我們能採納有別於自己的視角，就算我們彼此
的觀點不同。

　　我將在本章具體闡述「觀點」的概念。每個人都用各自的觀
點看待世界，所以我們看待世界的方式充斥著這些觀點。這麼說
並不是為了替客觀看待事物的局限找藉口，而是想強調，這就是
我們理解世界的方式。首先我會討論視覺上的觀點，說到視覺觀
點時，我們常以觀看靜態圖像的方式來看待事物，但我認為這是
錯的。我們看事物的方式與我們在空間中移動的能力無法分開討
論，而移動能力本身又與我們的生理結構和能力有關。

　　接著，我將說明，此種稍稍以自我為中心的架構只是一個框
架，它仍是一個「空無」的自我，需要加以填充方能成為完整的
人，此框架對我們探索換位思考至關重要。然而，觀點不僅僅是
感知的一個特徵，它還滲入了我們的想像力，影響著我們看待
世界的思維，這便是胡塞爾（Edmund Husserl）、海德格（Martin
Heidegger）和梅洛龐蒂（Maurice Merleau-Ponty）等現象學家的基
本見解。

　　研究他們的邏輯思維，有助於凸顯出能動性（agency）在我
們對事物的理解上是何等重要。最後結語的部分，我將反思認知
也是以觀點為本的這項事實，如何影響我們對客觀性和公正性的
看法，以及對理解世界本質的期許。

視覺觀點是什麼？

　　初學透視畫法時，通常會先從單點透視開始。先畫出一條地平線，然後決定觀察點，也就是觀看場景的位置。觀察點通常會在地平線以下某處，最常見的是位於圖畫中央，從此點向上的方向會有消失點，即所有正交線的交匯點。試想自己站在鐵軌上，一路直視遠處，您眼前的兩條鐵軌，最終會在正前方的遠處交會。不過，我們都知道鐵軌其實仍持續並排，並未交會，但我們視覺上只能看到這麼遠，僅能看見部分環境，而且所見還算不上太客觀。

　　一般而言，我們看不見物件的實際大小，我們所感知的物件尺寸，其實是物件實際大小與眼睛的距離、觀察物件的角度，以及其他如大小恆常性等特定因素的對應值。

　　當然，如我們在更繁複的藝術作品中所見，視覺的消失點可能有一個或多個。但是重點在於，為了畫出觀者眼中物件在場景中的模樣，我們並不會依照原樣來描繪物件，而是運用消失點與相對消失點的技法來變形，而消失點則是由觀看點的位置來決定（圖 2.1）。

　　還記得宮布利希談到透視法則嗎？這些法則規定了線條必須在消失點交匯，以及物件依據與焦點（觀者）的距離增加而逐漸縮小。這可不僅是某種視覺上的隨意變化，個人視野內物件相對彼此的大小，加上匯聚於消失點的線條，可幫助判定物件之間的距離。這便是為何宮布利希說以透視法繪製的畫作，可讓人看見畫中所示物件之間的空間關係。

圖 2.1　單純的單點透視圖。（繪圖：Peter Bruce）

　　此點十分有助於我們釐清該如何移動身體，才能達成目標。例如：拿起某件物品時，該如何抓握？樹木離我們多遠？我們能否在樹上懸掛吊床？透視的世界讓人得以行動，它實際顯示出，人在空間中該如何移動身體、到特定地點需要多久等。因此，儘管希臘化時期的繪畫，在描繪特定物件時頗為逼真，但卻模糊了物件之間，以及物件與觀者間的空間關係。

我們以視覺因應動態世界

　　視覺感知賦予我們另一種應對動態世界的方式：我們的視網膜只能產生二維的影像，卻為我們提供了三維世界的體驗。若我

們在世上是靜止不動的觀者，那麼，從三維角度觀看事物，也許並不特別重要。然而，對於在世上移動的生物而言，三維角度是一項至關重要，且大有助益的生存能力。三維或深度不僅僅是空間的特徵，也是物體的特徵。既然我們總是以透視的角度在觀看事物，那就意味我們只能從特定角度看見事物。

　　儘管如此，我們看見的卻不僅僅是表面（眼睛所能偵測到來自表面的反射光），而是從視覺上感知整體物件。換句話說，雖然我們看不到物件的另一面，或無法完整看到物件，但我們從特定角度看見的物件，在視覺的感受上仍猶如完整的三維物體。哲學家和心理學家稱此為「非形式補整」（amodal completion）。非形式補整讓我們在無法完整看見一個物體的情況下（畢竟，我們無法同時從各個面向觀看物件），看到了三維物體。正如心智哲學家諾埃（Alva Noë）所述：「觀察一個圓盤時，從特定角度高舉它，眼裡看來雖是橢圓的盤子，心裡卻能感覺是圓形。」[2]

　　若您不熱中藝術，用電玩遊戲來說明可能更易懂。若我們同齡，您可能有首款電玩遊戲問世時的記憶。我記得那是在我基督教堅信禮儀式的聚會上，其中有一大半的時間，我都在家裡樓上和朋友輪流用掌上型遊戲機，玩兵乓球遊戲《乓》（Pong，請見圖 2.2）。

　　當時的玩家角色（即遊戲中的您）僅是眾多物件之一，不過通常外觀獨特。您可用按鈕來操控這個小圖像，且可以在遊戲中看見自己，通常是從鳥瞰的角度，或從遠端的側邊。這些遊戲十分有趣，但我個人從未沉迷。

　　之後推出了第一人稱射擊遊戲（請見圖 2.3），兩種遊戲截

圖 2.2　電玩遊戲《乒》。（繪圖：Peter Bruce）

然不同，在第一人稱射擊遊戲中，除了其他事物之外，玩家無法
看見自己完全出現在場景中，多半是看到一心要殺死您角色的生
物。您只能看到部分自己，就如同現實生活中能見的範圍，而且
同樣重要的是，您也只能以相同受限的方式，看見自己的位置，
像是您可以往前看、往旁邊看或轉過身查看背後的情況。但在舊
款遊戲中，如果夠小心的話（可惜從未發生在我身上），可以看
到從不同方向接近您的事物。不過，在第一人稱射擊遊戲中，您
無法看到視線範圍以外的事物。

　　第一人稱射擊遊戲比起第一代電玩，更讓人感到身歷其境。
這不僅僅是因為虛擬世界的呈現方式，就像真實世界一樣展現在
眼前，也因為當人在操控角色時，場景會隨之變換。當您讓角色

圖 2.3 第一人稱射擊遊戲。（繪圖：Peter Bruce）

往前或往後移動時，事物會離您更近或更遠，環境隨著您的移動而改變，讓人感覺是在探索周遭事物，而不再是被動地觀看，猶如自己親臨現場，讓整個遊戲體驗更加真實。

在圖 2.3 中，您的角色幾乎是隱而不現，以角色的視角出發，畫面中只能看見您的手臂和手，但看不到整個身體。因為只看得見自己在某處，所以您不曉得自己身在何方，就像在舊款電腦遊戲一樣。

不過，您可根據遊戲世界的外觀得知自己在遊戲中的何處。您是眼前一切所見的焦點，視覺世界以您的身體為中心往外發散，所有看得見的物件，皆與您相關。這個空間本身是以自我為中心，做為參考架構來呈現的，試想您如何看待周圍物件？它們

是近的、遠的、高的，還是觸手可及？這些都屬於關係性質，涉及的並非是物件固有的屬性（即物件本身單純具有的特性）。關係性質是相對其他物件的關係。在此例中，即物件與您的關係。

我們的視覺體驗太過理所當然

　　第一人稱射擊遊戲幫助我們瞭解視覺世界的本質。當您探索自身所處的世界時，「您」的自我絕大部分是隱身，但您同時也隱含於所見的一切之中。這是我們鮮少考慮到的事實。每當看見某事、某物時，人不會意識到自己是從特定視角來看它。

　　這很合情合理，因為我們毫無理由去思考這件事，畢竟，這是我們對探索世界時，唯一且直接的視覺體驗，無從比較。正如維特根斯坦（Ludwig Wittgenstein）曾說過：「對我們而言，事物最重要的面向，常因太過簡單和熟悉，而隱而不現（人常因為某些事物近在眼前，而無法察覺）。」[3]

　　我們看待事物的方式，之所以能揭露我們是具有形體的這項事實，不僅僅因為我們的感官是身體結構的一部分，還因為我們看待事物的方式，必須與本體感覺（感覺身體在空間中所處位置的能力）其他感官和運動系統協調。事實上，為了感覺自己在環境中移動，而不是感覺環境向我們移動（此為關鍵差異），我們的視覺系統，必須從控制動作的系統取得資訊。換句話說，我們在世上移動時，普遍的視覺體驗不單是視覺計算的結果，而是包含了視覺和運動的共同訊息。

　　因此，我們根據所擁有的身體，以及身體的移動能力來看待

事物，如此說來，這種視覺經驗可以造假嗎？當然可以。對此點相當堅定的懷疑論者，也許會用電玩技術來辯駁，第一人稱射擊遊戲儘管已相當不錯，但虛擬實境的技術，在模擬我們探索新世界上更勝一籌。

但是在這些假設裡，我們實際上沒有身體，只是像擁有身體一樣體驗世界——當然，這不是最佳解釋，最佳解釋是我們確實擁有身體，正是擁有身體才使我們以這樣的方式看世界。

這個具有身軀、實體的自我，與前一章中笛卡兒提到的「我」截然不同。我們做為具有形體和意識的生物，總是從特定的觀察點來感受世界。就像笛卡兒所說的「我」，相比我們真實的「自我」來說是貧弱的，只是純粹的意識活動中心，而我們具身、形的自我又被稱為「赤裸的自我」（naked selves），這並不表示您赤身裸體，而是指您是空白的。那些過去經驗、當前的計畫或性格等等，您用於界定自己的特質此刻並不重要。

反之，當您如同《辣媽辣妹》等身體交換電影的主角一樣，占據了具身形的赤裸自我後，便會開始感知到自己占據的是多大形體，感受到這個身形的視野高度、觸手可及的距離，和跑得多快。另一種說法是，占據一個視角時，會有一種非關個人的獨特感受，而這不僅限於視覺上，這也是我們的想法和描述自己的方式。這麼說是什麼意思呢？請容我娓娓道來。

空白的自我與身體掠奪者

當代哲學家佩里（John Perry）在其著名文章（至少對哲學家

而言)〈基本的索引詞〉(The Essential Indexical)一文中,闡述了他在購物時獲得的深遠洞見。

有天他在超市購物時,注意到地上有一條砂糖小道,心想:「有人闖禍了。」於是,他決定跟隨這條糖的痕跡,找尋肇事的消費者並提醒他。但是他找著找著,只發覺到糖的痕跡愈來愈多,卻始終找不著那位購物者。最後他才恍然大悟,原來「他」正是肇禍者。更精確地說,他心想:「『我』闖禍了。」

正因他有此認知,所以才使他有所行動。任何關於他的真實描述、甚或他的名字都不會有此影響,原因為何?因為他必須將這些描述或名字與「他自己」聯繫起來,他必須意識到「他」是佩里。正常情況下他確實如此,但仍有太多可能的情境,使他也許無法意識到「他是佩里」。他可能因為撞到頭而短暫失憶、或者他可能嗑了藥,又或者他的腦袋極度不清醒。光是有「佩里闖禍了」的想法,並不會讓他採取任何行動,他必須先意識到他就是佩里。[4]

「我」這個詞,具有獨特的行動相關性和自我指涉性,這是使用描述或對象名稱時所沒有的特質。「我的褲子著火了」會立刻會引發相對應的行動,但「麥波姆的褲子著火了」卻不會,即使這兩個想法來自同一個人。「你」、「現在」或「這裡」之類的指示詞,也有類似的特質,同樣具有獨特的能動性,但用描述來指實際對象時則不然。

有趣的是,這些帶出行動的強大詞語,本質上其實空無一物,可帶入滿足特定功能的任何人或物。每當我使用「我」這個詞語時,指涉的是我自己;而當您使用「我」時,您指涉的是您。

就算我們倆天差地別，仍都可以使用「我」來指稱自己。這是因為「我」這個詞語本身並無任何個人色彩。不論講者是誰，使用「我」這個詞時，除了指稱自己之外，並不會透露任何關於講者的個人資訊。

　　失憶的人醒來後會想，我在哪？我是誰？「我」這個詞只是指涉思想和經驗的來源。沙特（Jean-Paul Sartre）也許會說，「我」是世界的消失點。「我」指的是正經歷某種體驗的個體，這種指涉既獨特又赤裸，正是如此，不加修飾的特質使得換位思考成為可能。讓我們來看個例子加以說明。[5]

交換身體會怎樣？

　　在瓊斯（Spike Jonze）和考夫曼（Charlie Kaufman）的奇幻電影《變腦》中，失業的木偶賣藝師克雷格（Craig），無意間在歸檔文件的辦公室，發現了通往知名演員馬可維奇（John Malkovich）心智的入口。他走進去了之後，便可透過了馬可維奇的眼、耳和身體感官體驗世界，他能感受到馬可維奇的一切感知。十五分鐘後他被退出，並掉在紐澤西收費高速公路旁的水溝。他衝回辦公室，對夢中情人麥絲（Maxine）問了一些哲學般的提問，試圖打動她。

　　　妳認為，從自我的本質和靈魂的存在來看，我是我嗎？馬可維奇是馬可維奇嗎？……妳知道那個入口帶來了多麼形而上的複雜問題嗎？我不認為自己有辦法繼續像從前那樣度日。

　　麥絲對此不以為然，直到她意識到這項發現背後的商機。他們一起投放了廣告，內容如下：

　　你曾幻想過成為他人嗎？現在就是美夢成真的時刻──歡迎前來 JM 公司。

　　他們吸引了大量顧客，即使只有十五分鐘，人人都想成為他人，尤其當那人又是有名的電影明星。克雷格的妻子璐特（Lotte）也想感受一下其中樂趣，要克雷格下班後帶她去辦公室。如同克雷格，她也有了深刻的體會。她對丈夫說：

　　璐特：「你知道，這一切似乎很合理。我知道我是誰。」
　　克雷格：「但你不是。你是馬可維奇。」
　　璐特：「我是，可不是嗎？我是馬可維奇！」

　　邏輯上來看，這根本說不通。璐特不可能是馬可維奇，因為馬可維奇就是馬可維奇。可是，真的是如此嗎？電影後段，克雷格找到了一個方法，讓自己在十五分鐘的時限到時，還能繼續留在馬可維奇的腦袋裡。他過去的操偶經驗，讓他學會了如何附身於馬可維奇並控制他。成為馬可維奇之後，克雷格擁有了原本擁有不了的女人──麥絲。但他不再演戲，而且出人意料地轉換跑道到偶戲表演。克雷格儼然成為了馬可維奇，抑或是馬可維奇成為了克雷格。
　　雖然這只是部電影，但為何如此荒唐的構想能奏效？儘管看

來可笑，可市面上身體交換的電影卻不計其數。不僅僅是好萊塢覺得此種想法有趣，哲學界對於人交換身體的可能性，最初可追溯至洛克對人格同一性（personal identity）的哲學反思。洛克要我們試想一名鞋匠與王子交換身體。假設換身順利進行，我們能從中獲得什麼人格同一性的相關資訊？

洛克認為，此人不會有所改變，他不過是像有了新衣服一樣，被賦予了新的身體。如同馬可維奇體內的克雷格一樣，對鞋匠而言，現在開始他以新身體來體驗與反映這個世界。由於可以操控新身體，他們如今也是新身體的行為者（agent-body）。換句話說，克雷格、鞋匠和王子的感知體驗，基本上與擁有的身體移動和控制能力有關。例如：這表示克雷格可以獲得與麥絲發生關係的體驗，即使他自己的身體並未參與此行為；他也會直接接收對馬可維奇的侮辱或讚揚、感覺到馬可維奇身體的疼痛等。[6]

無論這些身體交換的電影符不符合現實，都指出了某種足以設想的可能（conceivability）。占據一個新身體，確實不難想像。有趣的是，這與我們前一章探討到完全認同的換位方式，有所不同。克雷格並未如同費雪成為樂透小女孩殺人魔一般，成為馬可維奇。克雷格在馬可維奇體內控制他，顯然是會有某種程度的心理認同；但費雪嘗試的認同完全是另一種狀況，在整個過程結束時，費雪似乎已不復存在。

相反地，克雷格控制馬可維奇的身體後，馬可維奇的自我意識似乎蕩然無存。然而，馬可維奇的身體依然存在，克雷格採取了馬可維奇身體的視角，儘管兩人的意識和經驗有所不同，但卻共享相同的身體感知和感官經驗。克雷格和馬可維奇共享的體感

是不變的。比事物更重大的意義，以及由此產生的聯想等，都分屬於他們個人，影響他們賦予體驗的意義，但核心的身體感知面向，仍然相同（或大致相似），這才是我們更應該關注的重點。

想像中的觀看

　　話雖如此，進入某人的腦袋，並擁有他們的經歷，只是一種隱喻。正因我們並無通往他人思想的入口，所以只能憑藉著想像來理解他人的經歷。但想像力也是一種觀點，代表了具標示性或自我指涉的世界。以想像看見某個東西為例，我們在想像時，絕大程度是彷彿實際看見它，這就是為何有些哲學家認為，想像力是利用視覺系統來實現的。

　　當我想像看到家中樓梯時，會感覺自己似乎是從某個視角看見樓梯，除此之外，想像力還以其他類似視覺的方式運作。舉個心理學家做的實驗為例，他們向受測者展示了一個立方體，並要求受試者在腦中將其旋轉至一定的角度。當然，這個過程需要時間，但有趣的是，旋轉不同角度所需的時間並不相同。例如：將立方體旋轉一百二十度，比旋轉四十五度更費時。

　　事實上，想像旋轉某個物體時，隨著旋轉角度增加，所需時間也會變長，此事強烈顯示我們在進行此一想像的過程中，可能運用了視覺系統。原因在於，若我們在現實中用手旋轉物體的話，旋轉角度愈大，轉動物體所需的時間也會愈長。看來我們似乎是透過模擬實際旋轉物體時，所看到的轉變過程來進行想像。

其他關於想像涉及視覺系統的證據，則來自單側視覺忽略症（unilateral visual neglect）的患者。此類病患無法看到視野某一側的事物。研究發現，無法看見視野左側事物的患者，也無法想像從特定觀察點，看見想像場景中左側的任何事物。另一項研究發現，大腦中專司臉孔辨識的視覺區域——梭狀臉孔腦區（fusiform facial area）受損會導致觀看和想像臉部的能力出現障礙。[7]

話雖如此，想像力如同視覺，並不代表想像就是單純看到一張圖片，我們並不太可能真的在想像中看到圖片，為什麼呢？首先，讓我們問問自己，誰會看到這些圖片？若我們所說的「您」是一般指涉的對象，那看到圖片的不太可能是「您」，畢竟這些圖片是在您腦袋裡的，所以「您」不可能真的看見它們。

如此說來，難道我們腦裡有個小替身，或用電影《王牌大賤諜》裡的說法，難道有個「迷你我」在看這些圖片嗎？這個迷你我有眼睛嗎？若有的話，是否再度浮現相同問題：若有個迷你我透過視覺來想像，那肯定又有一個更迷你的「迷你我」在看這些圖；可是如果這個迷你的迷你我，也是靠視覺來想像，那麼……無需多久，您便會意識到此種思維，會讓人陷入無限迴圈。

其次，我們想像中所看見的事物，比圖片呈現的內容更確定。請見圖 2.4，圖中顯示的是一隻貓正跑上，或跑下樓梯。您大可隨意翻轉圖片，但最終還是會賦予它某種詮釋，這是因為我們在觀看圖片時，會將其視為代表某種確定意義。換句話說，光是想像圖片，無法解釋我們想像看見某事某物時的行為，我們還需要想像一個解釋。

圖 2.4　貓正跑上樓還跑下樓？（繪圖：Peter Bruce）

　　第三，雖然我們有時想像的事物比圖片更具體，但我們多數人無法如同圖片一樣，巨細彌遺地設想場景或人物。例如：我可能會想像兩個人在親吻，但鮮少會想像他們的膚色或髮色等具體細節。[8]

　　另一個更有可能的解釋是，想像觀看某件事物和真實的視覺在諸多方面十分類似。例如：想像（視覺上）的過程，就如同視覺上感知事物的過程，雖然兩者明顯不同，但區別僅在於程度，而非本質。心像也許是透過重新演繹部分實際感受再建構而成，這是人在感知想像中的事物時，會有的感知行為。這個想法最初由心理學家奈瑟（Ulrich Neisser）提出，並獲得了一些別有意思的證據支持。例如：人在想像自己觀賞乒乓球比賽時，會以預期

實際觀賽時的方式移動眼球，也就是以眼球震顫（saccade）的方式，快速移動眼球。

其他研究也顯示，視覺上看見某物，和在腦海中視覺化地想像某物，兩者的組織方式其實相當類似。舉例來說，人對位於視野中央物體的反應時間，比對在視野邊緣物體的反應時間還短；當一個人在腦海中想像某個場景時，對想像位於此場景視野邊緣的物體，反應時間也較長。這又再度證明，我們想像看見某件事物時，反應其實與實際看到它時類似。

最後，「快速動眼（REM）睡眠」這個專有名詞來自於快速動眼期（rapid eye movement），而快速動眼期與一般視覺探索時的眼球震顫相關。換句話說，我們做夢時，眼球在眼瞼背後的移動方式，與實際看到夢中景物時相同。「觀看」並不是旁觀者的運動，它既不是觀賞圖片，更不是想像自己看見。[9]

即使是想像，也有視角

在此，我想強調的重點在於，既然我們以類似視覺的方式來想像世界，而視覺在本質上，其實是具有視角的，那麼便有理由相信本身的想像力，也帶有視角。您可自行測試看看這個想法——不妨試想您家裡的樓梯，當您在想像時，會從特定角度來看它。因此，無論是實際感知或單純想像，我們總是從特定的角度，來理解世界。當我們以特定角度體會事物時，便是以自我為中心與事物形成連結，它們可能是面對我們、遠離我們、擋住我們、抑或是高高在上，或肉眼幾乎看不見。

　　我們並非從神的視角，以客觀的方式來體驗世界，然後再試圖確定我們與世界的關係。我們已實際身處於世上，我們對世界的感知和理解，是為了更便於在這個世界生活和運作。我們的經歷與諸多切身的需求息息相關，如我們探索環境，是希望能利用環境獲取養分或保護自己。因此，我們存在於世上的主要方式，並非是做為遙遠的觀察者，而是參與其中的行動者。話雖如此，我們以自我為中心來領略世界的這個事實，對我們而言，其實並非顯而見。

　　「自我中心」之所以評價負面，其實理由十足。但值得謹記的一點是，自我中心也讓我們得以生存。若有一隻不明的大型動物衝向我們，我們就該以自我中心的方式做出反應，如同應對威脅一樣，而不是磨磨蹭蹭地深入去思考那個龐然大物究竟為何。

　　我們既具體存在於世上，同時又以自我為中心這一種相當原始的方式來感知世界，這絕非偶然。這是否只存在於我們的感知經驗和想像經驗中呢？絕非如此，此種自我中心貫穿了我們對世界的看法。為了瞭解其中緣由，必須稍加提及揭示此一事實的重要哲學家們——德國和法國的現象學家和存在主義者。

此在（*Dasein*）：存有於世

　　自德國哲學家康德（Immanuel Kant）劃時代的著作問世以來，我們已瞭解到自身的構成，某種程度上影響了我們的經驗對象（objects of experience）。我們所經歷和體驗的世界，深受自身特質和本質影響。

康德認為，我們的心智將他所謂的直觀形式（forms of intuition，如：空間和時間）和概念範疇（conceptual categories，如：因果關係、統一性和可能性等）加諸於「外界」，因而使經驗成為可能。此外，我們還能透過反思此種經驗最初成為可能的原因，來發現自身對所經歷的世界有何貢獻。康德堅信我們的經驗世界，來自於這些心理施加（imposition）和事物本身或稱「物自體」（*Ding(en) an sich*）的結果。

德國哲學家胡塞爾延續了此一思維並進一步更新，他認為，構成我們經驗的概念範疇其實比康德所想的更普遍、多樣。胡塞爾還認為，康德雖稍加涉及了物自體的概念，但對於自己經驗世界以外的事物，我們其實無權置喙。反之，胡塞爾堅信哲學必須聚焦於現象，即我們的經驗內容。

有別於康德使用先驗（transcendental）方法，著重找出先於特定經驗，而使經驗得以為真的先決條件，胡塞爾提出可藉檢視經驗本身來辨識經驗的主觀特點。自此，哲學論述的重點從對世界的認知，轉向對經驗世界或現象的探索，與胡塞爾相關的學派成為現象學派（phenomenology），在 1930 年代風靡一時，深刻影響了完形心理學（Gestalt psychology）和法國存在主義。[10]

胡塞爾如同前人笛卡兒一樣，關注心智對經驗形成的重要作用，但卻大幅忽略了身體和環境在這之中的角色。直到海德格和梅洛龐蒂的崛起，才開始強調身體性（physicality）對建構我們的經驗世界至關重要。

海德格先是批評了「我們做為超然觀察者來到世上」的觀點，他不僅不苟同這樣的說法，還堅信我們對世界的反思，源自

於先前與世界實際的互動。換句話說，我們先在世上有所行動，然後才有所省思，亦即我們先知道如何（know-how），才知道所指（know-that）。

我們參與世界的主要方式，是做為使用者與事物進行直接的互動，我們必須先瞭解該吃什麼、如何取得，以及避免自己被其他生物吃掉，這些都是我們對世界的實際行動和動作，而理論反思則發生在這些互動之後。

此一思想的重點在於，若我們在哲學推理時，想當然地認為我們使用事物的能力，不比從前對事物的理論建構，或超然探索重要，那可就大錯特錯了。我們與世界互動，源自於本身的關注與利益，我們並非天生就超脫於周遭環境之外，此一事實自然也體現在對周遭大多事物的看法上——我們的認知和思考，往往是從個人角度或從整體人類利益出發。[11]

根據海德格的觀點，我們與世界的接觸，主要是做為有技能和目的的使用者，但我們在世上操作事物的能力，並非單靠心智。我們的興趣有部分取決於身體的條件，而我們使用工具的技能，也取決於身體的能力。如海德格所言，世界以相對於我們身體的方式，在我們眼前顯現或揭示。如此看來，海德格的思想似乎不言自明，身體對我們感知世界的方式，和在世界上的行動能力，顯然至關重要，因此肯定也是我們思考世界的基礎。

然而，長久以來，哲學界一直專注於心智或思想——想想柏拉圖說的「理念」（Ideas）。此種理念堪稱某種理想的對象（object），是我們期許在長久苦思，並歷經與其他求知若渴的才智之士辯論之後，也許能明瞭（或回想）一二的思想。而一旦掌

握了這些理念，我們便可避免迷失於不斷演變的經驗和事物之中。想當然耳，隨之而來的問題是：「我們獲得了什麼知識？」這顯然與我們生活中的世界無關。

我有點離題了，回過頭來看，我們竟然忽視身體這麼長一段時間，這似乎令人有點尷尬，但重心智而輕身體，也是長期存在的社會現象，所以似乎也不那麼令人意外。

海德格的重點雖主要聚焦於工具，或做為工具的對象，但並未深入探討身體對經驗的貢獻。由於對工具的重視，在海德格的哲學中，最相關的身體部分，不意外地是手。他認為，我們看待事物，要麼視作「及手物」（ready-to-hand；*zuhanden*），也就是以某種方式使用的事物；要麼視為「手前物」（present-to-hand；*vorhanden*），也就是做為理論或科學探索的對象。

海德格相對忽視身體其他部分，使得梅洛龐蒂在身體現象學領域脫穎而出。海德格強調我們以行動為導向，與我們的經驗對象相互作用；梅洛龐蒂則將此觀念精煉為「世界是充滿可能性的空間」，而這些可能性的一部分，取決於我們的身體運動能力。技能為我們開闢了新的可能性，以及與世界互動的新方式，同時，也為我們思考世界的方式提供了新的思維。

梅洛龐蒂指出，我們的意向性（intentionality）是「運動意向性」（motor-intentionality）。他不認為行動與感知是截然不同的，反倒是構成同一行為的一部分。康德認為概念範疇組織了我們的經驗，但梅洛龐蒂主張經驗的組織，原則是基於我們以自身行為與事物互動的程度。例如：即使我只看到物體的一側，但我仍能將其視為具有正面和背面的完整物體，這並非憑藉著某種複雜的

概念數學，而是因為我能以某種方式與這些物體互動，像是繞著它們移動、轉動它們，避免碰撞等。人類對事物的意識，是基於「我能」（I can），而非如笛卡兒的思想所暗指的「我思」（I think that）。[12]

　　然而，在構成經驗對象上，至關重要的不只是身體。完形心理學指出，我們所處的特定情境，會影響感知事物的方式，此思想後來成為梅洛龐蒂哲學的核心。為說明此點，他舉了塔樓的例子：塔樓的距離，會由於周圍山丘的細節表現，使塔樓看來比真實距離更遠。然而，我最喜歡的例子是位於羅馬的聖彼得大教堂，您若沿著尼可洛皮可洛米尼街（Via Niccolò Piccolomini）向外走，走得愈遠，教堂的圓頂似乎就愈大；可是若擋住周圍的景物不看，單看圓頂的話，它便顯得小上許多。

情境會影響我們的應對方式

　　我們觀看事物的位置，會影響我們看待它的方式。即使我們夠聰明，不太把此種簡單的視覺錯覺當一回事，但我們對世界的思考方式，本身就受到所處情境的影響，而這不僅僅是指實體情境，我們的精神狀態也是如此。海德格因介紹情緒的概念，以及情緒對我們經驗世界的廣泛影響而聞名。如我們將於第六章所見，現代情緒研究也贊同此觀點。[13]

　　難道我們真是從根本上，以身體和個人利益為基礎來感知世界嗎？確實有大量證據顯示，我們眼睛所見的事物，以及我們看待事物的方式，受到身體姿勢、運動、情緒、欲望和興趣的影響；

我們所聽、所聞、所嚐或所知的事物，也會影響視覺。

在處理主視覺皮質（primary visual cortex）接收到的資訊時，會把資訊發送至兩條各別的路徑，其一是所謂的背側流（dorsal stream），主要與伸手或抓取物體時的引導資訊相關，如：即時位置、形狀和方向等，另外也與工具的使用有關，此種資訊處理是特定的感覺運動（sensorimotor）；另一個路徑是腹側流（ventral stream），與事物的辨識和區別相關。因此，背側流常被認為用於行動，而腹側流則用於識別。

不過，事情當然沒那麼簡單。從功能上來說，此二個網路密切相關，即使是像抓取物體這類看似簡單的任務中，背側流和腹側流在資訊處理上，也存在著大量的交流。有人認為這兩個網路可以各自運作，因此一個人的視覺體驗，可能僅源於其中一個功能網路，但更多人認為，兩個網路可獨立運作的假設在整體上無法成立。這代表什麼？意即我們所見與我們所做、可能做或打算做的事，其實息息相關。[14]

心理學實驗顯示了此現象在現實中是如何運作，手的存在會消除某些視錯覺（optical illusion）。例如：當人戴著可放大物體的護目鏡時，把手放在物體旁邊，似乎會讓物體縮小至正常大小；當護目鏡縮小物體尺寸時，情況則相反。此兩種情況下，看見自己的手在某個物體旁邊時，會讓人比不看手時判定的更大或小。林克諾格（Sally Linkenauger）、拉曼佐尼（Veronica Ramenzoni）和普羅菲特（Dennis Proffitt）都認為，這表示手可抓握的物件，其尺寸是相對感知者的身體來計算的，特別是以他們手握取起來的大小來計算的。[15]

　　另一個有趣的例子，是名為《艾賓浩斯錯覺》（*Ebbinghaus Illusion*）的知名錯視圖，其顯示了情境對尺寸大小計算的影響。在圖 2.5 中，兩個影像的中心圓大小相同。然而，被小圓圍繞的圓，看來卻比被大圓圍繞的圓，大得多。但若你要求一個人去抓住一個圓，或甚至只是觸摸它一下，錯覺便會減少約 30%。手會影響靠近手部物體的視覺處理。在手邊或想像伸手拿取的物體，會受到更仔細的關注，且在感知上也更加細膩，細節也會被記得更清楚。

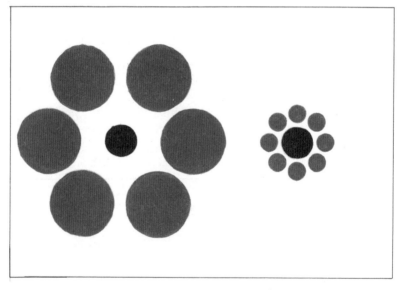

圖 2.5　艾賓浩斯錯視圖。（繪圖：Peter Bruce）

　　我們觸手可及的物體，相比於無法觸及的物體，在主體背景知識的關聯程度也會較少，這意味著，當涉及可觸及的事物時，

我們不像在處理無法觸及的事物時，那樣加以考慮更深遠的意義；相反地，我們更專注於它們的感知特徵。我們對於可用工具接觸（通常是用手拿）的東西，似乎會注意的更仔細，並且由於伸手可及，似乎也會感到更接近我們。

更奇怪的是，偉特（Jessica Witt）和布洛克摩爾（James Brockmole）發現，當您手上拿著槍時，會使您更可能認為另一個人也持槍，即使他們實際上並沒有。而這一系列饒富興味的證據，似乎也支持了海德格堅信「及手」（being ready-to-hand）是一種獨特經驗模式的論點。[16]

手儘管重要，但身體整體及其能力，也深重影響著我們對環境的感知。例如：在腳踝負重的人眼裡，一段可跳躍的距離，會比未負重時感覺更遠。研究人員推測，這是因為我們會根據身體跳躍的能力，來衡量可橫跨的距離。負重愈重，難度就愈高，因此，距離就顯得更遠。[17]

更有趣的是，情緒也會影響人的視覺感知。例如：比起不怕蜘蛛的人，在有蜘蛛恐懼症的人眼中，蜘蛛感覺離得更近、且跑得更快。因此，巴瑞特（Lisa Feldman Barrett）等情感理論學家，也主張情感會影響感知，因為視覺系統會使用情感資訊，來詮釋和解讀視覺刺激。

據其指出，我們的所見在絕大程度上，其實是反映了自身預期看見的結果，為了讓感知能力盡快有效地發揮作用，我們無法坐等視覺資訊被小心處理；相反地，我們則必須根據基本資訊來猜測可能存在的事物。認知科學家稱此過程為預測編碼（predictive coding）。

因此，猜測對於感知來說是一種習慣，而情緒有助於我們猜得更準，這解釋了我們如何以帶有情感的眼光來看待世界，例如：將人視為卑鄙、危險、可怕或性感等。[18]

我們的世界與世界本身

至此，顯而易見地，我們感知世界的方式，並不像科學家一樣客觀，而是用一種相對於我們身體和動物本能的方式在感知世界。我們總是處於與事物、他人和計畫等關係中，我們完全浸身於這個世界，而非以冷漠的觀察者身分旁觀這個世界。想來也許並不令人意外，這大概也是我們需要科學家的原因。

然而，哲學和心理學長期以來一直習慣將科學視為常識的延伸，像是客觀的觀點較佳、思維必須保持一致，或我們對世界的觀察，應該要基於可被他人再現等等的基本科學觀，這樣的論點，似乎無異於一個明智之士的看法。

最重要的是，普通人對世界的理解其實相對複雜，儘管有時會有錯誤或受到誤導，而且似乎會依循著本身所關切事物的本質。人們片面根據各種動物特徵來分類種屬，並將其能力一以概之，難道這些人不是心中自有一套動物學理論，或某種通俗生物學（folk biology）嗎？難道我們對他人（通俗心理學）和物理世界（通俗物理學）的理解不是如此嗎？

先前的討論，顯然與此觀點有所衝突。通俗理論無疑代表了更具反思且旁觀的世界觀，而我提出的觀點，則是假設我們先在

世界上行動，然後才進行反思。雖說如此，我們確實會對世界有所反思，並試圖客觀地理解世界。我們可以是相對超然的觀察者，如內格爾所言，此種思考世界的方式，不是根據「它的外觀、感覺、氣味、味道或聲音」，我們最終所追求的方式，是不受視角影響來理解世界，我們追求的是「本然的觀點」。

這是對客觀性的典型表述，我們從特定事物中抽離，並排除一切我們與事物有關的經驗與想法，也就是告別關係屬性，即放棄事物相對於我們的關係特性，有人認為這些特性是主觀的，但事實絕非如此，這些特性絕不主觀，它們描繪了一個相互關聯世界中的關係，這個世界的萬事萬物彼此相關，一個事物的運作，顯少能獨立於其他事物來運作。[19]

我認為的客觀與內格爾不同。我同意他的觀點──我們不希望僅根據自己的感官知覺來瞭解世界。我們的確需要對事物和人進行抽象描述，以便讓我們的理論（和體制）可適用於諸多個體，但這並不代表我們該致力於擺脫其他表徵。

難道我忘了香蕉的味道或觸感，就會更瞭解它嗎？還是我只要不關心一個人發生什麼事，便能更理解他？我認為答案是否定的。客觀從不是減少資訊，而是汲取更多視角。

即使從我的角度看來盤子是橢圓形，但我之所以能知道它是圓的，並非因為減少了關於盤子的資訊，而是從各種不同視角，對盤子進行資訊或潛在資訊整合的緣故。我們儘管有時可維持冷靜超然，但超然並非決定客觀性的特徵。

人類共有的經驗

我們與環境互動時，總是懷帶著興趣。無論是內在的科學家，還是內在的人文學者，我們都會在與世界互動時表現出興趣。科學家對自己的研究對象充滿興趣，但他們的興趣不在於使用，而在於理解。然而，理解總是與嘗試理解的人相關。我們的理解，是基於人類的角度來理解。因此，正如我的同事波托奇尼克（Angela Potochnik）所說，科學迎合了人類的思維。但是如我們所見，人類的思維是一種融入其中，且具身體感知性的思維。

無論我們如何讚揚理性或理智，此種能力並非毫無中心，理性並不是一種超越主體的客觀觀點，人類的觀點總是「來自某處」，但我們在研究世界時，卻認為世界本身獨立於我們的興趣，或自身之外，並以此為目標來理解它。這種觀察視角的確是與世界互動的一種方式，但正如海德格和梅洛龐蒂指出，那並非我們與世界互動的主要方式。

我們既能完全置身其中與世界接觸，又能拉開距離思考世界，這兩種觀點不可避免地多少會相互影響。以藥草研究為例，一旦我們研究了藥草，對它們的看法便會不同於以往。即使如此，無可避免地還是會衍生出新的二分法，一是融入其中體會世界，另一是保持距離思索世界。[20]

我們與世界互動的主要方式，是做為身體結合情境的人類主體（human agent），擁有自己的興趣和關切，這正是主體性（subjectivity）的核心。然而，此種主體性並非唯我論，而是互為主體性（intersubjectivity）。

　　我們的身體結構、身體能力、物種和文化相關的興趣等特徵，構成了我們絕大多數人共有的經驗。而我們在採納他人觀點時，恰恰可使用這些資訊。這麼做能讓我們對他人世界擁有截然不同的理解，有別於旁觀他人時的經驗。我們在第三章談到心理學觀點研究時，這點將更為明朗。

我們無法擺脫觀點

　　我們並非做為客觀的旁觀者生存於世，然後才學習如何利用自己對事物本身的知識，來操作它們；反之，當我們開始對事物有所反思時，我們已做為具體身處其中的行為者，並牽涉其中。我們對世界具有觀點，而這取決於我們的本性、處境、興趣和能力。就算我們能試圖擺脫自身獨有的興趣和感官模式，但仍然難以想像出一個不受利益或興趣影響的世界。即使我們再努力抽離，總還是擁有某種觀點。我們對世界的表述具有觀點，因為世界終歸是以自我中心做為框架來呈現的。

　　某部分而言，此種自我中心無疑是每個個體所獨有的，但此框架的大體結構，卻是更普世的。關係框架（relational framing）、行動首要性，以及身體結構和能力的重要性，形成了相對不變的結構，讓同樣身為人類的我們，因此對世界的看法有所重疊。觀點也許是主體性的核心特徵，但本質上是互為主體，我在本章中使用了「赤裸的自我」一詞，來描述過此點。

　　不過，談夠世界了，本書是關於人的，我當然知道人畢竟是活在世界上的，但我們與他人也有獨特的往來方式，這與我們不

加反思就能與自己交流有所差異，而這正是換位思考時所利用的
方法。

　　下一章中，我將從哲學和形而上學的思考，轉向解釋行為的
心理學。我在下章所討論的差異，支持了一個觀點，即我們對他
人行為和自身的行為，存在不同思維的觀點。

3

行為者與觀察者

　　席拉斯（Alan Sillars）是位人際溝通專家，他在一對伴侶試圖溝通解決問題時，從旁側錄了整段過程，然後將影像重播給他們觀看，並要他們說明自己在討論過程中，某些時間點的想法，以及他們認為自己的伴侶在想什麼。表 3.1 記錄了丈夫和妻子之間的互動，中間欄位是他們對彼此說的話，兩側欄位則是他們自己的想法和感受，以及自己如何解讀對方的溝通內容。[1]

　　在諸多人際往來當中，人們經常難以理解彼此。此種趨勢在衝突情況下，會更加惡化。席拉斯表示，其中之一的問題，在於人往往無法從對方的觀點看事情，反而是從自己狹隘的角度來溝通，並解讀伴侶的言論。表 3.1 清楚表明了此點。[2]

　　正如我們在第二章所見，人們傾向將世界視為自身興趣或利益的延伸。在表 3.1 的範例中，即使這對夫妻正在交談，但卻無法有效溝通，因為兩人所關注的重點並不一致。丈夫的話在妻子耳裡聽來，似乎與妻子無法當個好老婆之類的議題有關，而丈夫解讀妻子說的話，則是認為丈夫始終不瞭解存錢的重要性。用之前的老話來說，這兩個人的心理背景不同，而此種差異，造成了深刻的誤解。

　　然而，人的興趣和關注，並不是隨隨便便就出現差異的。個人對自己和對他人的看法，在形式和結構上存在著不變性，意思是如果想採納他人觀點，我們其實並不需要瞭解對方所有的興趣或關注，像是對方希望工作能出人頭地，或是喜歡稀有的前哥倫布時期文物之類；我們需要的是，想像自己從對方自我的內在來理解世界。

表 3.1 丈夫與妻子間的溝通內容。

妻子認為	妻子說	丈夫說	丈夫認為
我再度感覺他在言語攻擊我。我試圖傳達自己的想法讓他明白，這些不是瑣碎的東西，而是必需品……他不會買的，因為他太節儉了。	【打斷對方】沒錯，但我不是為了自己才買東西。 【打斷對方】我瞭解，但是…… 我不曉得……我們的房子需要添購很多東西。	可是，我的重點是…… 可是，我的重點是你存不了錢。為何每個月我們到月底前就沒錢了？ 不管是為了妳自己或房子，重點是我們負擔不起，我不認為你明白這點。	她又岔開話題了，我只希望她能說重點……真讓人挫折。 她又在扭曲事實了。「我們房子需要添購東西。」需不需要都沒差，如果我們買不起，那就是不負責任。重點是希望她能節省開銷。
我此時感到被冒犯了。我有點感覺他是……在說我不是個好老婆或是有能力的成人，我感到很困擾。	好，如果是家裡的裝飾，但是【語氣強調】……像是沙發……	【翻白眼然後看向天花板】 我們有家具，我們又不是坐在地上。	再度因為她不懂我要表達的重點而感到沮喪。我們應該要存錢，每月或多或少存個一百美元，重點是要存點錢，而不是老當個月光族。
此時我再度感到被威脅而且想保護自己。	不，但是……	【打斷對方】地毯呢？舊地毯還好好的但你卻把它換掉。	
我試圖表達我的觀點，但他不接受。我被激怒，也許還有點焦慮，當寶寶出生時，我們必須準備寶寶的東西時，該怎麼辦？	【高聲回應】什麼意思？什麼叫「還好好的」？ 好，我只是說，如果你曉得其他夫婦的花費，就知道我們有多省。	如果我們有錢的話，換掉也沒關係。 不重要，你根本就不明白重點。	她又離題了。她把我們和其他人比較，但每對夫婦的情況都不同。試圖將注意力放在重點上。依然感到挫折。

資料來源：席拉斯，2011 年。

　　我將在第六章討論換位思考，但在本章我將聚焦討論心理學所討論的觀點為何，並勾勒其形式特徵。第一人稱視角涉及了特定的思考方式，包含對自己、所觀察的他人，以及與之互動的人，分別稱為行動者視角（actor perspective）、觀察者視角（observer perspective）和互動者視角（interactor perspective），這些並非不同人的觀點，而是我們所謂的第一人稱視角的各種面向，其實也就是任何人看待世界的觀點。

　　在下節中，我將討論心理學家馬盧（Bertram Malle）和他的心理學家團隊，所進行的一項關於行動者如何看待自己和他人的研究。

　　接著，我會討論自傳式記憶（autobiographical memory）的研究，其中會指出我們回憶過去時，有時會像旁觀者一樣看待自己的行為，有時則會以參與者的身分，重新體驗當時的情景。這些不同的回憶視角並非偶然，記憶的視角與我們當時對事件的經驗，或他人的反應相關，並會強調某些特定的特徵，而忽略其他特徵。

　　在〈其他形式的例外論點〉一節中，我將提出了一系列的研究結果，再次顯示我們在理解自己和他人的經驗上，可以預期會有觀點的不對稱性。

　　而在〈關係錯綜的世界〉裡，我會總結發現。雖然理解行動者和觀察者視角的差異，可從中獲益良多，但我們不應忽略一件重要事實：當我們主動與他人互動時，便無法觀察他們。因此，第一人稱視角裡必須納入第三種選擇，我將於第四章和第五章裡繼續討論這一點。

看待他人與自己的觀點差異

視覺觀點具有相對不變的形式特徵。若其他人可以占據您的位置，並能在這一空間中移動，他們就擁有了與您相同的視角。但假設同樣身為人類的我們，看待世界的視角，在某種程度上相同不變，這又有何意義？思想畢竟不是僅具有單一方向的器官，想法不見得只會有一種。此問題在第二章中已經有了部分解答，因為我們先是具有身軀的行為者，其次才是思想者，我們的身體和基本需求，幾乎等同於感覺器官的形狀和位置，共同形塑了我們感知世界的方式。

一般而言，由於我們對於成長、生存、繁衍和養育後代的需求類似，所以對世界的感知方式也非常相似。但考量個人特定的身體、能力、環境等因素，事實上又存在諸多差異。儘管如此，一個行為者和世界的關係，與其他行為者類似。

我所指為何？我們可以回憶起自己的過去經歷、意識到身體的感受，並瞭解當下具有的想法（或至少是部分想法）；然而，當提取經驗的對象，不是自己而是涉及到他人時，我們便無法如此。但我們可以在回憶中看見他們的動作、他們如何用身體表達自己、給人的印象等等。

我們瞭解自己移動身體的目的和說話的內容，因為這份理解是由內而來的，但我們是從外部來理解他人的動作和言語。此種落差造就了我們以一種思考方式（心理學家通常稱之為「行動者視角」，而我則稱之為「行為者視角」）來看待自己和自身行為，但又以另一種思考方式（又稱之為「觀察者視角」）看待他人。換句話

說，我看待世界的觀點，同時包含我做為行為者和您的觀察者的
視角；而您的視角則是您做為行為者和我的觀察者。

我們常用信念描述他人的行為

　　心理學家馬盧及其同事在一連串的實驗中，要求受試者描述
和解釋自己和他人的行為。結果發現，受試者在描述自己的行為
時，較少用到與「信念」之類相關的字眼；但描述他人行為時，
卻傾向使用與「信念」相關的詞彙。換句話說，我們在解釋他人
行為時，可能會說「她相信藥水會救她一命，所以喝了下去」，
而不是說「她喝下藥水是因為這會救她一命」。

　　我們通常只有對自己的信念存疑時，才會特別強調這是一種
信念。「我想我把花瓶放在樓下櫥櫃裡」傳達了我把花瓶放在樓
下櫥櫃的信念，但同時也顯現出某種程度的遲疑；若我十分肯定
自己把花瓶放在那裡，便會說「我把它放在樓下櫥櫃裡」。

　　從上述結果顯示，就明確表達信念來看，我們在思索他人行
動的原因時，往往會對這些信念的真實性，持保留態度（也因此
透露出了潛在的不認同）；相較之下，我們通常不將自己的信念
視為信念，而是將它們視為我們對世界的直觀理解或觀點。

　　總而言之，個人通常會把自己的信念和想法，反映為自然而
然、毫無疑義的現實；卻也同時意識到他人可能基於真實或不真
實的信念，來理解現實。[3]

　　當然，這一切的想法都是未經反思的，我並不真的認為自己
對世界的認知絕對正確，而他人卻不然。我們都會犯錯，也會不

斷更新對世界的信念，而且世上肯定有我們無法確知的面向。然而，大多時候我們都能感知自己的想法，而我們的經驗，來自於直接掌握事物的本質，這一點再重要不過。思考一個想法時，我們並未真正「看見」想法本身，而是專注於這個想法的內容。這個想法的信念性質，隱含在我們對內容的態度之中，但必須經由我們的反思，才會將它視為一個信念。

我們常用理由解釋自己的行為

馬盧和其同事發現，我們在解讀人我行為時，還有另一個差別，也就是我們如何解釋他人的行為。哲學家長期以來一直主張，對於行為的解釋，應該基於理由（reason）而非原因（cause），這一主張有別於對相同行為，可能有其他類的觀點。如：生理學或神經學解釋。

雖然嘗試提供後者的解釋也許別有意思，但以目前的科技水準來說，涉及複雜行為時，此類解釋也無用武之地，無法幫助我們理解人為何出現特定行為。例如：「她前額葉皮質的血清素攝取偏低」這種解釋，甚至並未將此人視為行為者，儘管這段解釋讓我們獲知了部分資訊，但這些資訊並非關於此一完整的人，而是關於她腦內的化學物質。

然而，為了理解此人，我們會想瞭解對方的信念、欲望或意圖。舉個經典例子，我們在解釋鮑伯為何要去酒吧時，會說因為他想喝啤酒，而且相信酒吧有供應。請注意，在此我們獲知鮑伯的信念和欲望，哲學家認為以理由說明（reason explanation）時，

需要有這兩方面的資訊。心理學家也說明了理由，但正如我們即將討論的內容，他們較不苛求此類解釋時的心理狀態與結構。[4]

當我們被要求解釋自己的行為時，會傾向以理由來說明。馬盧和共同研究者發現，我們在解釋自己的行為時，會比解釋他人行為時，多給出一點五倍的理由來說明。

相較之下，我們做為他人行為的觀察者時，會更傾向使用馬盧所謂的「因果歷史說明」（causal-historical explanations）來詮釋他人的行為，是我們說明自身行為時的兩倍。「因果歷史說明」是引用與行為者的外部因素，來解釋其行為，如：成長經歷、文化或處境。在部分情況下，此類說明會參考可能影響個人的事實，但會忽略此人在行動前或行動時的意識考量因素。

為了理解其中的差異，讓我們看看下列關於「伊恩上個月為何每天工作十四小時」的不同解釋：[5]

> 伊恩上個月為何每天工作十四小時？
> （理由說明）為了賺更多錢
> （理由說明）因為專案快到期
> （因果歷史說明）追求成功
> （因果歷史說明）加班是職場文化

這些都是心理學家所提供的較輕鬆的「理由說明」。不過，從哲學的角度來看，解釋上會更加繁複，如：「他想賺更多錢，因為他相信長時間工作，可以讓他達成這個目標」，概念上其實兩者相同。

　　如您所見，無論是理由說明還是因果歷史說明，都能提供合理的解釋方式，只是說明上有所不同，而這其中的差異卻是至關重要。理由與能動性有關，因為行為者之所以有行為，並不是隨機或突發奇想（至少大多時候不是），而是先考慮了自己想要什麼、如何得到、如何得不到，以及這麼做是否值得等因素之後才採取行動。換句話說，能動性涉及了對行為的深思熟慮；反之，因果歷史說明，則鮮少涉及當人決定行動時深思熟慮的部分。

　　我們選擇的解釋類型至為關鍵。通常，他人（有時甚至是我們的超我）會要求我們為自己的行為辯護。理想情況下，我們給的實際理由足以充分說明與解釋本身的行為。然而，我們常說著說著，就會開始編造事實，或給出自己能想到的最佳解釋，或是那些有利於我們的解釋。

　　無論何種解釋，我們在思索自身行為時的特點，就是這些說明主要都是由理性反思所產生的，而非外部影響的結果。即使有時把責任歸咎於環境可能對我們更有利，但我們明顯偏好用這種方式來解釋自己的行為。我們先前提過內格爾，他會說我們是以自由為幌子，來看待自身的行為。我們的主觀經驗，讓我們感覺自己是具有行動的自由，而我們的行動，切合我們對自己所想要事物的想法，因此可以決定自己的行動。[6]

　　因果歷史說明幾乎與理由說明相反，通常會繞過個人的能動性，而直接根據外部事件、影響，或其部分本質來描述個人的行為。個人多半被視為因果網路中的一個對象，只是隸屬其中的一部分，而不是主導自己行為的主體。以先前的例子而言，伊恩不太可能是因為意識到自己受到驅使，而去追求成功，或因為這是

他工作的常態，而決定每天工作十四個小時。

　　此種解釋可能成為後來在說明原因上的基礎，但單獨看來，不太是人在決定自身行為時會考慮的事。將自己的辛勤工作，解釋為一種野心，這是一種以奇怪、不符合人性、且疏離現實的思維，來看待自己行為的方式，也抹去了個人對工作的責任感。因為我們是行動者，因此，對我來說自己努力工作是為了按時完成專案。話雖如此，換成是在描述他人時，若以野心或動力來說明他人的行為，我們卻好像一點也覺得不奇怪。

　　此種看待自己和他人行為的差異，導致了我們對自身能動性、自由和行為的合理性，產生出一種特定的思維。我們顯然確實將他人視為行為者，因為我們要求他們對自己的行為負責，也讓他們向我們追究自身行為的責任，並與之理論。

　　然而，我們實際上卻傾向以理由說明來解釋自己的行為，而以因果歷史說明解釋他人的行為，這顯示出了一件事，我們往往將他人視為世界上的客體，深受其背景和環境影響。不過，某種程度上，我們也明白自己亦是如此。

　　我們心知肚明，自己有時會受到非本身經驗的外部影響驅使。我們在人世浮沉時，很難相信自己的行為是取決於難以掌控的環境，唯有當我們坐下來、置身於傳統哲學家的「扶手椅」上，才會意識到自己也受到自然法則的約束。然而，或許是我們天性使然或原本就傾向，讓我們把自己看作比實際更自由，而把他人看作比我們更易受到外部影響力的驅策。[7]

我們認為自己的行為受到信念驅使

　　我們對於解釋自身與他人行為之間的第三種差別，在於我們提出理由的類型。談到自己的行為時，我們以自己的信念（比率 1.0）來解釋自身行為的頻率，幾乎是以欲望（比率 0.6）來解釋的兩倍；比起用信念說明他人行為，我們會更常用信念解釋自身行為（比率 0.5 vs 1.0）。

　　也就是說，談到自己的行為時，我們多半認為行為是受到本身信念的驅使，而非欲望；而且我們的行為比他人更常受到信念驅使。相較之下，在我們眼中，似乎認為其他人的行為，受到欲望（比率 0.6）和信念（比率 0.5）驅使的比重差不多。

　　馬盧指出，假如我們問一個人，為何上次選舉不去投票。對方可能會回答，因為所有候選人都不值得信任。她用理由來說明自己的行為，而且以不明顯的信念形式來表達，然而觀察者很可能會根據欲望，去解釋她不投票的行為，例如：她不想支持如此的體制。為何如此呢？馬盧推測，我們偏好以信念為理由來說明自身行為，是因為這讓我們看來比較合理。最好的證明就是，當人被要求以正面的方式解釋他人行為時，會比平常給出更多的理由來說明，尤其是以信念來解釋。

　　雖然，行為者在解釋自己的行為時，可能會提及本身的信念，但不太會將信念彰顯出來，像是她可能會說「候選人都是貪腐的」，而不是「我認為候選人都是貪腐的」。此處的基本假設，似乎是以我們的行事方式，取決於世界的現況，我不投票是因為候選人腐敗，而不是因為我相信候選人腐敗。意即我的行動，並

非基於我可能有的一些主觀或特定的欲望（比如不想支持腐敗的
體制等），而是直接回應世界。還有什麼比這更合理的呢？[8]

我們較關心自己的感受、較關注他人的行為

　　馬盧發現行為者和觀察者在看待行為的角度上，還有另一個
重要的區別，這個區別的重點在於，人們認為哪些事更需要解
釋。當我們思考自身行為時，對自己所經歷（包含感受或出汗等
不自覺的身體反應）的關注程度，是對他人關注的兩倍。而當我
們以觀察者的角度來看待他人時，比起做為行為者看待自己時，
可能更加倍關注他人的行為。

　　更確切地說，我們發現為自身經歷和感受尋找解釋，比為行
為找解釋更加重要；但是談到他人時，我們更在意解釋對方的行
為。原因無他，面對他人時，我們可以觀察他們的所作所為、表
達的感受，但我們無法理解他們的意圖、未說出口的想法，或他
們如何解讀自己的經歷，除非對方表達出來，否則我們幾乎毫無
證據證明他們的任何感受。

　　因此，我們不去多想別人的感受，但我們能做的是，觀察到
他們正在做的事，如此一來，這些行為便成了思考的對象。相反
地，我們通常會意識到自己的行為是為了達成何種目標，因此不
太去反思自己的意圖，但做為觀察者時，由於我們無法直接意識
到他人的意圖，於是便必須多加思考他人的行為。[9]

　　此種行動者與觀察者的觀點不對等，再度顯示出了非常重要
的事實，我們在理智上當然知道他人也有感受和經歷，但證據顯

示，我們對他人感受和經歷的關注，遠遠不如於對自身感受和經歷的關心。在我們的思維領域裡，自己的感受和情感遠比他人更加突出，當然，其他人也是如此看待我們。

同時，我們也得知人往往會高估了自己的感受和經歷在他人眼中的明顯程度，這又稱為「洞悉錯覺」（illusion of transparency）。此種資訊的錯置，導致了相當多的誤解，其中部分的誤解可透過採納他人觀點來避免。

我說多了，更重要的是，馬盧等人發現了四個行動者與觀察者之間在觀點上的主要差異，我們做為行動者看待自己，以及做為他人的觀察者看待他人之間，存在著想法上的不對稱。

這些觀點不對稱也許看似微小，但許多在實驗室中看似微小的差異，在日常行為中往往會被放大。也就是說，實驗室裡發現的小差異，即使不特別引人矚目，但它們所引發的行為在日常中卻可能相當顯著。舉個例子比較，精神病患者的決策和道德理解，在實驗室中看來只是輕微受損，但這些損傷卻嚴重影響了他們表現出的行為。[10]

能動性 vs 共融性

另外，我們還可再增加另一種觀點上的差異。人似乎傾向以兩種方式來解讀行為，一是與能動性相關，意即與個人能力有關；另一是與團體導向、道德或溫情相關。

根據沃伊傑可（Bogdan Wojciszke）等人的研究指出，此兩種面向可以解釋人們在日常行為上 82% 的差異，而談到個人往事

時，則有四分之三的事件，都是以社群導向或能動性為框架來做描述。

那麼，前面所提到的「溫情」指的又是什麼呢？溫情主要涉及感知到的意圖，如：友善、樂於助人、真誠、值得信賴、道德、公平、慷慨、誠實和寬容；另一方面，才能則涉及感知到的能力，如：智力、技能、創造力、成效、獨創性、能幹和知識水準等。

在評價人或行為時，此兩種面向發揮著重要作用。例如：評估政治候選人時，若提問的議題主要集中在外交政策上，民眾會迅速青睞某名候選人；但若提問方向轉向照顧公民福祉時，他們可能又會偏好另一位候選人。

不過，在這兩個面向當中，溫情／團體面向更為重要，不僅評斷速度較快，也較具影響力。心理學家推測，原因在於別人對我們的意圖好壞，是我們在看待他人時最重要的判定因素。

所以重點在於，這個人是支持還反對我，至於他們多有能力、多聰明，或多高效都是其次。兩者相較之下，溫情面向通常會勝出。然而，個人在反思自身行為時，可能較傾向以能動性或才能來思考。這些特點對個人的自我價值感影響深重；反之，我們在思考他人行為時，可能會更偏向從團體面向來評估對方，即根據行為的道德、社會或人際價值來做評斷，其中又以道德最為重要。由此可知，思考自己時，最重要的就是能動性；而設想他人時，重點在於他們的共融性（communion）／溫情。[11]

我們先將截至目前為止，發現到的兩種觀點之間的差異，稍稍做個小結：

行為者視角

當一個人想到自己時往往會：

（1） 更關注自己正在經歷或感受某些情緒的原因，而不是自己為何從事某些行為。

（2） 更常先以理由來說明自己的行為，而不是用理由最初形成的過程，或用與理由無關的外在因素（因果歷史說明）來解釋。

（3） 更常用信念而非欲望來闡述理由。

（4） 更常將自己的信念視為世界的現況，而非一種信念（信念標示）。

（5） 更常從能力、技能或成效的角度，來考量自身行為，而不是從道德、社會或人際後果來思量。

觀察者視角

當一個人設想他人時往往會：

（6） 更常思索對方為何從事某些行為，而不是他們為何有某些體會或感受。

（7） 更常根據影響對方的理由，或設想事物方式的因果歷史說明，來解釋他人的行為，而不是根據他們行為的理由。

（8） 根據他人的想要（欲望）或所想（信念），來解釋他人行為。

（9） 更常將他人的信念視為信念，而不僅是對世界現狀的反映（信念標示）。

（10） 更常從道德、社會或人際後果的角度，來考量他人行為，而非從他們的能力、技能或成效來考慮。

如第四章將談到，當我們不站在他人的觀點思考時，我們不會只用**觀察者**的觀點來看待他人。當我們以典型互為主體的方式（稍後說明）來與他人互動時，對他人的看法便會有所不同，但這幾乎僅限於與人面對面互動的情況。當我們與某個人缺乏互動時，也許是因為對方不在場，或我們並非平等地與對方互動，我們便會「觀察」對方，此種模式下的我們，與對方相對地疏遠。

然而，如我先前所述，超然或觀察者視角，並不等同於客觀看法，它僅僅是一種不參與其中、著重其他事物的觀點。

從行為者和觀察者角度看待自己有何差別

我們不僅會將他人視為**觀察者**，有時我們也會將自己視為自己以外的人。相較於剛剛討論的前反思（pre-reflective）觀點，此種觀點屬於自我反思的一種方式。由於觀點始終來自於某人，所以我們必須從另一個行為者（無論真實或虛擬）的觀察點來想像自己。

話說起來，何謂從外部來看待自己呢？意思就是把自己視為另一個人，以一個觀察者的角度來看待自己，就像我們看待其他人一樣。視覺上也最能呈現這一觀點。我們許多的想法，都具有一部分的想像，而想像又涉及到感官或知覺的成分。

當我們想像，或回想看見某些事物時，涉入此類思考的我們，又是如何出現在視覺的場景中呢？心理學家佛克斯（David Foulkes）試圖透過思維採樣（thought-sampling）的實驗，來回答此一疑問。實驗中，他的受試者全部都是女性，她們被要求在信

號出現時，描述自己除了與即時感官體驗相關的想法外，最後的一個想法。若此人「置身於」她所描述的場景，便會被要求指出「她能像其他人一樣看到自己嗎，或是看到的景象就如同透過自己的眼睛所看見的那樣？」[12]

在這一試驗中，有 60% 的年輕女性表示，在想像的場景中，她們看見的景象如親眼所見一般，此種視角通常稱為「現場視角」（field perspective），又稱「第一人稱視角」。當我們想像或回憶一段經歷時，會從自己若真實經歷此情況時，所處的位置來假設與聯想，其實並不令人意外。

令人訝異的是，整個實驗中，有 15% 的受試者表示，自己彷彿是從他人的視角看見自己在場景中，這又稱為「觀察者視角」或「第三人稱視角」。其中一個案例的女性受試者，回憶起有次她和朋友們一起露營、大家圍坐在篝火旁的場景，她觀看場景的視角，並非從自己的眼睛，而是「像在樹上看一樣」。此名受試者並不只單純想像自己在做某件事，而是以一種自己從未有過、實際也不可能經歷的視角，來回憶這件事！[13]

幾年前，我曾在加拿大游泳橫渡舊家附近的一座湖，花了將近三小時。回憶起此事時，我通常會以鳥瞰的觀點回想，從湖的上空，俯瞰著縮成一個小點的自己，在湖面上緩慢移動。再努力一點的話，我還可以找回一些現場的記憶，像是在沙洲上短暫休息、緊張地注意一艘快艇。在檢索一段記憶的過程中，改變個人觀點這件事，其實並不罕見。

事實證實，這種在回想裡，看見自己處於場景之中的記憶，並不少見。佛洛伊德（Sigmund Freud）早在當時就注意到了這

點，尤其是在童年記憶方面。他將此種觀察者記憶，視為記憶轉化的證據。1980 年代初，尼格諾（Giorgia Nigro）和奈瑟（Ulric Neisser）發表了影響深遠的論文《個人記憶的觀點》（*Point of View in Personal Memories*），重新點燃了對記憶中現象經驗的探索。他們發現，雖然大多數的自傳式記憶，均涉及現場視角，但其中有整整三分之一的記憶，是從觀察者視角來回憶的。

事實證明，個人回想一段經歷的視角並非隨機的，這便是為何此一領域的研究，對我們而言相當重要，視角與記憶的內容、記憶方式和記憶中事件發生的時間有關。[14]

採取現場視角或觀察者視角，會影響人如何看待自身的行為或經歷，以及易於取得的資訊類型。下列是心理學家俐比（Lisa Libby）與其同事對此的描述（她在文中以「第一人稱視角」代表「現場視角」，用「第三人稱視角」代表「觀察者視角」）：[15]

> 相較於觀察者的第三人稱視角，當場景從行動者的第一人稱視角來重現時，人較可能記住近距離的視覺細節，像是行動者手中拿著的物品；但以第三人稱視角重現時，又比第一人稱視角更容易記住關於整體環境的資訊，如：空間格局。

> 從第三人稱視角來描繪一個事件時，我們會從更宏觀的角度去理解它，將其融入整體情境做為抽象概念來理解。支持此種模式的證據顯示，從第一人稱視角來看一個行為時（如：擦掉濺出的液體），是以組成成分的面向（如：使

用海綿）來理解；但以第三人稱視角來看時，行為則會被理解為與原因、後果、特徵、目標和身分相關（如：替小孩收拾殘局、做個負責任的父母……）。

以現場視角重現某個行為時，會以較組合式且零碎的方式呈現。例如：想像有人鎖門時，我們可能會將此動作想成「轉動鑰匙」；反之，從觀察者視角來想像同樣的行為時，會產生更抽象的觀點。因此，我們可能不會把這個動作想成「轉動鑰匙」，反倒想成是「保護房子安全」。

回憶的細節也與視角有關，採取現場視角的話，較可能想起近距離的空間關係，和所持有或碰觸的物品；相較之下，若採觀察者視角，我們通常會從遙遠距離想像重現的場景，而且環境的格局會更清楚呈現。這也許解釋了，我為何以觀察者視角來回想泳渡湖泊這件事，因為我在回想一項耐力的壯舉，而重現泳渡的距離，更能體現此項行為的意義。[16]

視角與情感記憶有關

現場視角和觀察者視角在其他方面也有差異。情感的記憶通常是讓人歷歷在目、更頻繁地被談論、更容易回想，對感受到情緒的地點有更多細節，回想過程中引發的情感更強烈，且更具個人意義。此類的記憶，大多是以現場視角做回憶。神經科學的研究，也支持情緒型情境偏好以現場視角回想的論點。傑克森（Philip Jackson）、梅爾佐夫 （Andrew Meltzoff）和迪塞蒂（Jean

Decety）發現，現場視角比觀察者視角，更能活化腦部的感覺運
動區域，這自然意味著，由於我們通常從觀察者視角來看待他
人，所以往往低估了他人相較於我們自己的情感經驗強度，哈斯
蘭（Nick Haslam）等人也對此觀點提出了證據。[17]

現場視角和情感之間的聯繫，也有部分值得注意的例外情
況。當回憶起的事件讓人極度痛苦，或引發強烈的負面情緒時，
人們更可能從觀察者視角來做回想。如此一來，若被激起任何情
緒，便不會如此猛烈。研究也發現，時常出現解離狀態的人，會
比其他人擁有更多觀察者記憶，創傷的受害者也是如此。

羞恥、驕傲和尷尬等自我意識情緒，也是現場視角和情感記
憶聯繫的另一個例外。自尊心低的人傾向於從觀察者視角來記憶
此類情緒。具體來說，回想起讓人感到不自在的情況時，人很容
易從觀察者視角來回顧，像是發表演說、與重要人物會面或處於
陌生的社交場合。不令人意外地，具有社交焦慮的人比起較不焦
慮的人來說，會擁有更多的觀察者記憶。[18]

由此可知，回憶的視角是記憶中重要的一部分。現場視角與
感官、知覺和行動的關聯格外密切，它讓人身歷其境地回想當時
所有的情境特徵，包括時間、地點、視覺印象、感覺和情感反應
等。現場視角的回憶更為真實，猶如重播當時的經歷，而且相較
於觀察者視角的回憶，不太容易與別人描述您做過的事混淆。

觀察者視角則與理解情況和自我以及情緒調節相關。在簡單
的情況下，它讓人更全面地瞭解情況，例如：個人泳渡的距離，
或處於相對位置的人或物；而較複雜的情況下，它壓抑了與經驗
相關的情感，呈現出人想像中的樣子。拉開點距離，有助於我們

加以釐清特定情況的意涵，這一點幾乎毋須多言。然而，令人意外的是，這個概念能如此具體的在回憶的視覺中，以遠距離和自我之外的視角情境來呈現。

視角的形成，是為了替我們的記憶，提供最佳的呈現形式。例如：簡報時的記憶，通常以站在自己正前方的位置來重現，如此可讓人更瞭解自己面對觀眾的形象；游泳的回憶，則通常是以從上方或泳者後方不遠處的視角來呈現，讓人感受到自己游泳時的位置和距離。因此，視角十分適合捕捉某些類型的情境，並傳遞特定類型的資訊。[19]

時間也會影響回憶視角的類型，在回想較久遠的回憶時，更常使用觀察者視角，而非現場視角。多數心理學家認為，這支持了現場視角的觀點，具有生動和較多細節的特點。因此，追溯的過去愈久遠，就愈難擷取細節，所以觀察者視角成了更受青睞的回憶方式。不過，其他因素也與觀察者視角有相關，例如：過去和現在的自我差異。

倘若我們歷經重大轉變，回憶過去時，更容易用觀察者角度來看自己。權力也與觀察者視角相關，但是是負相關。自認掌握權力的人比感覺沒有權力的人，更不常使用觀察者視角來回顧自己。研究顯示，女性比男性更容易用觀察者視角記憶可能被物化的情況，這樣的結果也與此觀點相符。[20]

簡單來說，若記憶和想像力相關的研究實屬正確，我們常會以觀察者視角來看待自己，那麼，如我們所見，觀察者視角，也只是另一種第一人稱的視角，只不過是以自己為觀察對象。有時當我們回憶起某段經歷時，甚至會在現場視角和觀察者視角之間

來回切換。研究人員懷疑我們之所以這樣做，原因是因為兩種觀點都有助於回顧事件的不同面向。

　　由上可知，現場視角即行動者置身於世界中的觀點，換句話說，就是先前所說的行為者視角。因此，我們可以將下列特點加入行動者和觀察者的視角差異列表中：

行為者視角涵蓋下列特點：

　　（11）再現環境中較具體或低階的資訊，例如：物品相對於觀察者的位置，或是執行特定動作，像「轉動鑰匙」或「使用海綿」。

　　（12）更著重近端的視覺細節，如：手裡拿的物品。

　　（13）更關注身體感覺、情感反應和心理狀態。

　　（14）時空的情境再現更精確。

　　（15）更貼近事件時的體驗和情感。

觀察者視角在看待自己方面具有下列特點：

　　（16）再現環境中抽象和情境化的特徵，如：行為更深層的意義（涉及目標、因果關係或價值）。舉例來說，將行為視為「保護房子」或「為孩子善後」等舉動。

　　（17）更著重遠端的視覺細節，如：房間的空間配置。

　　（18）更關注個人在他人眼中的樣子（外貌），或個人行為在他人眼中的觀感。

　　（19）與事件帶來的體驗和情感，保有更遠的距離。

其他形式的例外論點

前述所提到的觀點不對稱並非唯一，還有諸多其他情況。不過，現在先來細看這些不對稱：信念的自願性、心理需求的重要性、心理理解的程度和心理理解的來源。多數差異是因為我們對自己與對他人的關注點不同所導致。儘管如此，反覆思索這些觀點，其實毫無意義。

我們比他人更瞭解他人？

普羅寧（Emily Pronin）教授和其他心理學家揭露了一個我們明顯持有的荒謬觀點，即我們認為自己比別人更瞭解別人和自己。換句話說，鮑勃認為他比喬治更瞭解喬治，他也自認自己比喬治更瞭解自己。其中有趣的地方在於，他認為他比喬治更瞭解喬治——看來鮑勃顯然擁有相當驚人的能力。不過真正的問題在於，喬治也一樣，認為他對鮑勃的瞭解比鮑勃瞭解他自己更多，也自認自己比鮑勃更瞭解自己！顯然，鮑勃和喬治的觀點，不可能同時都正確。

事實上，他們倆都錯了。可是，為何他們會抱持這種想法呢？原因在於資訊取得方式的不同，和兩人對於本身信念都具有高度自信。我們試圖瞭解他人時，往往認為對方的行為、言語或表情等外在特徵，會比內在特徵更能代表他們真正的本質，但談到自己時，我們卻堅持認為，內在特徵才是我們真正的本質。此種理解上的不對稱，受到資訊取得來源的影響。

人對自己的想法和感受，有直接且獨特的瞭解，對自己內在世界有更多的洞察；然而，試圖瞭解他人時，我們對他人內在想法和情感的瞭解有限，但取得他人相關的外在線索比取得自己的容易，所以更仰賴這些外在線索來理解他人，如：對方的表達、行為和印象等。

當然，光是如此，並不足以解釋他們為何會高估自己對他人的瞭解。哲學家施泰格利希－彼得森（Asbjørn Steglich-Petersen）和史基博（Mattias Skipper）認為，這是因為我們傾向以先入為主的觀念，來解讀模稜兩可的資訊。[21]

所以真正的問題在於，行為證據具有相當大的詮釋空間，但我們通常很快地會對人形成看法，一旦我們對某人的看法形成後，在解讀其行為時，便很容易傾向使用符合我們先入為主的看法來解釋，當我們試圖從他人的言行，來蒐集他們對某事的真實信念或感受時，特別容易出現這種傾向。試想本章開頭的席拉斯研究，我們身為研究人員，時常面對著大量的驚人證據顯示，人對他人的理解能力，遠不如自己所想得好，而且此種情況會一再發生。

最近，我讓我的學生，用席拉斯的研究進行分組作業，他們之中許多人一知半解地表示，席拉斯肯定錯了，因為我們顯然十分瞭解他人，尤其是自己的親朋好友。

這是一種特別容易隱伏在不知不覺中的錯誤觀念。此種觀念之所以存在，主要是因為我們鮮少尋求明確證據，來驗證自己對他人的假設（當我說……時，您的想法如何？），而且我們也明白他人有時對自己行為的詮釋並不合理，如：過於寬待自身行

為、自我奉承地解釋自己的動機，以及對自己性格全然可笑的認知等，這些詮釋經常都與他人的行為背道而馳。

　　問題在於，我們都認為自己比他人更不易有此傾向。因為我們認為，能真正理解我們的訊息，唯有我們自己才能得知。此種信念讓我們堅持一種想法，那就是我們比他人更瞭解自己。而且，我們並未意識到的是，我們也認為行為證據更能洞察他人，而非我們自己。

　　這並不符合心理學的觀點，實際上非常荒謬，但卻真切地反映出我們的經驗。我們從他人行為得知的資訊，來認識他人，但自己卻無法從自身行為所揭露的資訊，來認識自己。原因很簡單，因為我們對自己的瞭解來自於內在感受，但卻是從外在行為瞭解他人。

自己的高階心理需求比較重要？

　　從施羅德（Juliana Schroeder）和埃普利（Nicholas Epley）最近發表的一篇論文中，我們也發現到類似的傾向，人在對待自己時，格外重視能直接瞭解和感受到的資訊或情感，但在對待其他人時則不然。他們決定以人對弱勢族群的典型反應，來測試此觀點。人們往往認為弱勢族群的人，主要的需求是滿足生理上的需要，而其他的需求對他們來說並不那麼重要，特別是像自尊或尊重等這類的心理需求。

　　結果證明，此種想法普遍存在於一般大眾心裡。在實驗中施羅德和埃普利將需求分為三類：一是生理需求，包含吃、喝、睡；

其次為生理／心理需求，包含歸屬感、他人的愛與情感，以及安全感；最後是高階的心理需求，包含感到尊重、自主選擇、自我實現和人生意義等。事實證明，人人都認為，自己的高階心理需求比他人的重要，在一次又一次的測試中，不斷地證實了此點。

這樣的結果，也體現在人對內在和外在動機的判斷上，所謂的內在動機，包括興趣、抱負和關懷等，而外在動機，通常是由獎懲所驅動。學生往往認為自己受到內在動機驅使多過於外在動機，但卻認為他們的同學受到外在動機驅策多過於內在動機。無獨有偶，此種反應似乎是因為我們能明顯知道自身需求；我們能直接與強烈地獲知，自己對於歸屬感或尊重的需求，但對其他人卻不然。

因此，我們人生於世的經驗，讓我們特別注重自己對愛、尊重等高階心理需求；但涉及他人時，則關注在他們對食物、住所和安全等方面的需求。

十分不幸地，此經驗也潛在影響了我們在深思熟慮後的判斷，這意味我們不太擅長滿足他人的需求。以公益活動為例，比起僅僅是滿足生理需求的禮物，受捐助者其實更喜歡那些能自己決定使用方式的禮物。然而，絕大多數捐贈者卻偏偏選擇了前者，因為他們低估了受捐助者其實也有高階的心理需求。[22]

因為我們無法直接看見，他人受到心理狀態和經驗的影響，所以往往會低估這類心理層面的影響程度，我們對疼痛的態度，也反映了此種傾向。諾德格倫（Loran Nordgren）、巴納斯（Kasia Banas）和麥唐納（Geoff MacDonald）發現，人們會有系統地低估社會痛苦（social pain）對他人的衝擊，如：因排擠、羞辱或霸凌，

可能造成的痛苦。而與此案例有些許不同之處，在於我們也會低估自己過去的心理痛苦。然而，當自己正受到排擠時，便不太可能會低估社會痛苦的嚴重性。[23]

他人對信念有較大的選擇權？

再來看個例子，我們如何獲得和持有信念的方式，同樣存在一個有趣的差異。庫西馬諾（Corey Cusimano）和古德溫（Geoffrey Goodwin）的研究報告顯示，人往往相信，他人比自己對信念擁有更多的主觀控制權。這種現象是由於當人在思考他人時，常會以一般的方式，來考量信念和信念的控制，但思考自己時，通常更著重於支持這些信念的證據。綜合所述可知：[24]

行為者視角

當人在思考自己時，往往會有下列想法：

（20）內在特徵最能體現自己的本質，如：想法、感覺或意圖。

（21）我們比別人更瞭解自己，也比別人更瞭解別人自己。

（22）我們的高階心理需求，比起生理或生理／心理需求更加重要。

（23）我們受到內部動機的驅使，多過於外部動機。

（24）我們對自己信念的控制能力有限。

觀察者視角

當人在思考他人時，往往具有下列想法：

（25）外部特徵最能評斷他人，如：對方的行為、言論或
　　　表情。

（26）別人不如我們瞭解他們一般瞭解他們自己，別人也
　　　不如我們瞭解我們自己。

（27）他人高階心理需求，不如生理或生／心理需求重要。

（28）他人受到外部動機驅使，多過於內部動機。

（29）他人對自己的信念，具有極大的選擇權。

個體經驗中最顯著的部分，將形塑個人看待世界的部分思
維。儘管我們理智上知道，自己與他人並無不同，但仍然會認為
自己所經歷的才是現實，我們的感受比他人的感受更真切；我們
對自我實現、人生意義和自主性的需求，遠比他人更重要等。

諸如此類的小差異會積少成多，形成看待自己與看待他人之
間，明顯有別的系統化差異。這正是行為者與觀察者在觀點不對
稱上的核心所在。我們放大自己對世界的感受，而且我們通常意
識到自己的內心狀態，會比他人的內心狀態更鮮明、突出。

關係錯綜的世界

顯而易見地，我們在看待人的思維方式上，存在著不同的角
度。一種是從內在出發、與個人的能動性或行動能力有關，而另
一種，則是與觀察他人的行動有關。我把能立即且不加思索地從

「個人內在能動性」出發，去思考自己和本身行為的這種方式，稱為「行為者視角」；而能自然而然就從「他人外在能動性」來觀察，去思考他人及其行為的這種方式稱為「觀察者視角」。

如我們所見，此兩種視角之間，存在著結構或形式上的差異。感知、感覺和情感等經驗，與行為者視角關係密切。此點雖不足為奇，但值得注意的是，因為同理心和換位思考，都是以我們本然瞭解自己的感受一般，去理解他人的方式，這也正是這兩者的特別之處。這項研究有助於我們瞭解人我在看待自己和他人之間的觀點有何細微差異。

行為者視角的特點

在記憶和想像中，行為者視角可寫實地讓我們置身於特定情境或事件裡，與想像的情境或事件，產生個人和情感上的連結，猶如親身經歷了回顧或想像的事件。因此，此種視角與世界有直接的關係，當我們採用行為者視角時，不會將信念看作是信念，就像我們通常不把自己的欲望視為欲望一樣，但我們會將事物視為令人渴望、美味、危險或令人厭惡的。

此外，我們在回憶時使用現場視角（即行為者視角），會感覺記憶似乎更為真實，且會引起更多的情感反應，既然如此，我們也可預期使用行為者視角，在其他情境中也有相同作用。而情感聯繫也意味我們認為自己的情緒更強烈，所以從行為者視角思考一件事時，會感覺更真實、更有情感、更立即且切身。此種視角與其他種的思考方式相比，顯得更為身歷其境，感覺更能參與

其中。這也進一步說明了行為者的觀點，在我們思考自身行為時，會傾向根據以自己的能力或成效來判斷，而非根據行為對他人的後果來判斷。

　　由於行為者視角與我們對世界的體驗緊密相關，而不只是對世界進行抽象的反思，因此透過這種視角，也有助於我們取得與事物感知特質相關的資訊，如：事物的外觀、感覺，以及在我們近身空間（或「可操作空間」）的操作方式。行為者視角，讓具有形體的我們，和所棲身的世界產生聯繫。世上所有事物，透過行為者視角後，都成為相對於我們身體和利益的存在，如：我們將鑰匙視為解鎖裝置、將走在街上的人視為朋友等。

　　行為者視角不僅與經驗密切相關，也與行為息息相關。我們認為自己的行為，不是受到外在影響或內在驅使的結果，而是殫精竭慮、審慎思考後所採取的行動。以表 3.2 為例，表中所列的是達爾文（Charles Darwin）與其表姊維奇伍德（Emma Wedgwood）結婚的利弊。[25]

　　請注意，從表中可見，達爾文著重於事實，而將個人欲望和偏好放在次要位置。達爾文沒有說：「我不喜歡感到焦慮、無所事事或必須照顧孩子。」他僅指出，結婚生子代價高昂，而且會使個人的生活方式有所改變，並為人帶來焦慮。不過，更重要的是，達爾文的清單代表了哲學和日常生活中，常見的決策思維。

　　可是，大多時候，我們不會像達爾文如此詳盡地列表。我們通常是在當下立刻採取行動，鮮少或完全不去考慮採取的方式和原因。不過，當被人問及為何行動時，我們往往會假設自己有理由而採取行動，這些理由也許類似於表 3.2 列的例子，只是我們

當下並未意識到而已。在被要求解釋自己行動的原因時，我們也許能重新建構出這些理由，即使我們行動的當下，並未加以思索自己在做什麼（畢竟我們是忙著行事，而非思考），但依然可以輕易地提供詳細的說明，或提出正當的理由。

馬盧及其共同研究者已指出，這些理由大幅地偏重於提供我們所能想出的最佳解釋。聚焦於信念上，是讓表現更合理的方式，在行為者視角裡，也更受到凸顯，只不過我們關注的往往並

表 3.2 達爾文的抉擇。

結婚	不婚
孩子（上天保佑的話）／永遠的伴侶（老年時的朋友），且對我感興趣／被愛和一同遊玩的對象／無論如何都強過養狗／家和顧家的人／音樂和女性閒聊的魅力／上述均有益健康，但也會損失大量時間。 我的老天，一想到要像一隻被去勢的蜜蜂，不停地忙碌工作，然後一事無成地度過此生，真讓人難以忍受／不成，不成，我辦不到／想像自己整日孤伶伶待在倫敦煙霧瀰漫、髒亂的房子裡／然後想像一個溫柔賢淑的妻子坐在沙發上，壁爐燒著溫暖的柴火，也許還有書籍和音樂／將此番想像的場景與獨居在萬寶路大街的晦暗現實進行比較。 結婚／結婚／結婚 證明完畢	自由自在，想去哪就去哪／保有社交選擇，但選擇有限／在俱樂部裡與聰明的人對話／無需被迫拜訪親戚和對日常瑣碎小事妥協／養兒育女的開支和焦慮／夫妻也許會爭吵／損失時間／晚上無法看書／肥胖、無所事事／焦慮和責任／買書的錢變少／小孩生太多的話，得被迫奔波謀生（但工作過度十分不利於健康）。 也許我的妻子不喜歡倫敦，那麼下場就是我被放逐，並貶低為懶惰、遊手好閒的傻瓜。

資料來源：達爾文 1838 年／ 1985 年。

非自己的信念本身，而是信念所涉及的內容。我們透過信念來看
待世界，因此，當我們想到本身信念的自主性時，會直接著重在
信念的理由，也就是支持這一信念背後的證據。

觀察者視角的特點

觀察者視角是從外部來觀察行為者，或感受者的視角，這是
典型在看待他人時的方式。比起猜測別人行為的原因，我們較少
花時間思考別人的感受，或他們為何有某種感受。聽來並不奇
怪，畢竟我們對他人知覺和感覺的瞭解有限。然而，值得注意的
是，若我們完全無意識到這個狀況，我們看到的，多半就只是他
人的表面特徵。

我們關注他人的言行舉止，卻甚少注意他們的感知、情感和
知覺等內心世界；可是當我們進行自我反思時，卻把注意力大幅
集中在自己的內心世界。比起我們自己，我們認為表面特徵更能
揭露他人的本質。某種程度上，我們對他人直接且不假思索的看
待方式，相當於將他人視為扁平化的自己。此外，我們在看待他
人時，更傾向以其行為對他人的影響來評斷，尤其是道德影響。
比起能幹，我們通常比較喜歡別人的溫暖、友善。

要說我們否認他人也有情感，聽來當然有點荒謬。我們的確
認為他人也是有感情的，只不過在我們眼中，他人的感情往往較
不強烈、鮮明，而且比起我們自己，他人的情感多半與表達相關。
我們更關注的部分，反倒是他人行為背後的動機，然而在我們看
來，他人的動機較沒我們的那麼合理。例如：個人過去經歷或先

前經驗等背景的影響，比起他們的理性信念更引人關注。在我們看來，他人的行為不像我們的行為一樣與事實相關，其他人也比我們有更多的偏見、成見和錯誤信念。此外，他們也比我們更易受到欲望，和外在獎勵的影響。

截至目前看來，以觀察者視角看待他人似乎略顯無情。雖然在某方面來說可能是如此，但另一方面，如此的視角卻更為理智。因為我們不會迷失在當下，所以可以用更抽象的思維，來看待所發生的行為。

我們在思考他人行為時，傾向考量背景、對他人的影響，以及更重大的意義。我們也很清楚，他人看待世界的方式是其理解世界的思維，而他人的思維可能會出錯。我們看見欲望對形塑個人行為上，有多大的影響，而且以觀點來看，我們對於他人本質的認識，會比對自己更清楚。我們的社交自我，即他人眼中的我們，對我們自己而言可能是一個謎，但對其他人來說通常不是。

觀察者視角提供了一種截然不同的思考方式來看待他人，而且此種方法並非錯誤的思維，若以觀察者的記憶來看，此點便不言而喻。為何人需要觀察者視角？部分情況下，觀察者視角可以幫助我們與讓人情緒激動的記憶保持距離，觀察者記憶不像現場視角那樣參與其中，對人的影響也比較小。觀察者視角略為疏離，通常被認為是更客觀的觀點，但正如我們從本章提及的研究所知，它其實只是不同的視角罷了。

觀察者視角凸顯了個人的某些特徵，但同時隱藏了其他特徵。當我們用觀察者視角來看待自己時，我們會像看待他人一樣看待自己。事實上，也許唯有透過觀察者視角，我們才能真正看

清楚自己身為人的樣貌。從內在的行為者角度來看自己，我們大多數的特質都難以察覺。

話雖如此，觀察者視角亦有其危險之處，對於一個有生命的存在，我們也許會否定其內在的現實感受、內在價值和能動性。我們與自己保持的距離愈遠，與行為者視角相關的重要特質，就愈發不可見。

我的重點並非是想強調，行為者視角才能反映我們的個人觀點，而觀察者視角則無法。無論是行為者或觀察者視角，都是同一人持有的視角，即做為思想的行為者或思考者。兩者有別之處在於，感知者、行動者和思考者，在相對感知、行動和思考對象之間的關係。當我做為行為者，透過前反思的方式與我自己互動時，我的主要觀點為行為者視角；當我做為行為者，透過前反思的方式與另一名行為者互動時，我的主要觀點為觀察者視角。

不過，在此顯然有個問題，觀察者視角一般解釋不了我們如何與他人相處。例如：當我與您說話時，我不會觀察您，而是在與您互動。而此種互動，與我們和環境的互動差別並不大，兩者都是具體參與其中的活動，這也是接下來兩章要探討的主題。

第四章中，我們將檢視道德錯誤的加害者與受害者，在看待相同一件錯誤行為之間的差異。不過，這並無法完全扼要的重述，行動者與觀察者之間的觀點不對稱；它反而指向了第三種觀點。在第五章中，我將深入探討互為主體性，並討論我們在與人互動時，觀點是如何受到他人存在的影響。

4

受害者與加害者

您是否曾被他人無禮對待過？答案想必是肯定的，也許是某人在某個重要場合放了您鴿子；也許有人對外公開了您的祕密，或對您撒謊等等，族繁不及備載。衝突的發生是人生中雖不幸，卻合乎常情的一部分，我們都曾遭受過他人一些不愉快、不公正或完全不道德的對待。我猜想，您現在就能想到幾個令人惱怒的例子。

話雖如此，且讓我們換個角度想，您是否也曾不當地對待他人呢？坦白說的話，答案想必是有過，也許您沒能幫助有需要的朋友；也許是您忽視了別人的求助、在背後說嫉妒的人壞話，或未能遵守諾言等等，相信您心知肚明。

不過，我想表達的重點是，大家都曾有過錯誤行為，或被不當對待的經驗。我們都曾是受害者，也都當過加害者。即使事實如此，但無論我們從哪一方的角度來看，對不當行為的看法都有所不同。若您與多數人相同，認為別人對您做的錯事，比自己犯下的過失更嚴重，此種傾向在我們評判他人的不當行為時，會因為我們忽視本身犯過的錯誤而加劇。我們都明白確實如此，因為當人們被要求回想自己做過的類似錯事，便更有機會原諒他人。

這可能就是為何當憤怒的人群，準備用石頭砸死不忠的女人時，拿撒勒人耶穌（Jesus of Nazareth）的警告能如此有效的原因。據稱他說：「你們之中誰是沒有罪的，誰就可以先拿石頭砸她。」隨後人群散去。事實上，當我們評判他人時，往往不會去反思自身的過錯。看見自己的錯誤，遠比發現別人的過失難上許多。[1]

結果看來，此種困難是一個原則問題。正如我們做為牽涉其中的行為者時對自己的看法，便會異於我們僅做為觀察者時對他

人的看法，從受害者和加害者角度來思考同一件錯誤行為的想法，也存在著此種差異。但是，受害者和加害者的視角，並非行為者或觀察者的視角，而是同為參與其中，彼此關係人的視角，一個人在互動關係中的定位，會影響他如何體驗這一狀況。

同樣地，此種落差似乎有特定的形式，無論對象或情況為何，都有相對固定的特點。我們對於特定情況的看法，取決於自己的角色是有直接關係的行動者、遠端的觀察者，或參與其中的互動者。接下來的兩章將闡述此種互動視角。如我們將看到，此種互動者視角，會隨著與他人的特定關係不同，而有不同程度的變化。

首先，我想先提出一個極端的案例，來說明在相同行動上的不同視角，藉此表明視角可能因人而差異甚遠。此種差異並非是只因為大家的心理背景不同，絕大部分取決於個人在互動關係中所扮演的特定角色。接著，我將提供社會心理學的證據，說明受害者和加害者看待同一行為的異同，並回頭討論本書一開始的故事，說明荷米雅與其父親的差異。

《羅生門》──誰對誰做了什麼？

日本電影導演黑澤明的電影《羅生門》，是一部經典的非主流電影，運用了一連串創新的拍攝技巧，例如不去陳述現實事件本身，而採用各角色觀點的倒敘（flashback）手法來呈現事件。具體來說是如何呈現的呢？主要就是透過至少四種不同的倒敘觀點，來呈現同一犯罪。

　　一名武士與其妻穿越森林，結果遭到強盜突襲，強盜抓住了武士，並與其妻發生了關係。隨後，武士的妻子逃跑，武士被發現死亡，而武士妻子的一把貴重刀子在混亂之中遺失。後來的審判中，相關人士均於公堂上作證，妻子和強盜親自出席，武士則透過靈媒現身發言。

　　但他們所陳述的故事，在所有相關的細節上都有出入，像是武士的妻子是否真的遭到強暴？以及誰殺死了武士？最後的一個倒敘觀點，則來自發現武士屍體的一名樵夫。

　　電影以京都和奈良之間的羅生門開場，一名行腳僧和樵夫在此避雨。他們剛從審判盜匪的公堂回來，一名想躲避大雨的平民加入了他們，三人聊了一會兒後，行腳僧和樵夫道出心裡最大的疑惑：強盜、武士妻子和逝去的武士靈魂，三人的證詞矛盾至極。

　　但這並非全部的故事，樵夫講完審判過程後，承認自己私下其實知道更多實情，他不僅發現了武士的屍體，還親眼目睹事情的經過。他說：「武士、武士妻子和強盜全都在撒謊，只有他知道真相，但他在審判時並未說出自己所見，因為他不想捲入其中。」至少他是這麼說的。而以下是各故事人物闡述的證詞：

　　強盜的證詞：當他穿越森林時，發現了武士和他的妻子。他抓住了武士並將武士綁起來。然後，他說服武士的妻子與他發生關係，武士妻子一開始很抗拒，但旋即屈服於他的魅力。之後，他要武士妻子離開丈夫，與他同行。武士妻子同意了，但有一個條件，就是他必須為此與武士決鬥。於是，他釋放了武士，兩人光榮對決，最終，他占了

上風，並殺死了武士。然而，武士妻子卻逃跑了，並未與他同行。

妻子的證詞：當她和丈夫穿越森林時，遭到了強盜的襲擊。強盜制服了她的丈夫，並把丈夫綁了起來，然後強行與她發生關係，得逞之後，強盜便離開了。她等強盜走後，趕緊去替丈夫鬆綁。然而，她的丈夫卻因為她已被強盜得逞，所以不想與她有任何關係，在丈夫眼裡，她已被玷汙。她聽了之後痛苦萬分，於是懇求丈夫用自己那把貴重的短刀殺了她，但丈夫無視她的請求，然後她暈了過去。當她醒過來時，發現丈夫已經身亡，胸口插著短刀。

武士的證詞（透過靈媒）：他和妻子一起穿過森林時，強盜襲擊了他們。強盜綁住他，強行與他的妻子發生關係。強盜離去前要他的妻子同行，他的妻子同意了，但條件是要強盜殺了武士，如此一來，世上便只會有一個人知道他的妻子已不清白。強盜聽到這個要求後嚇壞了，抓住了他的妻子，並要武士抉擇，是要殺掉這個女人還是要放。他的妻子聞言，掙脫了束縛逃跑，強盜抓不到人，於是回到武士身邊，替他鬆綁後離開。隨後，他為了維護自己的名聲而自殺。

樵夫的自白：武士被捆綁了之後，強盜玷汙了武士妻子，然後強盜請求武士妻子委身下嫁。可武士妻子並不感興

趣，反而替丈夫鬆了綁，強盜猜想她希望兩人對決，但丈夫已因為妻子受到欺凌，而對決鬥毫無興趣，兩人漫無目的地繞著對方移動，似乎有些不知所措。直到武士妻子慫恿兩人打起來，他們才進行了這一場可悲又不情願的決鬥。強盜走運打敗並殺了武士，但武士妻子卻逃跑了，這就是樵夫發現武士屍體的經過。

《羅生門》的巧妙之處，在於以倒敘的形式呈現相互矛盾的故事。倒敘幾乎是一貫用於呈現過去事件原貌的方式，雖然技術上來說，它們代表了某個人的記憶，但《羅生門》卻清楚顯示，記憶並非通往過去的窗口；相反地，我們所能期望的最佳結果，就是記憶者能準確描述自己所經歷的過去。就算說來並不奇怪，不過我們可能也從未意料到，涉身在同一事件的人之間，彼此所說的經歷過程，竟會有如此大的差異。

合理化自己的行為

審判結束之時，我們和樵夫及行腳僧一樣困惑。而當樵夫最終說出實情，堅稱強盜、武士和武士妻子都在撒謊時，大家應該都感到鬆了一口氣，我們終於得知了真相。結果，當我們發現樵夫可能從犯罪現場，偷走了武士妻子的貴重短刀時，這一希望也破滅，此時我們只能懷疑有人在說謊，可是，究竟是誰？也許是每個人都說了謊。

但是，他們真的都在說謊嗎？如此推論這起事件的問題在

於，故事中的每個人，都暗指自己殺害了武士。強盜承認他在決鬥中殺死了他；武士堅稱他是自殺；而武士妻子則暗示她在精神解離的狀態下，用自己的刀殺死了丈夫。人若想在法庭上撒謊，難道不會想編個能為自己脫罪的故事嗎？由此看來，各個角色也許或多或少都按照了自己的經歷，來還原事情發生的經過，如此的推斷似乎不會太不可信。

雖然各個角色都暗指自己捲入了謀殺案（樵夫是如何找到短刀的？），但他們各自所提出的觀點，都有利於他們在故事中呈現的形象，每個人都以自己的方式在光榮行事。

首先以強盜為例，他唯一做的壞事，就是將武士綁起來。他雖引誘了武士妻子，如此的行為就算不正派，但肯定也比強暴他人好。況且，他之後並未如武士妻子堅稱的那樣一走了之，而是主動提出帶武士妻子一起走。雖然他最終殺了武士，但他是在決鬥中光明正大地擊敗武士，殺死一個武士絕非易事，對於一個普通小偷來說更是如此。武士妻子承諾，他若打敗武士，就和他一同離去，但最終他成了武士妻子背信忘義的受害者。如此說來，強盜還不算太壞，而且還算得上頗有性格。

從妻子的角度來看，她受害不只一次，而是兩次，而且第二次還是遭到自己丈夫的傷害。儘管如此，她卻可敬地要求丈夫殺了自己，以挽救武士的聲名。然而，當武士拒絕之後，她昏了過去。倘若她果真殺了武士，那也是在受到嚴重刺激後，意識狀態改變之下所發生的事。

至於武士最終的陳述，似乎也頗值得尊敬。他的妻子並未犯錯，所以他並未拋棄妻子，可因為他能力不足，使妻子受到強盜

「玷汙」，便成了妻子邪惡計畫的受害者，要強盜代為出手殺了自己。他並未凸顯自己的無能，反倒強調了妻子雙面人的特質。最終，他也並不是被普通的強盜擊敗，而是為了保全自己的名聲，自殺身亡。

　　樵夫的詮釋，則將自己表現得有如無辜的客觀旁觀者，只因他害怕被牽連其中。此種解釋顯然比在一名婦女被強暴時，躲在樹叢裡偷看，然後最後偷走一把遺留下的短刀要好。至於他是否為了獲得短刀而殺害武士？關於這點，我們就不得而知了。

　　武士、強盜、武士妻子和樵夫，對於林中所發生之事的解釋方式是，將自己的劣行最小化，並盡可能地放大發生在他人身上的惡行，同時也忽略可能讓自己看來最有錯的資訊。榮譽似乎是整個故事的核心，畢竟在日本文化中，向來以榮譽做為道德的最高標準。因此，不難想像故事中的人物，也許是無意識地受到潛在動機驅使，盡可能以最有利的情況來看待自己的行為。

　　這其實也是心理學數據所顯示的發現，當人陷入衝突時，與他人矛盾的觀點，往往會根據我們在事件中的角色，找出最佳解釋。即使我們一致認同某人是罪魁禍首，但對於此人行為的糟糕程度，和他們為何有此行為的看法，卻仍會有所分歧，這也是我們接下來要討論的內容。

受害者與加害者

　　美國心理學家鮑梅斯特（Roy Baumeister）致力於研究邪惡相關的議題。如同前人蘇格拉底（Socrates）認為，邪惡的行為，往

往並非出於違反道德規範的欲望，而是這項惡行在加害者眼中，通常是合理正當的。

正如蘇格拉底所說，無人自願作惡。蘇格拉底認為，人類的天性並不渴求做壞事。在他看來，做壞事的人並非明知是壞事，才刻意為惡；反之，欲望天生追求向善，問題在於，人可能會誤解什麼是好、什麼是壞。為惡者的問題，在於他們的無知，正因無知，使他們犯下過錯，實際上錯誤的行為（在當下），被認為是好的或對的。耶穌在為釘死他的羅馬士兵禱告時，也傳達了類似想法：「親愛的天父，請赦免他們，因為他們不知道自己在做什麼。」[2]

別人犯的錯比較嚴重

鮑梅斯特並不全然相信，所有的惡行均源於無知，但他的確認為，為惡者對自己的行為，與受其行為影響人的看法大相徑庭。他在其著作《邪惡：深入人類暴力與暴行》（*Evil: Inside Human Violence and Cruelty*）中，聲稱多數殺人犯對自己的犯行其實毫無悔意，反倒深信自己犯下這些罪行情有可原；而且其中許多人表示，若有機會，他們會再做一次。為了探索此種態度，是否為一般人普遍看待錯誤行為的特徵，而不僅限於暴力犯罪份子，鮑梅斯特等人研究了大學生對錯誤行為的態度。

首先，鮑梅斯特要求受試學生們，回想被人激怒的經驗，他認為比起涉及傷害更深，或更讓人感到羞恥的情況，人們會比較願意談論被激怒的事件。此外，他也認為這類情況多半都牽涉到

不當行為，而兩件事他都說對了。隨後，學生受試者被要求敘述完整的事件經過。當然，為了判定某些思維和感受是否是不當行為受害者的特徵，我們需要有所對照，而加害者顯然就會是受害者的最佳參照。

於是，鮑梅斯特又讓受試學生回想一件自己激怒別人的事件。然後，他們再次被要求完整講述事情的經過。最後，鮑梅斯特等人從每位學生身上獲得了兩個故事：一是他們被別人激怒的事，另一是他們激怒別人的事。這些故事當然是天差地遠，但就錯誤的嚴重程度而言，卻很相似。儘管如此，受試學生對自己所犯的錯，和別人對他們所犯的錯的看法，卻相差甚遠。[3]

受試學生被要求描述自己傷害或激怒他人的事件時，普遍傾向對事件的負面後果輕描淡寫，並堅稱他們的行為情有可原，受害者對挑起事端，也有部分責任，自己應當被從輕責罰，而且是受害者的反應過度。受試學生身為加害者時，較可能會認為，自己的行為是因為無計可施，並否認他們造成了長遠的負面影響。儘管如此，他們的確對事件的發生，感到遺憾並自責。

相同一群學生在談到自己受人激怒的情況時，諸多方面都認為，這與自己身為加害者時有所不同。他們做為受害者時，認為對方的行為比自己做為加害者時更加惡劣，儘管獨立的第三方認為這些不當行為同樣嚴重，但受試學生依舊如此認為。

此外，受試學生還表示，在當時的情況，以及他們和加害者之間的關係，在在都讓他們難以理解別人觸怒他們的行為。他們也更可能認定，別人激怒他們的行為是不道德的。受試學生身為受害者的情況中，錯誤行為較可能是一連串挑釁的結果，而非單

一獨立事件。而且回想起這些事件時，受試學生表示，他們仍然感到憤怒，而且自己有的充分理由感到氣忿。

其他研究也發現，人們看待錯誤行為的思考方式十分相似。可恩斯（Jill Kearns）和芬遜（Frank Fincham）要求受試學生回憶，有人傷害或錯待他們的情況，以及他們傷害或錯待他人的情況，結果發現與前述的研究，有相同的思維和感覺模式。澤克邁斯特（Jeanne Zechmeister）和羅梅洛（Catherine Romero）要求學生描述自己具體身為受害者或加害者的事件，研究結果與鮑梅斯特的發現有諸多重疊之處。[4]

若這些學生的回應，具有代表性的話，看來人在身為受害者時，會放大他人的過錯；但自己身為冒犯者時，卻會盡可能減輕自己的錯誤。之所以會有如此差異，不太可能是因為受試者以受害者身分時，所回想起的錯誤行為比做為加害者時更嚴重，因為他們回顧所提及的事件，基本上嚴重程度大同小異。所以更可能的解釋是，這是前幾章所強調的自私思維的另一種表現。

一頭霧水的加害人

不過，這不表示與理解他人相比，我們對理解自身想法與感受的管道就不重要。加害者通常清楚自己在行為當下時的感受和想法，而受害者往往只能從他們遭受的對待，來推斷自己的感受和想法。反過來說，加害者往往必須經由努力才能瞭解，自己的行為對受影響的人所造成或將要產生的後果，然而，需要付出努力的這一件事，常常不受重視。

　　鮑梅斯特等人推測，衝突往往源自於受害者與加害者根本不理解對方的行為。值得注意的差異是，受害者所在意的錯誤，多半是他們過去已遭遇過，但不厭其煩忍受的事；但在加害者眼中，往往認為自己的行為是單一事件，和過往事件關聯不大。這也意味他們過去對受害者的心情或反應一無所知。然而，受害者顯然已長久苦惱於加害者的行為模式，最終認為，這是值得提出的錯誤行為，但他們也經常表示自己對加害者的行為，並未有所反應。

　　由此可知，典型的衝突，可能具有下列形式：一人反覆從事某特定行為，通常較為溫和，直到最終出現對方忍無可忍的行為；而另一人則是始終忍氣吞聲，沒有表現出不滿，但是要做到打不還手真的很困難，尤其當此事一再發生時，通常令人生怒。因此，在同類型行為一再重複發生，或是發生了更糟糕的行為時，受害者不僅會受到該行為的影響，還會連帶將加害者先前行為所留下的陰影，一併做出相對應的反應。

　　但是，加害者過去毫無自覺激怒了受害者，便很容易認定是受害者反應過度，因為在加害者眼裡，他們只是犯了一個錯，而不是諸多過失；然而，從受害者的角度來看，他們無法理解，加害者怎能不顧他人感受繼續我行我素，尤其是他們一直以來，都好心容忍對方的行為。加害者把引爆衝突的事件視為單一事件，便會輕描淡寫地用自己太忙、心事重重等類似原因來帶過。

　　有趣的是，儘管在此項研究中，會要求受試學生們接連回憶自己做為受害者和加害者時的態度，但這樣做卻並未讓他們更清楚地意識到，在分別回顧的兩個事件中，他們的觀點可能與衝突

者大不相同。

並非所有看待錯誤行為的觀點，都可以用誰易於取得哪些資訊來做解釋。例如：將過錯歸咎於受害者的傾向，就無法以此做為解釋，這更是因為我們偏向從最有利的角度，看待自己行為的結果。

受害者往往會免除自己在遭受不當對待上所需付的責任；而加害者也會逃避責任，只不過是方式略有不同。因為他們無法否認自己不當的行為，所以加害者會傾向為自己找藉口，如：太過忙碌或壓力大，或是著重在他們的行為是受制於當下的情況、他們的性格和／或受害者的行為等情勢所逼。

簡單來說，受害者傾向將所遭受的不當對待放到最大，而加害者則傾向將錯誤減至最小。不過，處於相對滿意的戀愛關係中的人，會打破此種普遍模式。在此情況下，被不當對待的受害者，不會將錯誤最大化，但加害者仍會盡量迴避自身的過失，只是程度不及那些與受害者沒有戀愛關係的加害者。從自利的動機來看，處於戀愛關係中的人，會有此種傾向也不難解釋，例如：他們也許是為了持續正面地看待這段關係。[5]

在此談及的這種模式，主要適用於日常的錯誤行為上，而鮑梅斯特認為，這種模式也適用於更嚴重的犯罪上，但在此類的案件中，顯然還涉及其他諸多的因素，因此我們應該更小心謹慎，不該單純地將研究結果，套用於理解一般的人際犯罪上。

話雖如此，上述模式仍凸顯了關於視角的一項重點。我們對一件事的看法取決於事件的性質，以及本身與事件的關係，如：您是讓人不高興的人？還是被惹惱的人？唯有正視受害者和加害

者之間的視角差異，我們才有機會解決《羅生門》的核心難題。

想像成為受害者或加害者

　　鮑梅斯特的研究儘管有趣，但很難不讓人懷疑，結果是否真如我所稱，受害者和加害者之間，看待事物的方式真的存在系統上的差異？這些差異難道不是人接受了特定指示，去回想特定內容的結果嗎？

　　畢竟，這些研究成果只擷取自單方面陳述的故事，我們並不曉得在加害者所敘述情況中，受害者的實際經歷是如何；也不知道受害者所闡述的故事中，加害者又是如何看待此情況。又或許受害者選擇述說出的回憶，是加害者動機格外模糊，或有問題的事件；而加害者所選擇述說的回憶，則是自己行為看來多少有些情有可原的事件。

用想像力實現兩面觀點

　　此時，我們便需要使用不同的研究方法，來研究受害者和加害者的視角差異。另一種研究方法並未要求受試者回憶實際發生的錯誤行為，而是要求他們想像自己是受害者或加害者。

　　研究結果顯示，兩者間依然有視角不對稱的情況，並與真實受害者和加害者的研究大致相同。案例中想像自己是壞人的人，在看待自己的不當行為時，比起想像自己是受害者時，認為情況沒那麼嚴重、也更合理等；另一方面，當他們想像自己是受害者

時，比起想像自己是加害者，會認定不當行為更加可惡。

　　多數關於受害者－加害者敘事的實驗室中，研究進行的方式，都是僅讓受試對象想像自己是受害者或加害者。此類研究具有雙重優點。首先，道德委員會不太可能核准在實驗室裡，引發真正攻擊行為的研究；其次，此類型研究中，可以確保向（想像的）受害者和加害者提供的資訊完全相同，這些資訊通常是透過播放互動的影片，或提供描述事件經過的故事。

　　記得前面討論的自傳式回憶敘述中，我們只聽到了一方的故事，因此我們無法與另一方的故事參照。但在利用受試者想像自己是受害者或加害者的研究中，我們可以比較受試者對同一互動行為的看法。

　　部分最早關於受害者和加害者換位思考的研究，來自於德國。有別於受試對象主要為大學生的美國研究，莫門黛（Amélie Mummendey）等人研究了十三至十六歲的學童和青少年。他們向受試者播放影片，內容是學校裡兩個男孩挑釁互動，並指示受試者想像自己是其中一位男孩。莫門黛等人發現，想像自己是攻擊者的青少年，與想像自己是受害者的青少年，兩者對「自己」行為的評價有所出入。

　　加害者比起受害者，較傾向認為自己的行為並無不當。事實上，加害者似乎認為他們的行為，其實不好也不壞——若真要說，其實沒什麼大不了；反倒是受害者認為這些行為多少有些不恰當。當播放一系列，難以定奪刻意與否的挑釁互動影片時，此一結果更加明顯。下列為影片內容的描述：[6]

　　兩名男孩亞當和布萊恩騎著自行車到學校，兩人停好車，亞當走過布萊恩身邊時，不小心擦撞到布萊恩放在自行車上的背包，背包掉了下來。布萊恩生氣地撿起自己的背包，怪亞當把他的包包扔在地上，並推了亞當一把，亞當也回推布萊恩一把，布萊恩摔到地上。布萊恩站起身又撞了亞當一下，於是，亞當又把布萊恩的背包扔到地上。當兩人到校門口時，布萊恩又撞亞當一下，亞當把他推下樓梯，接著趕緊將前門和教室門關上，讓布萊恩無法進門。後來，布萊恩設法進入教室，又撞亞當一下，並推他一把，還扯拉他的套頭毛衣，同時對亞當做了個挑釁的手勢，向他表示自己認為他很愚蠢。

　　整體而言，莫門黛等人並未發現觀點之間的差異有多麼巨大，但他們所發現的差異卻十分關鍵。受試者在評估「自己」的行為時，較不易認為導致衝突的行為是有意為之。

　　從故事的描述來看，我們難以釐清亞當是不是故意將布萊恩的背包從自行車上撞下來。在此種模稜兩可的情況下，想像自己是布萊恩的人，幾乎一致認為這場衝突是亞當「起的頭」（引發了後續的挑釁互動）；而那些想像自己是亞當的人，反應則較為兩極，近半數的人認為是布萊恩起的頭，其餘的人則認為衝突因亞當而起。

　　當問及更中立的問題：「是什麼事引發了這起衝突？」時，充當亞當的人中，認為事情因布萊恩而起的人數有所減少。從前後問題的分歧可知，重點不在於誰造成了什麼情況，而是亞當的

行為，是否心存故意。多數充當亞當的人，都認為是亞當導致了布萊恩的背包掉在地上，但僅半數的人認為，亞當是有意為之。[7]

對錯參半的常見衝突

請放心，我們還未陷入《羅生門》的困境，當青少年觀賞一段最初行為便明顯充滿敵意的影片時，無論採取了誰的觀點，都毫無分歧。對於陷入明確衝突的人來說，這無疑是個好消息。

不幸的是，許多行為（也許是多數）都是模稜兩可的情況。請參考下列範例，斯蒂韋爾（Arlene Stillwell）和鮑梅斯特以此例來判定，當人僅透過想像陷入人際衝突時，受害者與加害者的視角不對稱是否會重現：[8]

> 哈洛和亞瑟是凱斯西儲大學（CWRU）的室友。兩人雖算得上熟識，但還不到視對方為「摯友」的程度。某個秋季學期，亞瑟選修了哈洛春季學期修完的進階工程學課。哈洛十分認真準備此門課的考試，最後也獲得了 A+ 的高分，成績相當優異！有一天，他依稀提議要協助亞瑟準備此門課的課堂考試。結果，這學期的課沒有要考試，而是改以繳交期末報告的方式來評分，並占總成績的 75%，而論文提交的期限，就訂在讀書日開始前的週三。
>
> 整個學期平安無事地過去了，兩人都按時上課、準備作業，也在百忙之中抽空玩樂。報告截止前一週，亞瑟提

醒哈洛他先前的提議，並說：「我需要你協助我寫這篇報告。」哈洛回答：「不對，我是說會幫你準備課堂考試。」亞瑟回道：「但是這學期沒有考試，只有這一份大報告！」哈洛嘆了口氣說：「好吧，我想我應該能幫忙。」（哈洛不介意幫亞瑟準備考試，只是不想幫他一起寫報告。）兩人約在報告截止日前的週二下午見面一起寫報告。

一週後，哈洛在約好的時間並未現身。過兩小時後，他才跌跌撞撞地進門，不僅喝醉了而且脾氣還有點暴躁。他似乎忘了自己答應協助亞瑟寫報告的事，所以和哥兒們相約出去喝酒（當晚可是瑪格麗塔酒「兩元一杯的暢飲之夜」）。如您所料，哈洛根本幫不上亞瑟的忙，雪上加霜的是，亞瑟的電腦出了毛病，讓他難以有任何進展。哈洛在醉酒的狀態下，再度承諾要協助亞瑟寫報告，不過得等到週四。亞瑟被迫向教授請求延期（據稱是以他的電腦有問題做為理由），教授不太樂意但還是同意了。

週四下午，亞瑟去找哈洛，並在哈洛的房裡找到了他，但哈洛卻拒絕幫助亞瑟，因為他自己有太多事要忙，而時間已經不多，他為此道歉，但堅決地拒絕提供幫助。當晚稍晚，亞瑟寫報告時碰上困難，於是想去問哈洛一個簡短的問題。他去找哈洛時，哈洛正在電話上，示意亞瑟待會再來，亞瑟分別在晚上十一點四十五分和凌晨十二點十五分時再度前去，但哈洛依舊在講電話（亞瑟後來發現哈洛是

在和女友講長途電話，他們的關係似乎出了點問題，在討
論改變聖誕假期的計畫）。一會兒後，亞瑟放棄了，回到
自己的房間自行完成報告。

此門課對於亞瑟的主修影響重大。繳交報告之前，他的課
堂表現成績是 B，但交了報告後亞瑟此門課的成績卻掉到
C，因為報告的成績只拿到 C。助教為這篇期末報告評分
時留下了評論，其中包括「想法不錯，但是理論為何呢？」
以及「邏輯推理有誤，你試圖表達什麼？」等。由於此次
經歷，亞瑟最後去另一所大學主修英語。

上述情境不像一般的錯誤行為，能一目瞭然的做出判斷。試
想您是亞瑟或哈洛，然後再讀一遍這個故事。若前述研究所發現
的特點屬實，那麼您的反思觀點，應該會符合典型的受害者與加
害者模式。

以我個人而言，當我想像自己是亞瑟時，我在意的是這份報
告對「我的」學位的重要性，以及哈洛讓我誤以為他會幫助我，
否則我就會尋求其他途徑來完成報告；而想像自己是哈洛時，我
會認為亞瑟太過依賴我來完成報告了，他一開始就不該強迫我幫
他，可當我同意幫他時，的確是誠心誠意想幫忙，只是中間又冒
出了許多雜事，亞瑟的成績沒有超過 C，並不能全怪在我身上。

這項發現除了和莫門黛等人的研究有相同之處外，鮑梅斯特
和斯蒂韋爾還另外指出，採取受害者觀點的人，可能會添加或更
改故事內容，來加重對方的錯誤，使過失看來更為嚴重。例如：

此人可能會認為，哈洛明知自己從週二晚上至週四下午間，能有多少時間可以做自己的作業，既然早知會如此，他就不該承諾要提供幫助。

相較之下，當受試者被要求站在加害者角度時，也傾向於增添或更改故事內容，以凸顯加害者做的（其他）好事，或者減輕過錯。例如：哈洛確實早在學期初就主動提出要給予協助，若亞瑟單靠自己無法獲得 C 以上的成績，不禁讓人懷疑，他上課是否不夠認真。

然而，結果發現，改變敘事最常見的方式，就是省略資訊。因此，當人想像自己是亞瑟時，可能不會注意到哈洛在他前去尋求幫助時，正在與女友討論關係重大的「分合問題」。

不論採納受害者或加害者的觀點，大家在回憶故事時，都傾向回想有利於自己的面向。扮演受害者的人，會更記得顯示對方有錯的資訊；扮演加害者的人，則較記得與藉口相關的資訊。這直接證明了個人看待特定情況的觀點，會影響其思考的方式。

以個人利益為出發點

若人能維持理性，思考那些發生在我們之間的衝突事件，多半看來比較像是哈洛和亞瑟之間的摩擦，而非像是亞當和布萊恩之間明確的衝突。不論何種情況，大家在解讀上，似乎都傾向強調受害者的無辜，或加害者並無惡意。綜合各項研究結果，下列是所顯示的證據。[9]

受害者視角

受害人傾向於

（1） 盡可能放大錯誤行為的嚴重性（程度比描述自己做
為加害者時的行為更嚴重）。

（2） 認為錯誤行為不道德。

（3） 認為加害者的意圖矛盾、不一致、難以理解、武斷
或毫無道理。

（4） 將錯誤行為與加害者其他類似的挑釁行為做連結。

（5） 將錯誤行為視為激怒人的行為（合理憤怒）。

（6） 想到此行為時依舊感到生氣。

加害者視角

加害者傾向於

（7） 盡量減輕錯誤行為的嚴重性（情節不比發生在自己
身上的事嚴重）。

（8） 認為錯誤行為，並不會產生負面後果。

（9） 認為錯誤行為情有可原。

（10） 認為錯誤行為是迫於情勢。

（11） 堅稱情況尚有值得原諒之處。

（12） 認為受害人也有挑起事端。

（13） 認為受害人反應過度。

（14） 感到後悔與自責。

在此，我們可以稍微總結一下基本的概念。受害者往往會盡

量放大對他們所犯的過錯，也許是透過譴責錯誤行為或加害者的意圖，抑或藉由他們對此的情緒反應來做表達；另一方面，加害者通常會盡可能減輕自己所犯的錯誤，也許是暗示受害者也有部分責任、找藉口開脫，或對其行為的負面影響盡可能輕描淡寫。

這些以自我為中心的各自表述，正是我們在前幾章看過的行為者視角的特徵，我們與事物的相對性，主導了我們觀看時所採取的視角，即我們眼見的所有事物，都是以相對於我的位置來呈現的，如：大小、遠近、平整等，在此情況下則是以相對於所討論對象的利益來表現。

盡可能減輕過錯的嚴重程度，顯然有利於加害者，讓他能繼續維持正面的形象，並降低修復性行動的負擔；另一方面，受害者透過放大錯誤，來獲得他人的同情、加害者可能的修復式行為，和／或藉由敗壞對方聲譽來進行報復等。

不論是受害者或加害者，並非一切都如看上去這般機關算盡，雙方的焦點顯然都以個人利益出發。一旦以自我為中心來看，一切便都顯得清楚明朗。受害者可能不是故意忽略加害者過去所做的所有好事、善意，或他們已經道歉的事實。

當人聚焦在錯誤行為上時，可能不易想到這段關係，或加害者其他正面的面向。此外，若回憶此事會引發憤怒的情緒，受害者的注意力就會更加集中在不當行為和類似的議題上，因而不太會想起與加害者正面的互動經驗。

這就是注意力的運作方式，尤其是受情感驅動的注意力。觀察者似乎並不會陷入相同的盲點，而是更巧妙地從受害者所處的情境，和加害者行為相關的情勢中，將注意力轉移出來。

觀察與互動

　　受害者和加害者視角，與上一章所討論的行為者和觀察者視角，有何關係呢？我們很容易認為受害者是以觀察者模式看待加害者，而且反之亦然，但其實並不正確。原因為何？正如我所說的，部分受害者與加害者的研究中，還具有第三個條件——即受試者受指示僅觀察互動，然後陳述事件，結果既非受害者觀點，亦不是加害者觀點。觀察者有時較支持受害者，有時較支持加害者，模式並不全然一致。

　　還記得前面那兩名打架的男孩嗎？莫門黛等人加入了觀察者條件來控制個人偏見。在歸咎引發挑釁行為的責任時，觀察者持中立立場，但多數觀察者贊同充當亞當者的意見，認為是事件因布萊恩而起，而並非充當布萊恩者所堅持的說法，是由亞當挑起了事端。

　　在其他研究中，觀察者較贊同受害者的觀點，但一般情況是，他們會在某些事上同意受害者觀點，有些事贊同加害者觀點，而其他部分上則雙方觀點都不贊同。觀察者正視錯誤行為對受害者的嚴重性，同時，也理解加害者的情有可原、歉意，和其他減輕責罰的因素。[10]

　　若觀察者既不同意受害者，也不同意加害者，那麼假設我是受害者，而您是加害者，我便不可能會以行為者視角看待自己，而以觀察者視角看待您，但我也無法同時從行為者的角度，來看待我們兩人。因此，我們需要第三種視角，一個擔任互動者的視角。由於缺乏更好的用語，我們姑且將其稱為互動者視角

（interactor perspective），此視角代表一個人如何看待直接影響自己行為，以及受自己行為直接影響的他人。

我們與他人互動時，他人和我們及雙方的利益，比起僅僅做為觀察的對象時，更加緊密相關，我們涉入了彼此的利益範圍。受害者不僅僅是觀察加害者，也直接受到加害者行為的影響；同理，加害者並非是觀察錯誤行為，他就是犯下錯誤的人。受害者和加害者彼此間的關係無論多麼難以捉摸，都有別於行為者和觀察者的關係。

我們看待世界的視角，絕大程度取決於自己與世界建立聯繫的方式，受害者與加害者的相關研究文獻，也支持此觀點。行為者視角是以事物相對於我們的利益、身體或需求的角度來看待外界，但此種關係常因對象而異。我們對待活生生的生物，有別於看待棍棒、石頭等物體的方式。我們在理解他人和親近之人的方式上，也是截然不同。當我們與他人的關係更密切時，會認為他們欠了我們什麼，而我們自己也欠了他們什麼。

於是，當與他人互動時，我們理解他們的方式也隨之改變，即使在衝突中也是如此，我們自身的利益大幅影響了自己對互動關係的解讀。對我們而言，受害者和加害者通常都不僅是一個對象。我們並非觀察者，因為我們與他人的利益太緊密交織，我們是互動者。

當我們討論到較不受衝突驅使的互動關係時，互動者視角的本質和重要性就會更明晰。不過，現在我們先來看看，如何運用受害者和加害者框架來理解《羅生門》和《仲夏夜之夢》。

行為中的受害者和加害者視角

　　《羅生門》中有一名明確的加害者，也就是強盜。話雖如此，武士和他的妻子，也都不單單是無辜的受害者而已。根據「真實」發生的情況，故事中所有人物在某方面來看，都可以被當作是受害者，但某方面來看，也都是加害者。下文中，括號裡的數字，對應的是前述受害者，或加害者視角特徵表列的數字。

　　首先從強盜開始，他明顯極力減輕自己的罪過，他只是引誘了武士妻子，但並未強迫武士妻子與他發生關係（7）；為了彌補武士妻子在丈夫眼中失去了清白，他提議帶武士妻子一起走（11）；他並非謀殺武士，而是在公平的對決中，殺死了武士（9）。看來似乎沒那麼糟，對嗎？

　　而其他兩名受害者，則是明顯極力放大強盜對他們所犯的罪行，只不過方式天差地別。武士責怪強盜和他的妻子，強盜透過欺凌他的妻子來羞辱他（1、2）。但武士也表示，他的妻子在被欺凌之後，同意與強盜同行，條件是強盜必須殺了他（2、5）。強盜拒絕，讓武士所幸得以選擇自殺來挽救自己的聲譽。因此，他不是因為自己沒能保護妻子，然後又在與一名普通強盜的對決中敗下陣來，他是無可責難的，都是其他兩人的錯（12）。真是可憐的男人！不過，不止一人的敘述中，提到了他不願與強盜決鬥，但此事卻完全被他略過。

　　事實上，整個故事中最篤定之處就是妻子遭到欺凌的部分。但是，根據武士妻子的描述，她也遭到了丈夫的背叛，丈夫在她被玷汙後，拒絕再與她有任何關係（1）。她氣急攻心之下暈倒

了。可是，請注意，在樵夫的故事中，她慫恿男人們決鬥，而正是因為這場打鬥，她的丈夫遭到殺害。假設此事為真，武士妻子顯然刻意省略了此段情節，反而以丈夫被殺時，自己昏倒來交代，在這個版本的故事中，武士妻子是完美的受害者，她與丈夫的死毫無關係（10、11）。若樵夫對於決鬥起始的說法為真，她便是利用省略資訊，來掩飾自己的過錯。

　　《羅生門》展示了受害者和加害者視角部分的運作方式，以及每個人如何根據個人利益來看待事件經過。此外，這則故事也顯示出，涉身其中的人，沒有人是全然客觀的觀察者，樵夫的視角，雖然看似比三名主角好些，但仍取決於其個人利益。世上只有人和人的視角，不存在神的視角。

　　對於難以接受《羅生門》裡角色視角大相逕庭的人來說，莎士比亞的《仲夏夜之夢》也許會比較容易去理解。戲劇開場時，伊吉斯以受害者自居，他不僅因為萊桑德私自引誘他的女兒而受害，還受到荷米雅「鐵石心腸」的對待。萊桑德和荷米雅的陰謀心計，讓他苦惱萬分，情非得已地來到公爵面前，請求賜死荷米雅。這個請求並非無理，從伊吉斯的視角來看，他的反應完全合情合理。

　　不過，伊吉斯顯然誇大了自己的遭遇（畢竟，萊桑德和迪米崔斯的條件相當，以此觀點來看兩者同樣是合適的對象）（1），認為此事的發生讓人難以理解（不知從何而來的誘惑，以及荷米雅的鐵石心腸）（3），並認為自己持續忿忿不平合乎情理（處死自己的女兒）（5）。

　　但伊吉斯並非唯一一位充滿偏見的人。事件的元凶，萊桑德

也態度不佳，他不僅對自己的行為毫無悔意，也不體諒伊吉斯的處境，反而還嘲笑伊吉斯，說他既然如此愛迪米崔斯，不如自己嫁給他算了（7、13）。然後，繼續羅列自己的優點，並把迪米崔斯扯進來做比較（第一幕，第一場）：

> 公爵殿下，我和他擁有相同的出身，
>
> 同樣擁有財富；但我的愛比他深；
>
> 我的時運等各方面都相當不錯，
>
> 雖然也許不特別優越，但也不亞於迪米崔斯；
>
> 而且，比起所有這些自誇更勝的是，
>
> 我深受美麗的荷米雅所愛。
>
> 難道我沒有權利追求所愛嗎？
>
> 迪米崔斯，我敢對著他說，
>
> 他曾戀上內達（Nedar）之女海蓮娜（Helena），
>
> 並贏得她的芳心；
>
> 而這位甜美的女士，對他痴迷，
>
> 對這個有瑕疵且善變的心靈，
>
> 表現出如敬神般的痴迷。

換句話說，萊桑德沒做錯事（7、9），他只是在追求自己的權利罷了，而這是因荷米雅的愛所賦予他的權利（無疑令所有人大感驚訝）（9–11）。不僅如此，他的財富地位完全不亞於迪米崔斯，甚至比迪米崔斯更優越，而且迪米崔斯不過是個花花公子，完全不可靠。

請注意，萊桑德完全沒有回應伊吉斯對他引誘荷米雅的指控，此部分全被忽略，而他性格中其他高貴的面向，卻展現在公爵面前。萊桑德提到了「他的權利」，是為了證明自己的行為合情合理（也許是因為荷米雅的愛）或減輕本身的錯誤（但荷米雅愛我！）。他道出了自己所有優異的特質，更重要的是，還將眾人的注意力，導向迪米崔斯對海蓮娜的誘惑，卻隻字不提自己誘惑荷米雅的事。他的一舉一動都十分聰明，也非常符合加害者的觀點。

至於荷米雅，做為戲中的主角之一，卻少有話語權。也許是公爵將她的父親比作神祇（對妳而言，父親應該就是妳的神……），這點令她費解。而她對父親指控的唯一回應，就是萊桑德與迪米崔斯具有一樣的資格，「我內心不會同意接受，這非我所願的枷鎖」（9–11）。她實際上提及了從輕裁量的情節，並像萊桑德一樣，不直接回應她父親對她違抗父命的指控。

對於這齣戲，您扮演的是觀察者角色，在您眼中，又是如何看待劇中人物的視角呢？伊吉斯或萊桑德誇大其辭地陳述自己的立場，實在讓人難以完全苟同，但在瞭解了各種觀點的異同之後，也不難明白他們為何如此，他們只是在表達自己的視角，而這些觀點並非源於不正當的陰謀策劃，他們只是自然而然地，去關切外界與自身處境中，格外相關的部分。

稍後我們將會探討視角的切換，如何有助於克服對事件的片面解讀。在此之前，先讓我們進一步討論互動者視角。

5

人際互動

　　傳統現象學領域的哲學家，對分析哲學普遍的控訴是，分析哲學忽略了一類相當明顯的既有資料（datum），也就是當我們面對他人時，必定會直接接觸到他們的心態或思維方式。札哈維（Dan Zahavi）時常提出此點，他的怒氣想必也與日俱增，而且他並非唯一一人，胡托（Dan Hutto）、蓋勒格（Shaun Gallagher）和雷特克理夫（Matthew Ratcliffe）等哲學家，全都反對我們過往看待他人心智的方法，就連換位思考的主張也包括在內。當然，他們說對了一部分。儘管有些荒唐，可他們暗指我們在與他人往來互動時，如同科學家一般，試圖去發覺對方的想法或動機。

　　我們與他人相處時，並不會去研究他們——至少多數人不會如此。然而，絕大多數的分析哲學尚未擺脫某種形式的笛卡兒主義，天真地堅持哲學的核心問題，在於他者心智的存在。根據此種觀點，我們假設心智狀態的存在，就如同我們假設重心或暗物質等事物存在一般，甚至還有人辯稱，自己心智狀態的存在是我們假定的一個觀點。硬要說我們並非直接意識到外在，而是根據環境的狀態，或自己的行為來推斷自身的感覺、感知、需求或一閃而過的想法，這樣的說法未免令人難以信服。

　　然而，人一旦落入某種意識型態之中，對現實的看法往往會受到扭曲。儘管如此，若您仔細思索，光是基於一個人打招呼問候時帶著微笑和笑聲，便推斷對方很開心，這樣的判斷是否真的合乎邏輯？[1]

　　答案當然取決於您對「推斷」的定義。謝勒（Max Scheler）在其關於同情的著作中，採取一種中立的立場，他同意部分類型的經歷有其不可避免的隱私，但也開啟了其他經歷的能見度：[2]

另一人如同我們自己一樣，擁有絕對的個人隱私領域，是我們永遠無法進入的，但在此領域所「經驗」到的事並不是透過推斷，而同樣是透過表達性現象（expressive phenomena），直接提供我們某種原始的「感知」，如：我們從臉紅感覺到羞恥，從笑聲感受到快樂。說「身體是我們唯一既有的初步資料」是大錯特錯，這點唯有對醫生或科學家來說，才是如此。換句話說，對人來說，只要他從表達性現象中，能以人為方式擷取出資訊，這些表達性現象就具有完全原始的既予性（givenness）。

謝勒所指的是，與人相處時有其特殊之處，有別於以觀察者角度，或是用更臨床或疏遠的方式來看待他人。與人相處時，讓我們能以特別的方式，去瞭解他人的感受，甚或是其他的心理狀態，進而反過來影響我們的觀點。在上一章中，我們看到受害者和加害者對彼此的觀點，不同於行為者和觀察者的觀點，原因正是因為他們是彼此的互動者。

非但如此，另外還有其他諸多與人相處的方式，也都會深刻影響我們對他人的看法。極端情況下，我們的觀點可能會被他人的觀點抹殺。謝勒指出：「我們在判斷自身的情況時，的確容易常常會受到感染（infection），此種感染透過他人對我們的態度來傳遞；他們對我們的評價，似乎取代了我們對自我的評價，使自我評價的直接特定價值，對我們隱而不現。」

在許多其他情況下，我們的觀點會考量互動對象的觀點特

質。現在就讓我們來看看這點如何運作。[3]

關於我所謂的「互動者視角」，目前少有系統化的實證研究，不像行為者與觀察者，或受害者與加害者的觀點不對稱研究如此之多，但有大量證據顯示，當我們與人相處時，他人的觀點會影響我們的觀點。首先，我們會先討論一個簡單的案例，藉此看看別人的觀點，如何左右我們的觀點；接著，我們會談到人「體察」他人情緒的傾向，還有我們生性容易模仿他人身體姿勢、動作、說話模式，以及腦部活動的傾向。

大多情況下，我們似乎會在彼此之間共創出一個心理空間，它既不反映我的觀點，也不反映您的觀點，而是呈現「第三方」觀點。最後，「個人痛苦」（personal distress）此一心理學範疇，揭露了我們與他人的情緒如何交雜錯綜。上述都是人際互動的範例，而人際互動的特定觀點，大幅地受到他人觀點的影響。在此之後，我們將會進一步談到換位思考，也是第二部的主題。

受他人所見感染

2010 年，山姆森（Dana Samson）與數名心理學家，共同在《實驗心理學期刊》（*Journal of Experimental Psychology*）上，發表了一篇研究報告，其中指出他人的存在，會對視覺觀點運作有所干擾。心理學家認為，這證明了人會迅速，但無意識地計算出，視野中其他人的觀點。最初的實驗，測試了電腦螢幕中存在的虛擬人物，是否會影響人對所見內容的判斷。

他人的目光會改變我們的經驗

受試者從視線高度看向一個卡通般的房間，前方與兩側都有牆壁（請見圖 5.1），每面牆上有零至三個不等的圓盤，房內有一虛擬人物，隨機面向三面牆的其中一面。有時，虛擬人物會與受試者面對同一面牆。也就是說，兩者的視覺觀點有時會重疊，有時則沒有。然後，實驗對象會被問及他們或虛擬人物可看到幾個圓盤。

山姆森與其共同研究者感興趣的是，人和虛擬人物擁有相同視角時，是否會對人有影響。若有的話，便有證據表明，除了人被要求採取的視角外，其他視角也會干擾任務的完成。結果發現，當虛擬人物和觀者看到的圓盤數量不同時，觀者的回應時間，比兩者看見相同數量的圓盤時更長。

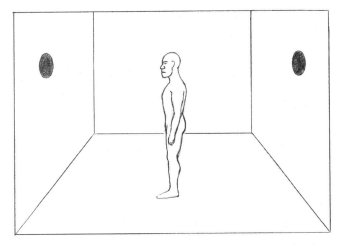

圖 5.1 此圖中，房裡的人只看到一個圓盤，但您會看到兩個。
資料來源：山姆森等人，2010 年。（繪圖：Peter Bruce）

　　舉例來說，假設觀者看到三個圓盤，但虛擬人物面對另一面牆，而牆上只有一張圓盤，然後，觀者被要求指出自己看到了多少個圓盤，這個問題不難，對吧？也許如此。不過，受試者在虛擬人物看到一個圓盤時，比起虛擬人物與受試者面向相同方向，看見三個圓盤時，需要更長的時間，才能給出正確答案（三個）；反之亦然，面對相同的房間布局時，要求受試者報告虛擬人物看到多少個圓盤，他們也需要較長的時間，才能做出反應。

　　之所以如此，可能是因為兩種視角之間存在衝突，在視角相同的情況下，人的反應通常會更快。此一發現，意味受試者某種程度上，必定意識到了本身和虛擬人物所見的事物。因此，當被問及其中一方看見什麼時，受試者必須忽略他們另一個視角所計算的資訊，而這大約需要七百毫秒的時間。[4]

　　如此說來，這又意味什麼呢？這表示其他感知者的存在會左右我們的觀點，他們所看見的事物，成為我們經驗的一部分。

　　山姆森等人還進行了另一項研究，希望藉此判定，我們是否也會自動考量他人是如何看待事物。結果是，我們不會這樣做。想判定人能否看見某件事物，可透過相對簡單的方法來確定，只要在他們的視野與感興趣的事物之間，畫上一條線即可，這通常稱為「一級換位思考」。至於人如何看待某件事物，一般稱為「二級換位思考」，通常也確實需要適度地轉換視角。更確切來說，研究顯示，人必須要想像自己身處於他人所在的位置。因此，我們直接且自動意識到他人所見的內容，還算不上是任何形式的換位思考。[5]

　　結果證明，其他人在場並關注我們時，會以各種方式改變我們的經驗。

他人的存在會影響我們的表現

　　以下為其中一種基本的方式。除了在他人面前之外，當人意識到自己正受到觀察時，還會傾向對事物進行更高階的解讀。這是什麼意思？舉例來說，假設您面前有四個三角形，其排列在一起的方式，看來像是由三角形組成的正方形。此種情況下，您所看見的低階特徵是一堆三角形，而其排列方式（即正方形）則構成了您所見的高階特徵。

　　現在，假設請您將（圖 5.2）底部的形狀，與由三個正方形組成的三角形（B 組），或由四個三角形組成的正方形（A 組）進行配對。您選擇的答案，便揭露了您理解所見事物的方式。

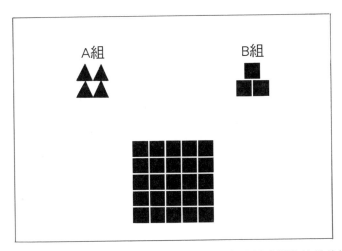

圖 5.2　大正方形屬於哪一組小圖形？若您較注意局部或低階特徵的話，便會選擇右邊，但若您關注的是整體或更高階的特徵，便會選擇左邊。資料來源：盧安與李（Luan and Li），2020 年。（繪圖：Peter Bruce）

　　獨自一人時，人會傾向低階的解釋（B組），但在他人觀察之下，人會偏重高階特徵（A組）。聽來熟悉嗎？本該如此，還記得第三章中，提到俐比關於現場與觀察者視角回憶的研究嗎？該項研究也遵循相同的邏輯，當我們從現場視角回憶時，物件、情境或活動等較低階的特徵較為顯眼；但當我們從觀察者視角，回想過去的記憶時，更高階的特徵則較為突出。[6]

　　社會心理學家探討「社會促進和損害」（social facilitation and impairment）的現象，簡單來說，即他人的存在會影響個人的表現。他人在場有時會助長個人的表現，有時會形成阻礙。原因在於我們賦予他人一定程度的關注，而注意力分散使人被迫關注單一的任務、物件，或他人最顯著的特徵。

　　因此，面對簡單的任務，有他人存在會表現得更佳，但當涉及複雜的任務時，他人的存在會降低我們的表現能力，例如：我們傾向於忽略較不明顯，但仍重要的資訊，以及核心任務之外的周邊或外部資訊。主管、德高望重之人，或僅僅是較強勢的人在場，他們的存在也往往會讓人「窒息」。

　　換句話說，即使是善於某方面表現的人，例如解決數學難題達人或西洋棋高手，在權威人物面前，也很可能因怯場而表現不佳。這也許是因為他們在執行任務的同時，也在意自己在其他人眼中的形象，而這額外的負擔便影響了表現。[7]

　　一般而言，當我們與他人在一起時，會比自己獨處時更加警醒或激動。不過當其他人能看見我們時，我們便會受到影響，就如同山姆森等人的研究發現一般。我們會無意識地注意到他人能看見什麼，他人的存在，會對我們的客體分類形成影響，我們會

傾向於更高階的特徵來描述。

　　接下來，我們將會比較有他人在場和自己獨處時，人們的觀
點會有何差異，相信這會有額外的有趣發現。此方面的研究雖仍
處於新興階段，但結果似乎的確支持了現象學家所堅持的，個人
遭遇對影響觀點的重要性。他人的存在，以及我們理解他人，或
與其互動的方式，都會影響我們看待事物的方式和行為能力，也
影響了我們的感受。

受他人感受感染

　　照顧過幼兒的人都知道，只要一名嬰兒哭泣，其他嬰兒便會
此起彼落地淚流成河。我們大多人也都知道，看電影時，劇中人
物的眼淚有時會讓我們潰堤。哭泣深具感染力，打呵欠亦是，無
論對人類或黑猩猩皆是如此。要讓您的狗吠叫，只需要另一隻狗
吠叫即可；當別人對您微笑時，很難不自然而然地報以微笑；當
別人大笑時，我們也很難不跟著一起大笑。這些都不是道聽塗
說，而是有確切證據的，並且是扎扎實實的心理學證據。[8]

情緒和情緒表達都帶有傳染力

　　具傳染力的哭泣不僅僅是一種行為，它背後還帶有情感，或
者說有情感深藏其中。您之所以會隨著別人一同哭泣，不僅是因
為注意到了別人的悲傷，而是同時感受到了這種悲傷。同理，當
您因別人打呵欠而打起呵欠時，便會開始感到疲憊。狗不僅是因

為別的狗吠叫而吠叫，也許還感受到了與吠叫相關的情感或情緒。人除非是假裝，例如為了操弄人心，或因為他們是演員，否則人的情緒表達同樣深具感染力。

哭泣的人感到哀傷（抑或部分情況是喜極而泣），嗚咽的狗感到疼痛，哭泣的孩子感到煩惱。當我們反映他人的情緒表達時，往往會感受到與對方相同的情緒，像是與悲傷的人一同感到難過，與快樂的人一起感到喜悅等等。我們不只注意到了他人的表情，也領會了當中的情感，而這通常是透過表情來理解。不過，如我們即將所見，還有其他讀取他人情感的方式。話雖如此，關於我們體察他人情緒的事實，並非總是顯而易見，關於此點，請靜待稍後說明。

順帶一提，還記得本章一開始引用了謝勒的主張嗎？有人認為先有情緒然後才有情緒表達，而後者只不過是將情緒傳遞給他人的方式，但謝勒暗指這樣的想法有誤。實情是，即使人有時可偽裝情緒，或抑制情緒的表達，我們仍應將情緒表達視為情緒本身的一部分。情緒表達和感受之間的關聯性，遠比「情緒偽裝觀點」所描述的更加緊密。

謝勒的主張獲得了以下事實的支持：若您要求某人誇大情緒表達的方式，此人便會更強烈感受到此種情緒；相反地，若您要求對方壓抑自己的情緒表達，便會降低他對情緒的感受程度。人通常會透過壓抑情緒表達來調節自己的情緒。為了減少情緒的感受強度，人亦可阻止自己的情緒表達。[9]

哈特菲爾德（Elaine Hatfield）、卡西奧普（John Cacioppo）和瑞普森（Richard Rapson）在他們頗具影響力的著作《情緒感染》

（*Emotional Contagion*）中指出，我們能下意識地迅速模仿互動對象的肢體表達和言語，或與之同步，他們稱此為「原始的情緒感染力」（primitive emotional contagion）。此種身體的調節功能會影響我們的感受。當我們模仿與特定情緒相關的表達方式時，便會開始感受到這些情緒，這有助於我們去瞭解，歷經這些情緒時會作何感覺。

情緒看臉就知

關於這類說法，其中一種版本也稱為「臉部回饋假說」（facial feedback hypothesis），此假說主張人可運用與特定情緒相關的臉部表情，來引起或調節某種情緒。

史垂克（Fritz Strack）、馬丁（Leonard Martin）和斯戴博（Sabine Stepper）要求自願的受試學生，在觀看有趣的卡通影片時，微張嘴用牙齒咬住一支筆，這會啟動微笑或大笑的肌肉。結果，比起單純觀看卡通的學生，咬著筆的學生認為卡通更有趣，這顯示臉部表情會影響我們的感受。當我們的表情在笑，或是假裝在笑時，就會覺得事情變得更趣味。最近一項針對大學生的大型研究，所獲得的結果也與史垂克、馬丁和斯戴博的研究相同。[10]

此外，還有許多方法可用來確定，人是否會模仿他人的臉部表情。普遍公認較精準的部分研究中，會在受試者的臉上貼上電極，以精密測量人在觀看他人表達情緒的圖片或影片時的肌肉活動。例如：研究皺眉肌和顴大肌，以確定啟動此兩處的肌肉是否對正面或負面的情感體驗有所影響。我們微笑時，顴大肌會上提

嘴唇；而我們皺眉時，皺眉肌會收縮，使眉毛收攏。

　　目前已有充分的證據顯示，人會模仿正面和負面的情感，但最棒的證據，來自模仿臉部表情時會產生回饋循環的研究，在這些研究中，個人可透過模仿他人臉部表情所表達的情感，來感受某種情緒或改變自己的情緒（未能模仿也有效果），而且在兩極的正面和負面情感，以及特定情緒均可適用。

　　一項研究檢視了過去一百三十八個研究的結果，發現臉部回饋假說，適用於大多類型的情緒，包括快樂、愛、憤怒、憎惡和悲傷，但不包含恐懼和驚訝的情緒；也許是因為這兩種情緒，鮮少在此情境下進行研究。受試者是否意識到自己為何經歷某些情緒，並不會影響情緒的讀取，換句話說，無論我們是有意識或無意識，都可透過模仿他人的臉部表情，來感受他們的情緒。[11]

　　這聽來雖是好消息，但也許仍不及哈特菲爾德、卡西奧普和瑞普森的期待。臉部表情模仿的效應，畢竟規模不大，意味模仿他人的臉部表情，雖有效果但不強烈。話雖如此，仍有幾點值得關注。首先，我們不會模仿每個人的情緒，比方說，我們並不會模仿不喜歡的人的情緒，事實上，我們的感受常與他們相反。例如：當他們高興時，我們卻感到悲傷。其次，我們對於情緒表達的情境、個人表達情緒的原因，以及情緒在當下情境的意義，也相當敏感。

　　因此，我們所回應的對象，似乎是比個人表達更廣義的情境和意義，而不僅僅是對他人臉部肌肉的活動做出反應。若臉部表情的模仿，是種慣性的過程，想必也會是一個十分複雜的過程。即使如此，此過程發生的時間卻非常地快速，通常僅在三毫秒至五百毫秒之間。因此，我們的反應不太可能是深思熟慮的結果，

而必須是某種機械式的過程。第三，個體之間也存在著有趣的差異，有些人比其他人，更容易模仿別人的表情，這些人同時也更具同理心。[12]

嗅出他人負面情緒

　　絕大多數關於情緒感染的研究，都是在人看見他人情緒表達的情境下進行。不過，部分研究顯示，情緒也可透過嗅覺傳染。沒錯，您可以從他人的氣息中感受到他們的情緒。猜得出我們說的是哪一類情緒嗎？也許可以。有人會說：「我能聞到你身上的恐懼。」至少電影裡是這樣演的。結果發現，此觀點所言不假，只不過我們大多數人都沒有意識到這一點。

　　普雷恩克里斯騰森（Alexander Prehn-Kristensen）等人蒐集了運動和焦慮等待考試時，人體所排出的汗液樣本，此兩種情況下的汗液，在化學成分上有所分別，為了檢測人能否分辨出兩者差異，普雷恩克里斯騰森讓一組受試者接觸了汗液樣本，結果發現他們可以辨別其中差異。

　　實驗對象唯有在接觸到捐贈者焦慮時的汗水，才會變得焦慮，而相同捐贈者在運動時排出的汗水，並沒有此種效果。我們可以聞到焦慮的味道，而且當我們聞到時，自己也會感到焦慮！但重點在於，這些受試者並不曉得自己能分辨焦慮的氣味，儘管他們對其中一個汗液樣本有反應，但卻無法分辨兩者。他們的意識落後於感知。[13]

　　其他還有來自神經科學的案例。威克（Bruno Wicker）和基瑟

（Christian Keysers）所主持的一項實驗率先顯示出，人在接觸到他人的情緒時，會感受相同情緒，而且就如同他們直接歷經此種情緒一般（而非回應他人的情緒反應）。威克和基瑟掃描了十四名男性，在兩種情況下的腦部活動。首先，他們先讓受試男性觀看，人在聞到噁心、宜人和中性物質時，臉部反應的影片；接著再讓受試者自己暴露於難聞的氣味中。

然後，他們比對受試者在這兩種情況下，腦部活動的掃描影像，發現部分區域大量重疊，尤其在前腦島（anterior insula）的部分。此特定區域，在過去的研究中，曾發現與厭惡感相關。由此可見，有更多證據顯示，個人表達厭惡情緒時，另一人會反應出相同情緒，而且其腦部活動的表現，幾乎有如自己感到厭惡時一般。[14]

厭惡並非唯一顯現出此種反應的情緒，疼痛亦是。若我們向人展示其他人處於痛苦情況的照片，像是有人的手被車門夾到，便會觀察到，神經科學家所謂的大腦「疼痛基質」（pain matrix）出現明顯反應，此腦部區域在人感到疼痛時會活化。由迪瑟提（Jean Decety）教授所帶領的研究發現，前腦島、前扣帶皮質（anterior cingulate cortex）、額下回（inferior frontal gyrus）和杏仁核等區域在活化時，會有重疊的現象。恐懼、焦慮、憤怒、悲傷和尷尬等情緒，也都顯現類似的特徵，這些情緒的第一人稱體驗，與間接感受之間，在腦部的活動區域會有所重疊。[15]

從上述的情緒轉移的範例可知，當我們與他人相處時，他們的感受會影響我們的感受，而我們的感受又會影響自身看待世界和他人的方式。

我將於第六章中更詳細地探討此點，屆時我們將會發現，同

理他人是換位思考的一種方式，而情緒感染也與此類似，是我們有意識或無意識之下與他人達到共鳴的方式。研究指出，經歷類似情緒的人，腦部活化的區域也相仿。此外，我們也開始瞭解到大腦的同步，與促進互動、合作和共同執行各種任務具有關聯。

順帶一提，情侶或同住的人，往往在情緒的反應上，也會逐漸趨近，而且趨近的程度愈高，兩人的關係就愈好。不過，基本的模仿或類似模仿的行為，不僅常見於情緒領域，接下來我們將進一步做討論。[16]

模仿、同步和協同作用

哈特菲爾德、卡西奧普和瑞普森，雖將其著作命名為《情緒感染》，但他們不僅關注情感狀態的模仿。事實證明，我們經常有意識或無意識地改變自己的行為，以迎合身旁其他人。如此的行為有助於學習和促進好感，可產生吸引力，並提升社交互動的機會。以「同步」（entrainment）現象為例，若一個系統被另一個系統同步，意味前者改變了其振盪（oscillation），以與後者的振盪一致。

同頻率好做伴

人體的晝夜節律（circadian rhythm）就是一例，人體內部的生理時鐘，負責調節我們清醒和睡眠的時間，而這個時鐘會受到環境光源的影響，也就是說會受到太陽的影響。當我們飛行至世

界各地時，畫夜節律會根據新的時區而重置，這個過程通常緩慢且難熬。時差是我們的生物時鐘，暫時脫離了環境條件的設定，而同步是使自然發生的節律，相互協調一致的方式，常見於自然界的各個層面。

我們習慣於將節律視為一種音樂現象，但從螢火蟲閃爍的螢光、海洋的浪潮、季節變換，到神經元放電、植物開花等，節律其實無所不在。其中有許多節律是同步的，如：花期與季節同步。有時，同類系統也會相互同步，人就是如此，同住的女性，常常會同時遇到經期；一起即興創作的音樂家腦波也會共振，心跳也會開始同步。

人的自然節奏能夠同步的程度，似乎對於人我的連結感影響至深，對於音樂家共同的演出也發揮了關鍵作用。另外，您有所不知的是，與他人順利互動的祕訣，也在於彼此說話節奏的同步。是的，您沒看錯，您與交談對象的說話節奏，對於談話品質至關重要，若您話說得快，而我講話較慢，且與您不同步，我們恐怕難有愉快的交流，反而會結結巴巴、感到尷尬。可能的情況是您主導對話，但會感到意興闌珊，而我會感到不知所措，插不上一句話。[17]

不過，溝通過程中，語速並非最重要的因素。一個人說話的強度、口音、聲調（頻率）、每次說話的長度、停頓的頻率和時間長短，以及需要多久時間來回應對方，都是言語溝通上可調整的面向，也決定了我們與說話對象「心有靈犀」的程度。此種調節說話方式的有趣之處，在於它涉及了十分細膩，且絕大程度上是在無意識的過程中達到協調，對話雙方在此過程中，會漸漸地

「聲音聽來一致」，繼而形成富有成效的溝通。

　　在成功的案例中，對話的兩人，最終在音調和音域範圍彷彿趨近一致，大幅地促進了資訊的交流，並帶來令人愉快的體驗，讓人感覺氣味相投。然而，若其中一人具有預設立場，不願與談話對象建立聯繫，那麼此種說話模式的同步趨勢就會消失。[18]

意識下的協同作用

　　根據我同事切梅洛（Tony Chemero）的說法，人其實跟其他短暫形成的系統一樣，也跟與本身共同運行的其他事物一樣，例如：漩渦中的水分子、形成雷射的光子（photon），或構成細胞的個別元素。他將這些要素的耦合稱為「協同作用」（synergies）。切梅洛認為，當我們與他人相處、以適當的方式互動時，便會與他人形成協同作用，我們與他人互動所衍生的產物，超越了各自貢獻的總和。

　　不過，我們組成的不是一個漩渦，而是一支樂隊、一對舞者，或一群暴徒，他稱此為「感覺運動同理心」（sensorimotor empathy），這是低階且基本的互為主體性，通常在低於意識層面底下運作，意即我們也許會意識到自己以某種方式與他人協調互動，但通常無法確知自己與他人協同的方式。[19]

　　我不認為切梅洛清楚瞭解，我們如何與他人形成協同效應的個中方法，他僅僅是觀察到此種現象。而人之所以能如此善於創造協同作用，表示我們其實比自己意識到的，更擅長分辨他人動作、言語和情感表達等方面的細節。不過我們同樣並未意識到自

己在模仿他人，或行為與他人在同步的情況。然而，切梅洛有別於哈特菲爾德等人，他主張我們與他人進行協調是需要練習精熟的，而非自然而然就會。

切梅洛之所以如此認為，也許是因為他所感興趣的活動，是人必須共同學習才能進行的活動。一起即興創作或放羊，都是在特定情境下，與另一人共同進行的活動，我們回應環境，透過學習調整自己的行為，以適應環境的節奏，進而形成協同關係。這並非是經過反思的活動，而是立即且不假思索的過程，但同時又極其精細複雜。

切梅洛所提出的一大重點是「真正的互為主體性」（true intersubjectivity）的存在，無論時間多麼短暫，我們藉此與他人形成了一個更大的整體。我們在和他人共同進行特定類型的技能性互動時，與對方形成同步，儘管我們兩人是各自獨立的個體，但此時此刻，共同形成了統一的系統。

請注意，這並不同於我們與他人合而為一，即完全認同對方，或成為部分的他者；而是我們都被共同構成的更大整體所吸引。而我們共同成為了這個更大整體的一部分，對世界的影響，遠超出了一己之力所能達成的成果。

這些關於我們如何一起行動、感受，甚或只是單純地在一起的證據，相較於傳統關於人際互動的思維，形成了鮮明的對比。當我仍是個哲學菜鳥時，普遍認為我們之所以能與他人良好互動，只因我們賦予了彼此某種心理狀態。我之所以清楚自己要做什麼，是因為我對他人的信念、欲望和意圖具有一定的理解，反之亦然。

　　然而，此種說法的問題在於，它會讓我們在對他人的瞭解上，迅速陷入一連串愈益複雜的歸因漩渦，使得任何類型的互動，都看似難如登天，或至少像是某種需要高度智力的成就。試想，若想與他人一致合力行動，將涉及什麼條件？難道我們的夥伴不需要知道，我們知道他要做什麼嗎（如此他便可善盡自己的職責）？但同時，也唯有他知道我們要做什麼（我們清楚自己的職責）時，他才能知道這一點。

　　此外，為了知道他知道我們會善盡自己的職責，因此他也能盡自己的責任，我們難道不需要知道，他知道我們知道他知道我們會履行自己的責任？現在事情聽來讓人暈頭轉向，正如莫頓（Adam Morton）指出，如此錯綜複雜的協調互動，實在讓人難以相信在人際間有可能實現。然而，我們如今正身處於人類世（Anthropocene），在此背景之下，關於協同的主張，聽來似乎並不全然可笑。[20]

　　結果發現，還有另一件事，能讓人的腦部活動同步，那就是分享情緒。所以，現在我們又回到了情緒感染的概念上，不禁讓人懷疑，情緒感染其實比我們所想的更為普遍。努曼瑪（Lauri Nummenmaa）所帶領的研究發現，歷經一段相似的情緒，有助於大腦的同步活動，套用一句他的話：「情緒可增強個體間的腦部同步活動，也許有助於促進社交互動和人際理解。」[21]

分析的第三者與其他精神分析思想

　　若我們真的對他人如此敏感，那麼，多關注自己與他人在一

起時的感受和想法，也許是理解他人更好的途徑。對於精神分析師或心理治療師來說，這並不是什麼新聞，他們長久以來，一直認為人的思想和情感界限，比其學術界的同僚所想的更為多變。不幸的是，學術心理學並未認真看待心理治療的實務經驗，尤其是精神分析方面。這點十分令人遺憾，諸多有趣的想法，就因此被有能力進行實驗測試的人給忽略。

不過，其中有個例外，就是第四章提到的鮑梅斯特，他進行了許多重要的研究，使得投射、否認和反向作用（reaction formation）等精神分析思想獲得證實。然而，隨著人類互動相關的協同思維日益受到重視，不僅為前述的心理機制提供了證據，也許這些機制，亦可反過來支持思維協同相關的論點。在此，我想納入部分精神分析的思想，以深入說明人類之間的互連性（interconnectivity）。[22]

精神分析中的互動者

精神分析學家奧格登（Thomas Ogden）長期以來一直主張的假設是，當精神分析師和客戶在一起時，兩人便形成「配對」（pair），他稱此為「分析的第三者」（the analytic third）。本質上而言，分析的第三者是心理治療版的協同作用，奧格登將此形容為「分析配對的兩人間，互為主體所產生的體驗」。

據其指出，優秀的精神分析師會考量分析對象的經驗、自己，以及兩人共創的體驗，而後者至關重要，原因在於分析的情境中所發生的事，不能單純簡化為精神分析師或患者的個人經

驗。反之，兩人間的互動形成了某種辯證關係，雙方藉此建立、否定，或保留對方的主觀性，與人相處自有其獨特之處。

奧格登在其頗具影響力的論文〈分析的第三者：互為主體的臨床事實研究〉（The Analytic Third: Working with Intersubjective Clinical Facts）中，利用了自己與病患 L 先生的一次面談，來闡明他的觀點。患者在面談中努力當個模範患者，他正隨意進行聯想，但顯然心不在此，而且聽來疲倦又絕望，患者努力不讓自己的情感顯得疏離。

奧格登開始有些失神，他先是注意到自己電話旁的信件，信封上的郵票沒蓋郵戳，他霎時懷疑，自己以為的私人信件其實是大宗函件，他感到懊惱，覺得自己被愚弄了；接著，奧格登的思緒轉向電話答錄機裡，那通稍早收到的留言，心想他何時能再聽到「明快俐落的新聲音」；然後，他想起自己得趕去車廠取車，因此，必須準時結束與最後一名患者的面談。他突然間感到一陣焦慮，和無力的憤怒感。奧格登多年來都去同一家車廠，老闆明知他很難趕在下午六點前取車，卻仍然拒絕多等他五分鐘。[23]

一般情況下，諮商師會將這些想法，當作是他自己不相關的思緒轉移並置之不理，但奧格登卻不這麼認為。他指出，這封信已經放在他的電話旁好幾週了，而且他那天原本就知道自己必須趕去取車。所以，值得深思的是，為何他偏偏在此次面談時，想起這些事。他的思緒模式中，最突出的感覺是：在這毫無進展的過程中感到窒息、感覺自己被毫無人情味且機械式地對待（信件、車廠），以及渴望新鮮、切身的連結（留言）。

奧格登也將這些想法傳達給患者，患者認同這些想法在某種

程度上，也表達了他在這場分析面談中所處的感受。他說，直到現在他才意識到，原來診間的熱氣常讓他感到窒息。他對於自己竟與自身經歷如此脫節，而感到震驚，也正因如此，他需要奧格登的意見，來幫他注意到自己身體的不舒服。當他做出這些發言時，聲音變得宏亮飽滿，而此次面談，最後就在長時間、舒適的沉默中結束。

　　奧格登試圖用這個例子來說明的是：他自己在分析面談期間的想法，絕不僅只是他的想法；反之，這些想法應該從「由分析對象和分析師共創的特定（且持續變化）互為主體性情境」來理解。兩人之間發生了一些事，而這些事透過了奧格登自己對信件、電話留言和車廠的注意，傳達給了他，而這些事物也的確是存在於分析情境之外，但它們的重要性，受到患者在此特定環境中的影響而有所變化。奧格登所陷入的念頭，向他揭露了部分關於病人以及兩人之間關係的資訊。正如他所言：[24]

> 當我歷經關於信件的一連串想法和感受後，重新將注意力聚焦到 L 先生身上時，我更能接收到他經驗中的思覺失調特質，也更能感受到他與我，試圖共創某種真實感的虛無。我更敏銳地意識到他，對於自己在家中和世上的定位，感覺到無必然根據的任意性（arbitrariness），以及我做為他的分析師，所做的努力也滿是空虛。

　　請注意奧格登的想法所關注的面向：（1）他自己的空虛感；（2）患者對自己在世上定位的感受；（3）他們試圖共創體驗的

虛無。三者在自我與他人相處時的整體體驗中，相互交織。

受限於科學的第三者

這聽來顯然有點模糊，我們會希冀此一過程能有更精確且具體的描述，但我們無法。我不認為原因在於這個主題過於空泛，而難以進行任何詳細或嚴謹的研究。事實是，我們科學界採用的是化約（reductive）觀點，我們將複雜的現象，拆解為為更小的部分，並認為只有最小的這一部分，是真實存在的；我們相信，只有微觀的科學才是真正的科學（如粒子物理），又稱為「微小主義」（smallism），此點也同樣適用於人類學。

人類學將一切簡化為個體和個體行為，我們大可順勢稱此為「個人主義」（individualism），個人主義相關的社會，和政治態度也是如此。我們的研究方法以微小主義為前提，使得反個人主義的實驗方法受到阻礙，若要達到能媲美當前微小主義方法所擁有的嚴謹程度，那麼我們必須跳脫既有的實驗理念、實驗方法和對結果解讀的思維。

話雖如此，遺傳學和微生物學，在突破微小主義方面格外有進展，愈來愈多研究去探索，構成人體的諸多微生物之間的協調作用。另一個表達互為主體性真相的難題，在於我們所用的語言，基本上是個人主義世界觀的產物，因此，衍生出的額外問題是，我們調整適應他人的機制，在演化上是古老且基本的，與個人感受有絕大關聯，而且我們通常不會意識到此過程。

還記得奧格登的情緒評估，推動了分析工作以及共創體驗的

實現，儘管我們十分善於將信念和欲望理論化，但通常會淡化，並忽略自身深層的情感，除非這些情感爆發，並引人關注。

　　所幸，達馬西奧的研究，改變了人對情緒的看法，但要充分認識情緒的重要性和合理性，我們還有很長的路要走。總而言之，研究人際現象之所以困難重重，而且難以用我們習慣的精準度來傳達，原因多不勝數。然而，現在還不是絕望的時候。[25]

難分你我的情緒與認知

　　精神分析學因提出投射（projection）和內射（introjection，又譯為內攝）的概念而聞名，在更進一步思考個體的共同經歷時，也涉及這兩個概念。

　　根據佛洛依德的說法，投射是一種常見的防禦策略，人藉此將不想要的、多餘的想法、欲望或感受，歸咎於自己之外的其他人。我們不想要的欲望或想法，並不會因為我們不喜歡它們而消失。某種程度上，我們仍然會意識到這些討厭的欲望或想法，為了緩解從中產生的焦慮，其中一種方法就是讓自己覺得，我們是因為別人擁有這些討厭的欲望或想法，所以我們才會有此意識。

　　投射是透過否認自己不想要的心理狀態，來幫助維持穩定、不困惑，且相對不焦慮的自我，其中典型的例子，就是配偶透過懷疑伴侶的不忠，來抵制自己對非婚姻關係的性衝動。做為防禦機制的投射作用，雖然最初是由精神分析理論提出，但現在已成為不容爭辯的心理現象。研究發現，若我們讓人相信他們具有威脅性的特徵，他們就更可能在其他人身上看到此種特徵。[26]

投射性認同（projective identification）或內射，主要是指人接受他人投射的行為。舉例來說，投射是當某人對您勃然大怒時，因為他們不願承認自己的憤怒，所以否認自己有此情緒，反而把憤怒歸咎於您；相同情況下，投射性認同是指，您內化了此種投射，也開始把自己看作是生氣的一方。從一個高度個人主義的觀點來看，既然人人都被視為是一座孤島，這種明顯對於自己情緒源頭的誤解，似乎有點異乎尋常。

然而，一旦我們意識到，人我之間的連結有多深，便能理解投射和投射性認同，並沒有那麼神祕難解。問題核心在於，誰願意承認、主導人我之間流動的情感；諷刺的是，那些願意承擔且具有同理心的人，往往容易遭受他人強加不受歡迎的情緒在他們的身上，而此種經驗可能會為個人帶來嚴重的傷害。因此，帶有同理心的換位思考，可能對個人有害，使其承擔了他人和自身的負擔。此議題我將於第九章中再度討論。

投射和內射現象所凸顯的重點在於，人我之間究竟是誰在思考、是誰想要什麼、或是誰的感受，當中的界限其實比個體心理學所認為的更加模糊。我們如此容易投射的事實，也道出了自我的想法中，有一些根本的問題。若我們意識到自己有性別歧視，然後繼而認為眼前所有人，都有性別歧視，如此的想法並無多大意義；但是，有時若是我們與他人在一起，腦海出現了一些念頭或欲望，但卻沒有明確的源頭時，我們便必須思考這些想法、感受或欲望，究竟是源於自身，還是來自於他人？

若您覺得這聽來很瘋狂，不妨試著想一下，這不正是我們感受他人情緒時所做的事？我們可以承認並接納他人的情緒，然後

讓它們真正成為了我們的情緒；抑或我們可以否認與拒絕這些情緒，讓這些就只是他人的情緒。後者正是同理心的祕訣所在，但前者的情況，也頗值得我們深思。

這是哪個人的情緒？

討論同理心時，心理學家經常使用「個人痛苦」（personal distress）這一類的情緒現象來做敘述。當人遇到痛苦或需要幫助的人時，通常自己也會感受到痛苦。多數情況下，心理學家認為此種痛苦仍屬於個人。碰到有需要幫助的人時，我們無疑也會感到痛苦，但別有意味的是，為何此種痛苦被稱為「個人」的痛苦呢？畢竟，它是由另一人的苦痛或困境所引起，為何不稱為共感痛苦呢？

其中之一的原因如下：巴特森（Daniel Batson）在一項又一項的研究中發現，個人若感到的痛苦與同情一樣多，或者痛苦多於同情時，此人便可能採取行動來減輕自己的痛苦，而並非採取行動減輕需要幫助之人的痛苦，原因很單純，因為前者比後者容易做到。這表示通常受試者會選擇離開實驗，而不是幫助他人。

難以承受的他人之痛

在典型的巴特森實驗中，實驗對象被告知巴特森正在研究輕微電擊的影響，然後受試者被帶到一個房間，在那裡他們會看到有人（巴特森的其中一名共同研究者）正接受電擊，而且此人的

反應十分劇烈，但受試者會被告知，這是由於對方的童年經歷所造成的反應，電擊實際上並沒有那麼嚴重。

接著他們可選擇，是否要代替另一人接受電擊或離開。在此觀看過程中，經驗到高度個人痛苦的人更可能選擇離開，而非代替他人。此項實驗顯示出，個人痛苦與巴特森所謂的利己動機（egoistic motivation）有關，因此我們可推測情緒本身屬於利己或自主導向，所以此種痛苦可視為是個人痛苦。[27]

光是看實驗室的數據，個人痛苦所衍生的後果也許顯得有點抽象。因此，請容我講述一個現實生活中的例子。幾年前，我一位好友飛往紐約，準備到大都會歌劇院觀賞華格納的歌劇《尼貝龍根的指環》。結果，她根管治療的牙齒，在途中再度感染而開始牙痛。於是她服用了止痛藥，但數天之後，止痛藥就失效了，她說這是她人生最痛苦的一次經驗。

她服用了抗生素，但藥效需要一段時間才能發揮作用，她獨自一人在布魯克林的飯店房間，度過了漫漫長夜，忍受著難以想像的疼痛，甚至已經痛到讓她準備穿著睡衣跑到大廳吶喊：「快停止這痛苦」。

第二天一早，她當時的男友耐心聆聽了她不幸的經歷，但到了隔日，他說：「別再談妳的牙痛了。昨天和妳聊完之後，我整天都感到心煩意亂，我不想今天也這樣，妳能不能談一些讓人愉快的事？我是認真的！」

我們在此所看見的，是一個典型無法清楚區分自己和他人痛苦的失敗案例，從心理學文獻來看，這其實並不罕見。故事中，需要幫助的人是我的朋友，而非她的前男友，但她的前男友卻表

現得彷彿恰恰相反。為何如此？

　　毫不令人意外地，我朋友很快便發現，她前男友是個極度自戀的人。但是，即使不像她前男友一般自戀的人，最後往往也會有同樣的反應──不是幫助他人減輕痛苦，而是專注在自己的痛苦，和如何緩解自己的痛苦。難道是因為此種痛苦的感覺，既個人又屬於他人嗎？那些人不是幫助他人，而是選擇離開他人痛苦的情境，但也不太可能會承認，他們的痛苦僅僅是為了自己。

　　事實上，我朋友的前男友說過：「一想到妳如此痛苦，我整天都心煩意亂。」男方顯然知道誰需要幫助，但卻無法（還是不願意？天曉得）採取相應的行動。這正好與社會心理學的證據吻合，據其顯示，當這些人被問及他們痛苦的性質時，他們的回答不僅是個人感到痛苦，他們也為他人感到痛苦。而說到幫助他人時，關鍵在於個人感到痛苦的程度，以及逃避痛苦來源（即他人的需要）的難易度。倘若難以逃離對方的痛苦處境，即使是那些自稱自己和對方歷經相同痛苦的人，也會伸出援手。[28]

他人的悲傷成為我的悲傷

　　為他人的痛苦而苦，在某方面說來既奇特又有趣，但哲學家和心理學家，長久以來都低估了這一點。心理學家往往堅持此種痛苦屬於個人，意即痛苦的對象是自己和自己的處境。另一方面，哲學家則認為，為他人的痛苦而苦，至少有時是屬於同理心的表現；也就是說，對他人或他人的處境感受到痛苦。

　　我們與其糾結在「為他人痛苦而苦究竟屬於個人還是同理

心」這項問題，不如先反問自己，為何這點如此難以釐清呢？探討這個問題時，最顯而易見的本質，便是具感染力或共感的情緒有多麼地奇特又引人好奇。人的確有時會困惑於，該如何處理共感的情緒。也許會像我朋友的前男友一樣，歸咎對方讓我們心情不好；抑或我們會感同身受，然後決定助人一臂之力。然而，重點在於許多情況下，此種情感的狀態可能會驅使人朝不同的方向行動。不過，這在我們自己的情感中，通常不成立。

比如說我害怕一頭熊，但那並非因為我發現了熊的恐懼，然後決定因此感到懼怕；反之，我之所以害怕，是因為熊會威脅到我的人身安全。具感染力的情緒獨到之處，在於情感可轉變為個人或利他的方式呈現。若我們在思考想法和情感時，不拘泥於個人主義的意識型態，也許可以歸結出：具感染力的情感，既不明確屬於他人，但也不明確屬於自己。

當我因為您的難過而難過時，我的悲傷便是瞭解您悲傷的一扇窗，我之所以會感到難過，是因為您也感覺到了。所以，我感受到的傷心，某種程度上也屬於您，但同時那也是我的傷心，因為我也感覺到了。若我將注意力放在您身上，那我感受到的，便是真正共感的悲傷；但若我專注於自身，那我感受到的，就只是悲傷的情緒。這種難過可以同時是您的、我的和我們的悲傷。

有些人認為，我們可以分享他人經驗的這種想法太過荒謬。例如謝勒就堅持認為，雖然我們可以從他人的觀點，來理解對方正在經歷的事，但我們從此事感受到或產生的任何情緒，始終都只是我們自己的情緒。謝勒尤其質疑「我們曾分享過他人情緒」的此一觀點。最近，札哈維和羅查特（Philippe Rochat）重申了

此觀點。分享是一種互惠關係，雙方必須相互意識到對方的感受。

　　換句話說，同理他人的感受者，必須確知目標對象與他感受相同，而目標對象，也必須知道感受者與他感受相同。從此意義上來看，共享是以既有的人我區別做為基礎。[29]

錯把他人當成自己

　　姑且不論人我之間，是否真如札哈維和羅查特提出的那樣，具有難以跨越的鴻溝，即使不是思覺失調或偏執狂，人所體會到的情緒也可能不完全屬於自己，而是另一人的情緒。例如：當我們享受著與他人的互動時，並不總是能清楚分辨出，我們自己感到的愉悅和他人愉悅之間的界限。正如我們所見，情緒受到感染時，被他人情感影響的人也可能同樣感到困惑。

　　有時我們可能會將他人的情緒視為自己的情緒，而且此種情況不僅適用於情緒，也適用於其他方面。您或許聽說過橡膠手錯覺（rubber hand illusion），正好說明了此點。就算您是力求人我界限的純粹主義者，可能也會同意，人也許會將不屬於自己的經驗視為己有，同時心知此段經歷並不屬於自己。[30]

　　所以，什麼是橡膠手錯覺呢？從前，在遠方的實驗室，伯敏尼和考亨（Jonathan Cohen）邀請了一群人來到他們的實驗室，進行一些安全的心理學實驗。受試者坐在一張桌子前，桌上放了一個隔板和一隻橡膠假手。接著，研究人員要受試者將手放在桌面，但左手藏在隔板後，所以當受試者往左看時，看到的會是橡

膠假（左）手，而不是自己的左手。然後，實驗室助理坐到了受試者的對面，同時撫摸看得見的橡膠假手和受試者看不見的左手。這一個簡單的動作，卻能產生著實令人震驚的效果。

過了一小段時間，約一分鐘左右，受試者突然開始感受到橡膠假手被撫摸的感覺，換句話說，受試者感覺橡膠假手如同自己的手。如此超乎尋常的現象，源自於大腦建構人體地圖的方式，大腦利用視覺和觸覺系統所輸入的資訊，來即時建構我們的身體地圖。以統計的相關性來看，眼睛看見和身體感受到的撫觸，兩者是同步發生的，大腦便生成了包含橡膠假手的身體表徵，但似乎卻不含實際的手。[31]

正如您能將橡膠假手視為自己的手一樣，您也能感受他人情緒，並將其視為自己的情緒。當我說：「我能感覺你的痛」時，對我而言，我可能確實感覺如此。抑或，我也許是以一種相對無差別的方式，體驗到此種情感。

這可能就是為何大多人會說，他們會直接體驗到這種痛苦，如同那是自己的痛苦一般，但也有人是因為共感，而為他人感同身受。當我將自己的痛苦看作是因他人而痛苦時，我會如同自己即對方一般，對他人的處境做出反應，所以我會採納對方的觀點。如我們即將看到，決定「我感受到你的感受」是換位思考的一種形式。

互動者視角

他人的存在或關注會以各種方式，影響我們對他們和世界的感受，此種影響方式相當複雜，本章所概述的內容僅是皮毛。我們與

他人相處的情境、我們如何理解他們，以及內心爆發的心理事件，都會左右我們受到的影響。先來看看其中幾種情況。

我們對世界的知覺體驗：

當我們與他人在一起時，對環境中事物的整體體驗，是根據它們較抽象或高階的特質，以較抽象的方式看待各種活動。與觀察者視角相似，暗示著我們的觀點，不再是純粹的現場視角，而是逐漸朝向觀察者視角移動。我們也許會默默地折衷兼容兩者，但目前對於過程的細節還不清楚，但我們顯然已經意識到，若我們懂得善用觀察者視角，它將有助於我們與他人的互動。話雖如此，其他人當然也會採用混合的視角，因此，至少在觀察者視角方面，我們可以預期會有相當程度的重疊，並以較抽象的屬性來呈現。

我們對世界的情感體驗：

情感是以世上所有客體與存在和我們的相關程度來體現，同時亦帶有評價，例如：恐懼預示了危險。當我們感受到他人的情緒時，也會感受到他們對引發特定情緒事物的評價。感覺害怕時，就會感受到危險，假使我們判定自己的害怕來自他人的恐懼，我們的懼怕就會轉變成共感的恐懼。從情緒轉向心境（mood），奧格登對他與 L 先生面談的描述，清楚顯示了心境也可在人際之間傳播，或由人們在其他特定情況下共同創造。此種協同的氛圍，會產生某種體驗事件的方式，是我們在獨自一人時不會發生的方

式。人也許會感到窒息或受限，覺得世界為其行動或改變，所提供的選擇似乎寥寥無幾。正如我們即將討論，情緒和心情以特定方式呈現世界，對許多歷經過類似心情或情緒的人來說，維持著相對一致的形式，這即是我們在觀點中，所尋求的固定形式或相對不變特質的另一種版本。

上述兩種方式，都是我們受到他人經歷或感受影響的方式，當然，他們也會受到我們的影響，即使如此，我們也並未完全採納他們的觀點。因為這看來只是我們持有對方的觀點，或說得好聽一點，就是我們雙方都擁有相似的觀點。兩者之間的界線誠然薄弱，但正如夫妻間互動所顯示的那樣，光是與另一人在一起，並不足以讓我們採納他們的觀點。人在陷入衝突時，自然而然就會變得固執己見。

此外，來自視覺觀點的證據指出，全面的換位思考，即第二級的換位思考，並不是像一級換位思考的過程那樣自動自發。綜上所述，我們可能會認為，自己需要更多努力，才夠資格說我們採納了他人的心理觀點，這正是接下來要探討的內容。

我們已經完成了第一部的討論，希望您現在對於何謂觀點，已有所認識。我們做為行為者看待自己，與做為觀察者看待他人之間，有著微妙但顯著的差異。無論是合作或衝突，當我們與他人互動時，都會採取互動者的視角，人際往來也是如此，只要有他人在場，我們就不免受到影響。

第 2 部

如何轉換視角

6

換位思考

在美國影集《魔法奇兵》第五季中，女主角巴菲（Buffy）與一名被流放至地球、寄宿在人體中的外星神祇對抗。毫無意外地，信徒稱為「格蘿芮」（Glory）的這名神祇，擁有強大的超能力。而格蘿芮正在尋找打開所有次元（人界和魔界）的「鑰匙」，以重返自己的次元，好報復那些放逐她的人，這些本來不是什麼問題。但我們旋即發現，「鑰匙」就在巴菲的妹妹道恩（Dawn）身上，格蘿芮步步地逼近她們，並開始榨乾巴菲朋友的大腦，來尋找鑰匙。

第一個受害者是塔拉（Tara），她是巴菲交情最久、最深的好友薇洛（Willow）的女友。不出所料，薇洛想要復仇，即使她是女巫，但身為凡人，依然很難向神祇報復。因此，巴菲勸薇洛放棄。

隨後，巴菲向受到吸血鬼史貝克（Spike）保護的道恩解釋了情況，巴菲說：「薇洛想要復仇，但我勸她冷靜下來。」史貝克插話：「真的？」接著若有所思地說：「所以，你的意思是，因為你好好地解釋，所以阻止了一名力量強大的女巫，去尋求報復？」巴菲說：「對啊，畢竟這形同自殺。」史貝克反駁道：「若是為了我在乎的人，我願意一試。」巴菲開始失去信心，然後道恩插話：「巴菲，試想若是格蘿芮對我這麼做的話……」巴菲霎時間明白了，她急忙出發，衝去拯救即將要被消滅的薇洛。

上述範例正是視角轉換的情況。史貝克和道恩，幫助巴菲將觀點從自己的視角，轉換至薇洛的視角，這是一種對評估的轉變。客觀上來說，薇洛試圖向一個必定會迅速，且果斷擊敗她的

神祇報仇，這根本毫無意義；但從情感面來看，理智卻並不是如此運作。歷史上不乏有人，為了自己心愛的人事物而犧牲的例子。對巴菲而言，這點應該也並不奇怪，畢竟，她甘心冒著自己和他人的生命危險，來保護自己心愛的妹妹。

巴菲之所以無法真正理解薇洛，是因為她先從自己的角度來看待薇洛的損失——塔拉的大腦已經受損，追殺格蘿芮也改變不了事實，還可能讓自己喪命。巴菲對整起事件的看法是以觀察者的視角，一旦她換成從薇洛的觀點出發，調整自己的評估架構後，情況看起來便截然不同。她是如何轉換視角的呢？她想像格蘿芮對道恩做了和塔拉一樣的事，透過此舉，她頓時恍然大悟，並完全理解薇洛會採取的舉動。

受委屈的人往往會尋求報復，這是人之常情。但就算巴菲不曉得這一點，她透過想像自己碰到類似的遭遇，也會得出相同的結論。道恩在試圖說服巴菲，認真看待史貝克和她的擔憂時，便已意識到了此點，但巴菲是怎麼意識到自己想要復仇的呢？其中一種方式是透過情緒，她想像格蘿芮吸乾了道恩的大腦，讓道恩變成植物人，想到此處，便讓她感到震怒，自然而然地便會浮現出復仇的動機。

正如我們即將所見，復仇本就是伴隨著憤怒的產物，巴菲除了理解或接近薇洛的感受之外，無需再做任何事情；她不必去推測人的心理，因為她本身就能具體體現人類的心理。事實上，我們所有人都是如此。巴菲透過同理薇洛，意識到薇洛的感受、想法，以及她即將採取的行動。[1]

　　本章討論的是，以同理心形式來進行的換位思考。首先，我會討論何謂改變個人觀點，並舉例說明，想像處於他人處境時，典型又特定的視角轉換情況。此種換位思考的方式與想像自己成為另一個人無關，但卻與從心理上重現對方的關係網路有關。

　　再來，我會簡單概述何謂情緒，以說明當一個生物歷經某種情緒時，會採取特定的觀點來看待世界，而這不僅會影響它的感受，還有它看待世界的方式、關注的重點，以及採取的行動。

　　在〈以同理心進行換位思考〉一節中，我會說明我們如何透過同理他人，來採納他人的觀點。然而，為了使此一主張成立，我必須先證明，情緒不僅僅是利用某種既定方式去思考世界而得到的結果，我們所歷經的情緒實際上會造成影響，改變我們看待世界的方式。

　　後續我將在〈情緒如何影響我們看待世界的方式〉中，提出幾個文學範例，來說明情感在形塑我們對世界的看法上，是多麼的有力，然後再提出心理學研究的數據。

　　最後的結論是，情感同理心讓我們可以自由獲得原本亟需努力才能實現的能力，也就是以他人的視角來看待世界。

改變個人觀點

　　透過視覺來證明換位思考是最簡單的說明方式。請參考我在網路上找到的圖 6.1。圖中兩名男子，分別從桌子兩側看著數字 6 或 9，因此一人看來像 6，另一人看來像 9。

　　我們可以想像，他們會跟卡通人物一樣爭論許久，並漸漸變

得愈來愈激動，感覺對方愚蠢至極，竟然看不出眼前的事實。令人感到滑稽的是，我們從身為觀察者的角度來看，兩人顯然都是對的。而且不難看出的是，若他們能考量對方的視角，便能認知到這點更深層的事實。

圖 6.1　是 6 還是 9 ？（繪圖：Peter Bruce）

　　圖 6.1 主要在說明，我們往往容易忽略每個人在互動關係中，都以某種方式在看待事物，我們的**觀點**，也許會或不會與他人一致。與其爭論誰對誰錯，不如採納對方的**觀點**，來試圖理解他們的看法，說不定會更有助益。從圖 6.1 可知，若能從對方的視角來看，也許會發現雙方都是正確的，只不過角度可能不同。

　　圖 6.1 看似簡單，其實十分巧妙。看一看這個數字，我們可以說它想必是 6 或 9，但不可能同時是兩者。不過，現在的問題

是，由誰來決定它是哪個數字？也許是畫者，但畫它的人必定是精確、刻意讓這個數字，在一人眼裡是 6，另一個人看來卻是 9。

　　所以到底誰能決定這個數字是 6 還是 9 呢？此幅插圖帶給我們的啟示，在於這個數字是 6 或 9，其實難以確定。這個問題最終不會有標準答案，而人的經驗也是如此。

　　改變視覺觀點，通常是透過想像從目標對象的立場，來觀看事物，這就是我在前面章節所提及的二級換位思考。此種做法可揭露事物在對方眼中的樣子，正如感知哲學家所說，這為我們提供了事物的相貌形狀（aspectual shape）。

　　以圖 6.1 的例子而言，左邊看見數字 6 的人，現在從另一側將會看到數字 9，9 顯然是數字的相貌形狀。如我們所見，想像從另一個角度觀看物體，主要是透過人體的視覺系統，逐漸轉換至其當前的視覺影像來實現的，此過程常被稱為「心像旋轉」（mental rotation），這無疑是一個十分奧妙的技巧。

　　從心理學上來看，似乎沒有明確對應採用他人視覺觀點的例子，但實際上當然是有的，而且我們已經介紹過了。還記得我們關於自傳式記憶的討論嗎？當我們從視覺上去回憶一個場景時，我們可以從如同眼睛所見的現場視角去回想，也可從自身以外的觀察者視角來回顧。

切換成現場視角並非易事

　　我們不僅能採取不同的視角來回憶過去經歷，還可讓人來回切換視角。下意識從現場視角回顧經歷的人，還可經由引導切換

至觀察者的視角。當對方如此做時，此段經歷會與第四章所討論的內容，以略有分別的方式被回想起，記憶中更抽象、有意義的特徵，會更加地凸顯。

人亦可從觀察者的視角切換至現場視角，來回顧過去記憶，但這個過程顯然更加困難。原因也許是現場視角通常更歷歷在目、涉及更多的情感，但觀察者記憶則欠缺這些特徵。當我們切換至觀察者視角時，會去除即時的知覺和豐富的情感，而現場視角則因為必須嵌入這些生動的特徵，其實更加困難。

暸解此點對我們來說至關重要，想要設身處地去想像置身於他人的處境，必須具備一定程度真切且豐富的情感，而這點絕非易事。[2]

改變觀點，意味切換一個人對他人自然的、未經反思的觀點，例如：我以行為者視角看待您，或我以觀察者視角看待自己；身為受害者，我採取加害者或觀察者視角；身為加害者，我採取受害者或觀察者視角；身為觀察者……。現在想必您明白我的意思了。

當然，我們也可以切換為互動者視角，想像自己是對話的對象。然而，少數的實驗中有過一項測試。當人在接受指示，要採納當前交談對象的觀點時，是否會從觀察者歸因轉換為行為者歸因，結果發現，行為者與觀察者的觀點不對稱，既未被消除也沒有被逆轉。

這並不像看起來的那樣糟，因為受試者也表示，他們較少意識到自己的想法和感受，反而更關心對方的行為和經歷。所以即使他們的觀點沒有被逆轉，但仍有所影響。而且此項實驗的受試

者，還對實驗者馬勒（Bertram Malle）和皮爾斯（Gale Pearce）表示，他們發現要切換成對方的觀點真的很困難。他們要麼傾聽或陪伴對方、要麼採取對方的視角，不論是何種情況，都難以同時注意到對方的言語和行為，至少都需要稍作停頓才行。[3]

現在您可能會認為，既然我們傾向於自動考量其他人所見，想必也意味著，我們會自動考慮其他人的想法或感受。但是，請記住，我們自動計算的是他人所看見的內容（一級換位思考），而非他們看待事物的方式（二級換位思考）。以換位思考的觀點來看，即我們明白他人具有觀點（一級），但並未知曉他們的觀點為何（二級）。

因此，從觀察者視角轉換為現場或行為者視角，可謂是一大挑戰，必須集中注意力才能達成，若我們太專注於傾聽、執行其他任務，或思考眼前所見之事，便無法切實地做到。話雖如此，大家在生活中設法做到此點的例子，依舊比比皆是。

複製對方與環境的關係

本章開頭以《魔法奇兵》的巴菲為例，巴菲採用了薇洛的觀點，但她並不需要透過艱難的想像，來將自己的心態轉換成薇洛。道恩先為巴菲做了這件事，而巴菲所要做的，就是想像發生在塔拉身上的事，也發生在道恩身上，然後巴菲就瞬間明白了一切。此種方式既簡單又機智。巴菲從薇洛的觀點出發，但根本沒有想像自己是薇洛，而是她反思了自己的關係中，等同塔拉與薇洛之間一樣重要的關係來實現。

　　在第一章舉的例子中，我的好友茱麗也做了同樣的事。當她試圖理解我在副駕駛座指手畫腳的行為時，她並非想像自己是我——麥波姆，反倒是想像自己坐在副駕駛座，然後由別人駕駛她的車，此人是她關心、也關心她的人。可見，她複製了我的兩種「關係」，一是我和我車子之間的關係，另一是她和我之間的關係。她自己有車，所以複製前者並不難；此外，她選擇了自己的丈夫做為引起問題的駕駛，以複製某種溫馨且彼此關懷的相互關係。

　　且讓我們回頭來看看《仲夏夜之夢》。假設我們的好人伊吉斯，現在決定照荷米雅的希望，從荷米雅的角度去思考：好的，所以現在的情況是，我的窗外有個年輕人，送給我甜點和他的一綹髮絲，滔滔不絕地大談著他對我至死不渝的愛等等。認真的嗎？想必您懂我的意思了，這種投射顯然是行不通的，但若要伊吉斯想像他有青少女的身體，且思維像個青少女，想來也是荒謬。

　　我們在第一章裡，便已否決了此種以轉變自我做為換位思考模式的方式。反之，伊吉斯必須做的是，如萊桑德和迪米崔斯對荷米雅的情感衝擊一般，想像對他具有相同影響力的事。如此一來，他便能在心裡用自己的反應，取代荷米雅的反應，進而採用荷米雅的觀點來看待此一事件。透過此種方式，伊吉斯就不必想像自己是荷米雅，也無需單純將自己投射至荷米雅的處境。

　　視覺上的換位思考，著重在觀看者與眼前世界之間的空間關係，以及與環境中物件之間的空間關係，而心理上的換位思考，注重的則是利益關係。

　　因此，採納他人的觀點，涉及了採用行為者視角來看待世界，而非從觀察者或互動者視角等更常見的方式來思考他人行為。這牽涉到複製行為者與世界的關係，例如：若您想知道我對於車子被刮有何感覺，不妨想像有人刮您車子的話，您會作何感想？若您想知道，我遭受妻子背叛時的感覺；您可以試想，您被妻子背叛時的感受；抑或若您遭受過妻子的背叛，不妨回想一下自己當時的感受。如果您沒有妻子，可以想像一下您的丈夫、情人或摯友背叛您時的感受。或者您也可以只是單純同理我的感受。此種方法，就是我現在想聚焦討論的重點。

　　不過，為了讓此種簡單的方法能夠發揮作用，我們必須先確定，情緒的確可以為我們提供看待世界的心理觀點；情緒本身必須能夠體現出強大的人類利益。如此一來，透過感受情緒，我們便能具體顯現出特定的利益。為了確定此一想法是否成立，我們必須先瞭解何謂情緒。

以情緒做為視角

　　情緒是複雜的心理狀態，甚至可說是最龐雜錯綜的一種，它遠不止是單純的感覺，而是在特定情況下，根據個人綜合的利益來看待世界的方式，並且通常是在有限的時間內產生。儘管情緒理論學家經常爭辯情緒究竟主要是感覺還是認知評估，但多數人都同意情緒具有下列特點。

情緒

（1） 由範圍相對狹隘的情況或事件引發（誘導條件）。

（2） 涉及對誘發條件具價值判斷的思維方式（評價）。

（3） 涉及身體變化。

（4） 通常讓人想做些特定的事。

（5） 引起行動的動機。

（6） 將注意力集中在環境的特定特徵上。

（7） 鼓勵特定的思維方式。

恐懼與憤怒會影響我們的行動

我們有時會在相同情況下體會到不同情緒，但在某些情況下，往往會喚起同類生物間相同類型的情緒。

恐懼是我們在面對危險情況下所引起的情緒。例如：我在徒步健行時，拐過一個彎，突然碰上了一隻熊，我會立刻湧現恐懼；若我碰見的是一位老友，我會又驚又喜。我之所以對熊有恐懼，是因為熊對人類而言危險萬分。若把熊換成是一隻狐狸，我便會感到欣喜，而非懼怕，但狐狸其實也很危險，只是對我而言並非如此。若我是一隻兔子，遇到了狐狸，想必也會感到十分恐懼。我們的情緒對世界做出反應，並非單單取決於我的身分，或我身處的情境，而是兩者交相影響後，所塑造出的結果。

情緒有時涉及所謂的評價（appraisals）或價值判斷（value judgments）。我對熊感到害怕時，牠在我眼裡視為威脅；我感到生氣時，會認為某人或某事是無禮、冒犯的；當我高興時，我認

為自己在做的事情進展順利。有人認為此種評估，必定先於情緒，有些人則認為，評估屬於情緒的一部分。

有此爭辯的原因，在於我們有時必須先有所評價，才能體會得到某種情緒，但有時卻不見得如此。例如：我們怕自己考試不及格，必須先判斷考試不及格對我們而言是一件壞事；另一方面，我們也常在聽到震天巨響的雷鳴時，立刻受到驚嚇，我們的反應如此之快，以致很難讓人相信，在受到驚嚇之前，會有時間先判斷雷聲是一種威脅。此外，若驚嚇必須經過事先的判斷，那也許就不再令人驚嚇了。

恐懼猶如驚嚇，絕大部分會自動被喚起，涉及到大腦的認知區域不多，甚至幾乎沒有。腦部似乎有兩條恐懼路徑，一條透過皮質下（subcortical）區域，將感覺區域多少直接地連接至杏仁核；另一條路徑涉及皮質區域，但也會向杏仁核發送訊號。大腦皮質是所謂演繹思維和意識認知的所在。結果發現，環境中關於危險的資訊，會繞過意識或更高層次的思想路徑，以最快的速度傳達給我們。

此外，透過檢視腦部的生理機能，我們發現從視網膜等感知系統，到下視丘等負責喚起和表達情緒的重要系統之間，存在的路徑通常非常短，顯示出認知判斷不見得先於情緒。反之，情緒的體驗也可能會改變我們的思維方式。當您模仿了他人悲傷的表情時，也許無意識之中會感覺有點難過；而當您真的萌生此種感受，您會覺得（假設／判定）自己彷彿蒙受了某種損失。您可能會心想自己到底失去了什麼，一旦開始尋找，通常很容易找到一個緣由。[4]

　　關於情緒最引人矚目的面向，顯然就是身體的感受。從此說來，情緒與思考可說是截然不同，思考不會讓身體產生太多感覺。可是人在害怕時，心臟會劇烈跳動，肌肉會收縮，警覺度也會升高，此種變化的感覺，就是情緒具有的特點。如詹姆斯（William James）曾說過，情緒是身體產生變化的感覺。即使您不願承認這就是情緒的全部，也難以否認，身體的感覺對於情緒的形成而言至關重要。若身體毫無感覺，那麼我們也不太可能正在歷經某種情緒。[5]

　　情緒驅使我們採取行動，其所帶來的體感有時是為了讓身體做好準備的結果。例如：恐懼時劇烈跳動的心臟將血液輸送至肌肉，讓我們準備好迅速逃跑；還有受驚嚇時，有時我們會跳躍、閃躲或尖叫。話雖如此，但情緒大多時候並不會促使我們做任何事情，可是它們會讓某些行為變得更難以抗拒。如達馬西奧所言，情緒限制了我們的選擇空間。對於那些激怒我們的人，憤怒會讓傷害、危害或其他報復行為，看來頗具吸引力。

　　當然，也許我們永遠不會因此而有所行動。我們會根據生氣的對象、與此人的關係，和行動後會有什麼情況等條件來判斷。也許最後只是回家的路上，在車裡發洩一下、發一封尖酸刻薄的電子郵件，或計畫摧毀對方等等。即使如此，情緒會讓我們以一種相對專心的方式去思考自己的下一步，好比我不會花費時間和精力去思考如何彌補對方、計畫給對方驚喜，或蜷縮在角落裡。在我憤怒時，我才不會考慮這些選擇。[6]

　　情緒會引導我們的注意力，或使它更敏銳。心理學家也認同情緒有此部分重要的影響。回到恐懼來看，人感到恐懼時，與本

身安全無關的事便會受到忽略，會引起我們注意的，反而是像樹葉的沙沙聲、地板發出的咯吱聲，和他人的呼吸聲等等。我們的聽覺和觸覺，變得極為敏銳，更容易受到驚嚇，思想也會跟隨著注意力的方向發生變化。我們會反覆思索，如何避免陷入危險、被發現時該怎麼辦等問題。

當然，情緒在吸引我們的注意力和思維上，也有程度上的差異。恐懼和憤怒具有強大的影響力，尤其當我們的感受強烈時。然而，快樂卻不具有此種效果，也許是因為感到快樂與任何特定的動機都無緊密關聯，可能更多的是向人傳達訊號，表明事情進展順利，無需改變。

心情會影響我們的思考方式

許多心理學家認為，我們思考事件的方式會受到心情是正面或負面的影響。大致而言，快樂的心情與更普遍、概括且更具啟發的思維方式有關；人更可能使用經驗法則，並從較全面，或較高層次的角度，去思考發生的事情。相較之下，難過等負面的心情，會讓人著重於思考特定的情況；此種思維往往更善於分析、注重細節，且更有系統。但這並不表示，悲傷的思考方式就更有用，一切視情況而定。

以分析和細節為導向的思維，更適於獲取眼前特定情況的資訊，而不是將其視為我們所熟悉的事例。以正面心情的思維特點而言，其優點在於較不費力，因此可釋放出更多精力，讓人以更具創意或非正統的方式來思考事件或個人處境，但不見得此種思

維的方式就比較懶惰。[7]

施瓦茨（Norbert Schwartz）和費德勒（Klaus Fiedler）等心理學家認為，我們之所以能觀察到心情所帶來的效應，主要是因為心情會針對我們的處境發出訊號。消極的心情表示事情進展不順，我們正處於有問題的情況中，需要格外努力去擺脫它。負面的心情也許還顯示了我們習於使用的方法或思維，未能為我們帶來所期望的結果，因此必須採取新思維來考量情況。

相較之下，正面心情則顯示一切都好，我們對世界的反思方式是成功的。不過，此種將心情概念化的方式存在部分問題，多數研究都是對處於快樂或難過心情的人進行。但憤怒、煩躁或焦慮也是負面的心情，而且對人的刺激程度可能不相上下，可是這些消極的心情不會促進更多分析思考，反而情況恰恰相反。[8]

心情與情緒的不同之處，在於其前因（誘發條件）、持續時間和內容。心情在時間長度上較為持久，而情緒則屬於是偶發的。情緒通常有特定，且可辨識的原因；而引發某種心情的原因較難以確定，且可能更為分散。因此，情緒通常與特定的內容或對象相關聯，好比您會對特定的人，因某件特定的事，而感到生氣，可是，當人感覺煩躁時，往往難以釐清為何煩躁，或煩躁的對象為何。

儘管存在這些差異，許多理論學家認為，心情對我們思維的影響，意味情緒也會產生類似的效應。但是，我們有理由認為，情緒不太可能像心情那樣影響我們的思考方式。原因在於，當人意識到自己的情緒時，不太可能讓情緒左右自己的思考；然而，人往往不太能意識到自己的心情，因此，心情更容易在不知不覺

中，影響人的思維。[9]

簡單來說，情緒是由相對狹隘的情況或事件所引發；以特定的思考方式面對引發情緒的事物，涉及身體的變化、行為動機和思維方式；讓人想做些特定的事；讓注意力集中在環境特定特徵上。另一種說法是，情緒構成了看待世界（各個面向）的綜合觀點。前面所說的是情緒裡相對不變的特徵，代表了一般人普遍感受情緒的方式。例如：您可能害怕蜘蛛，但我不怕，可是相同的事實是，當我們感到害怕時，兩人對於誘發的那起事件，具有類似的思考方式，並歷經相似的身體變化。

情緒的本質與換位思考有何關聯？若您能與另一人用相同的情感，來看待類似的對象，便是採納了對方的觀點。我們透過體現或採納對方所持有的觀點，來做到換位思考；抑或，若您生性謙虛，我們也許可以說，你們的觀點十分類似，或有高度重疊。

以同理心進行換位思考

2012 年，努瑪曼等人找來十六名受試者，讓他們觀看《當哈利碰上莎莉》和《教父》兩部電影片段，同時掃描他們的腦部。該研究之所以選擇這些片段，是為了引發愉快和不愉快這兩種情緒狀態。研究人員比較了受試者的報告與他們腦部的神經活動後，發現這兩種情緒在不同受試者之間的表現，均出現高度的重疊。特別是感覺和邊緣區域，兩者活化的程度類似。由於邊緣區域與情緒的處理有關，因此，努瑪曼等人認為：[10]

情緒可增強大腦活動互為主體的同步性，進而調整個體間
特定的大腦網路，以支援對世界相似的感知、經驗和預
測。根據研究結果顯示，此種個體間情緒的同步，可以在
解讀他人行為上，提供一個關於注意力和情感的架構。

此項研究是否真的顯示出了情緒的同步？顯然沒有，但它提
供了有力的證據，指出人對於引發情緒的情況，具有類似的反
應，至少在他們沒有真正參與其中時會是如此。不過，該研究確
實顯示出，人的類似反應是構成理解的基礎。您或許已經猜到，
這是我接下來要論證的內容，但我不會太過依賴腦部的研究證
據，而是聚焦在我所謂的視角。

毫無意外地，換位思考和情緒之間的聯繫，就是同理心，抑
或更確切地說，是情感同理心（affective empathy）。傳統上認為
換位思考是認知同理心（cognitive empathy）的表現，而非情感同
理心。因此，換位思考常被視為是看待世界的思考方式，更偏向
是一種理性的行動。

然而，一旦我們考量到情緒和觀點的本質，並視其為一種反
映個人利益來看待世界的方式，便不難理解，情緒本身亦是一種
觀點。因此，同理心亦可說是換位思考的一種形式。而且，情緒
向我們發出訊號，顯示出周圍發生的事對我們的影響，自然而然
地引發思考，由我們的情感，或基於我們的情感之下，所喚起的
某些想法。

若同理心是藉由得知某人對某事的感受而產生，便可輕易看
出，同理心如何影響我們對他人的理解。假設您的好友約翰，因

為新冠肺炎被迫無限期放無薪假，他感到十分沮喪，並把他的心情告訴您。您的心情也跟著沮喪，原因與約翰相同，也就是他被強制休假，而您感到沮喪是因為他的沮喪。此時，您與約翰共感了，而且不僅僅是在情感上的同步，其他反應也是如此。

您開始關注自己能做什麼，來協助結束這場危機，推測自己可以如何幫助約翰，以及和他同病相憐的人，度過這段的艱難時期；您開始感到呼吸變得短淺（舉例），產生與約翰非常類似的感覺。您想到沒有收入或醫療保險（若您居住在美國）的後果，一個又一個思緒飛快地掠過腦海，然後您會發現自己，很難長時間專注於任何事情。

若您對情緒相當瞭解，也許能推斷出許多，關於心情沮喪對約翰的影響。您或許會意識到，他對關閉學校和公司的態度，比其他居家辦公的人更矛盾。但是，光是知道某人感到沮喪，相較於與他人一起感到沮喪的共感反應，兩者間的差異甚巨。唯有真正感受約翰的感受，才能讓您重新設定視角，與約翰的視角重疊。是的，您沒看錯，同理他人有助於重新設定自身的視角，使其與目標對象的視角疊合，方法就在於同理心的本質。

同情同理大不同

同理心與同情（sympathy）不同。當我們同情一個人時，他通常會是一個需要幫助的人，我們會對他感到熱誠、關心和憐憫，這些情緒通常是針對他人的，我們一般不會同情自己。就算我們真的同情自己，也總是會從觀察者，而非行為者的視角看待

自己。

同理心不一樣，同理心是感受情緒的一種方式。這個說法聽起來也許有些奇怪，因為一般人認為，感受情緒的方式似乎只有一種，也就是直接感受，或自己感受。多數的情緒研究文獻都涉及這種體驗情緒的方式，因此也表明這是唯一的方式。但是，假若同理心真的存在（況且已有大量證據顯示，同理心確實存在），那麼這種說法就不可能為真。想必會也有其他方式可以讓人感受到他人的情緒，而不僅僅是透過同情。畢竟同情的情緒，是針對外在的另外一人；但同理心，是我們必須像體會對方感受一般，來感受自己的情緒。

這要如何達到呢？當您為他人感到悲傷時，自己仍會經歷悲傷的情緒，您因為目標對象難過而難過，但這不同於同情，同情的情緒，明顯有別於對方感受的情緒。當您同理他人的悲傷時，對方所發生的事便會對您產生影響，如同您自己的福祉受到與對方相同的影響。換句話說，您在同理他人的過程中，會對他人產生認同。至少在讓人難過的特定對象上，對方以自我為中心的關係地圖，就是您以自我為中心的關係地圖。

且讓我們先回來討論同情心，看看它與同理心有何不同。若我們遵循情緒研究的主流觀點，並假設所有的情緒，都包含了關於世界如何影響我們福祉的資訊，那麼，同情或憐憫他人的行為，體現的便是對他人而非自己的關懷。他人的福祉關乎我們的福祉，這點至關重要。儘管如此，同情並不會讓我們產生出另一人的視角，因為正如我們所見，當我們同情他人時，對方不太可能對自己感到同情。反之，傷心、憤怒、喜悅或厭惡等情緒，都

是我們在自己經歷事件時，最熟悉的感受，是最典型的自我導向情緒。

如若把這些情緒變成引發共感的情緒，會發生什麼情況？我們情緒上會受到影響，如同發生在別人身上的事，此刻也發生在我們身上一樣。這就是為何有人遇到需要幫助的人時，會感到痛苦，並表示他們為自己和受害者都感到痛苦。

如果我們能體驗到與他人相同的情緒，甚至也許是相同的心情，便是實際採納了他人的觀點；當然，前提是我們要清楚，自己是因為對方經歷的感受才意識到此種情緒，而不是僅僅將這樣的情緒視為是自身的情緒。

不先瞭解情緒是如何影響我們看待世界的方式，就無法理解為何同理他人的力量是如此之強大，可藉由同理來促使我們理解他人。唯有瞭解此點後，我們才會明白為何共感情緒，會有助於我們理解他人。

下一節中，我將以文學作品中的例子開始談起，藉此展現情緒的力量，然後轉向實證資料，目的是為了顯示，情緒不僅是以特定方式看待世界的結果，我們在情緒的支配之下，對世界的看法也會受到影響。因此，當我們同理他人時，無需先得知對方在情緒事件之前的想法，而是可先從與對方情緒十分相似的視角，來考量對方的處境。

情緒如何影響我們看待世界的方式

麥克尤恩（Ian McEwan）在《卻西爾海灘》中，描述了一個

災難般的新婚之夜。故事中的主人翁佛羅倫斯（Florence）和愛
德華（Edward），在飯店裡共進晚餐，這將是他們做為夫婦度過
的第一個夜晚。

不過，佛羅倫斯並不喜歡肢體的親密接觸，因此對新婚之夜
感到擔憂，她雖然愛愛德華，但卻將性行為及相關的一切，視為
必要之惡，這是她與男人建立關係的部分代價，她心想：「除了
這件事，什麼都行。」另一方面，愛德華卻迫不及待地想著他們
的洞房花燭夜，他的慾望左右著他對佛羅倫斯的每個想法。他在
佛羅倫斯的焦慮中，看到了激情。[11]

> 他記得後來想過她的手臂，纖細而脆弱，很快就會愛戀地
> 環繞著他的脖子。還有她美麗的淺褐色眼眸，明亮地閃爍
> 著無可否認的熱情，下唇微微顫抖，即使是現在，她還是
> 會用舌頭潤濕下唇。

不久後，他對佛羅倫斯充滿激情的看法，旋即徹底逆轉。缺
乏經驗的兩人，笨手笨腳地進行了第一次的親密接觸，最後以愛
德華提前繳械在佛羅倫斯腿上而收場。佛羅倫斯既震驚又厭惡，
瘋狂地用枕頭擦乾身體，隨後便跑出房間。愛德華被獨自留下，
深感困惑。「當他的思緒，不再因渴望而軟化或蒙蔽，便能明察
客觀地來看待此刻發生的事，於是倍感侮辱。」

接著，他屈服於憤怒，有那麼一刻，當他回想起佛羅倫斯的
撫摸時，「新奇、尖銳的興奮感，開始使他分心，引誘他脫離那
些強硬堅決的思想，誘使他開始考慮原諒佛羅倫斯，但他抗拒了

誘惑」。愛德華心想：「她寡於情慾，毫無慾望，永遠無法體會自己的感受。」愛德華毫不費力地往下推測：「她早已知道了這一切，她怎麼可能不曉得？但她卻欺騙了自己。」[12]

　　愛德華的想法強而有力地展現了，情感如何影響我們對他人的想法。當他渴望占有佛羅倫斯時，在他眼裡，佛羅倫斯顯得肉慾又情慾勃發。一旦他的慾望消退，就「恍然大悟」自己受到了侮辱。然後，他生氣了，便認為佛羅倫斯顯然欺騙了他。

　　佛羅倫斯的行為，隨著愛德華的情感變化而改變。從麥克尤恩賦予我們進入愛德華和佛羅倫斯的第一人稱視角，我們知道，佛羅倫斯從未有意欺騙愛德華；我們知道，愛德華迅速地對佛羅倫斯妄下論斷，是長久以來一廂情願的緣故。我們清楚地從書中看到了，這些人物是如何沉浸於自己的觀點之中，而他們所經歷的強烈情感，又如何地強化了他們的觀點。

　　梅爾維爾（Herman Melville）的《白鯨記》中，也出現了情感扭曲事實的類似情況。故事主角亞哈船長（Captain Ahab）航行世界各地，試圖捕殺那條在一次捕鯨過程中，咬斷他一條腿的鯨魚——莫比敵。當他的大副指責他「為一件蠢事忿恨不平」時，亞哈船長回應道：[13]

　　　　伙計，眼前所見的一切事物，都不過是硬紙板做成的面具。然而，在每個事件中——各個活生生的行動、無庸置疑的事實之中，有部分未知，但仍合乎道理的事物，會從毫無理性的面具背後，展現出它的特徵輪廓。若有人想攻

擊的話，就擊穿這個面具吧！囚犯除了推倒高牆之外，要如何到達外面呢？對我而言，那頭白鯨就是推到我身邊的那堵牆。有時我會心想，這一切也許毫無意義。但這已足夠了，牠考驗我、牠壓迫我，我在牠身上看到了令人震驚的力量，帶著難以捉摸的惡意。而我所憎惡的，正是那股難以捉摸的惡意；不論白鯨是代罪羔羊還是主謀者，我都會將仇恨發洩在牠身上。伙計，別對我說什麼褻瀆了，就算是太陽，只要祂侮辱我，我也不會放過祂。

從某種意義上來說，亞哈當然明白，鯨魚不會侮辱捕鯨者，但牠們也許會為了自己的生命而戰。不過，這一切對亞哈而言，似乎無關緊要，畢竟，他已被仇恨和憤怒觸動。

愛德華和亞哈看待世界的方式，都受到了情感的驅策。愛德華的憤怒，使佛羅倫斯成了騙子；而亞哈的憤怒，讓他未能殺死的白鯨變得充滿惡意。我們之所以能清楚地看見這一點，是因為在這兩種情況下，我們都有充分的理由懷疑他們的解讀。

佛羅倫斯沒有必要以欺騙為基礎，來建立婚姻生活，甚至可以說，她並不是為了結婚而嫁給愛德華，在他們失敗的新婚之夜後，她繼續生活，並擁有令人滿意的音樂事業，且從未再婚。

至於《白鯨記》的莫比敵，一隻鯨魚出於防衛而傷害了捕鯨者，實在很難讓人相信此種行為帶有惡意。儘管如此，愛德華和亞哈都受到本身情緒的影響，因而對事物有不同的看法。如果有人同理愛德華或亞哈的憤怒，應該也會被類似的忿恨影響。

評判會受情緒左右

　　從文學上的例證能解釋的部分很有限，我不指望您會因為幾個精心挑選的小說範例，就接受我的觀點。不過，所幸我們還有心理學的證據，可證明情緒對思維的影響。

　　首先，第一項證據是由克特納（Dacher Keltner）、愛歐斯沃斯（Phoebe Ellsworth）和艾德華茲（Kari Edwards）進行的一組實驗，他們研究憤怒或悲傷情緒對思維的影響。

　　憤怒和悲傷具有截然不同的評價模式。悲傷通常源於某些外部、情境式、相對不可控的事件。因此，與悲傷相關的評價模式，常有更重視情境因素（situational factor）的傾向。相較之下，憤怒通常是因他人的行為，讓我們感到冒犯或反感，或他人以某種方式，干擾了我們的計畫或策劃所引起。因此，憤怒的評價，通常會偏重在承擔責任的行為者（responsible agency），而非情境因素。

　　為了檢驗此一假設，克特納、愛歐斯沃斯和艾德華茲讓實驗受試者感到悲傷或憤怒。然後，他們要求受試者列出某些事件的可能性，或解釋模稜兩可的社交情況。研究結果發現，有些事件被歸咎由情境引起，部分則由行為者造成。悲傷的人比起憤怒的人，更容易認為事件是由情境所引起，此種效應在較模稜兩可的情況下，最為明顯。

　　試想，您在常去工作的咖啡店，巧遇到了十分有魅力的熟人（為了成功模擬此情況，您必須想像自己是一位年輕人）。您與

對方（請隨意代換為您最喜愛的代詞）開始交談，你們倆談話生動有趣，相談甚歡，對方似乎真的很投入，而且感覺對您有點意思。所以，您邀請對方參加一場聚會，並且不太明智地與友人分享了，自己很期待與此人發展出戀愛關係，結果對方卻帶著伴侶出現，朋友開始取笑您，弄得大家都知道您的一廂情願。

若您如同實驗受試者一般，在想像這般場景時感到憤怒，便較有可能將此次的事故歸咎於他人；另一方面，若您感到難過，也許會傾向認為，儘管此種情況相當不幸，但其實不是任何人的錯。悲傷的人也比憤怒的人，更容易認為情境讓人更加絕望。[14]

另一個實驗則由歐特利（Keith Oatley）和洛羅克（Laurette Laroque）所進行，也支持了情緒會影響我們看待世界的方式。此項實驗與典型的實驗室實驗大相徑庭，是一項透過日記來進行的研究。研究對象被要求有條理地寫下日常事件，如：與他人安排會面的出錯事件中，記錄下在特定的時間和地點與他人會面。研究發現，這些情況下最常見的情緒是憤怒，受試者還表示有種被貶低的感覺，並傾向認為錯誤應該歸咎於對方。

日記的內容顯示出，許多人會賦予他人令人討厭的特質。例如：歐特利和洛羅克的研究對象，形容其他人為「不體貼、不值得信任、不可靠、有失尊重、不誠實、不負責任、不顧別人、不敏感、無能、優柔寡斷、粗心、自私、只顧自己、愚蠢、懶惰、膚淺、心不在焉、幼稚、白痴、偽君子、婊子等等」。此種思考的傾向，與此人是否因安排出錯而感到憤怒，密切相關。

六十名感到憤怒的人中，有四十三人賦予社交對象負面的特

質，而四十七名不生氣的人中，只有七人這麼做。不過，我們無法排除事件中，有特別令人惱怒的因素存在，也不能排除，憤怒是基於受試者先前就已經抱有對方是愚蠢或自私的評價。儘管如此，研究結果依然深具啟發：憤怒會讓我們對激怒我們的人產生負面看法。[15]

承上思路，曼納（Jon Maner）等人讓受試者感受特定的情緒，用以瞭解我們對他人情緒狀態的歸因，會如何受到自我情緒的影響。此研究依循的概念是，人會根據誘發其情緒的動機狀態，來看待他人。例如：若有人感到害怕或自我防衛，便更可能將他人視為是生氣的，畢竟有人對我們生氣，是一種威脅，而研究中的發現，多少支持了此一想法。若某人或某事物已經與威脅聯想在一起，而且使人感到害怕，那麼他們便會過度歸因，此人或此事物是憤怒的。

有趣的是，實驗者還發現，處於「浪漫」或性慾被喚起的狀態（由於觀看浪漫約會的電影片段）的男性（不含女性），會過度歸因吸引人的女性面孔帶有一絲性興奮；而其他男性則認為這些面孔的表情是中性的，由此可知，沒有被喚起慾望的男性，並不認為這些面孔傳達了一絲性趣或性慾。

有鑑於此，此項研究進一步支持了人的感受，會影響其對周遭世界的看法，因此也會影響我們對他人的看法。麥克尤恩描寫愛德華，讓愛德華前一刻將佛羅倫斯看做春心蕩漾，下一刻就因情緒變化，而把佛羅倫斯視為全然冷漠又詭計多端。麥克尤恩對人類心理的描摹，可說甚是正確。[16]

表裡不一的情緒感受

　　赫希（Christopher Hsee）、哈特菲爾德和謝姆托布（Claude Chemtob）也發現到證據顯示，人的情緒會左右他們對事物的看法。他們感興趣的是，人對於聲稱自己帶有某種情緒、但卻表現出另一種情緒的人，會作何反應。

　　為了探究此點，他們編造了一個故事，主要是關於一家公司試圖用電腦軟體，來為外國電影進行英語配音。自願參加這項研究的人，全是夏威夷大學（University of Hawaii）心理學系的學生，他們被要求聽一段翻譯的錄音，和另一段原始聲音的錄音，然後再請他們評估此人的快樂或悲傷程度，以及他們感到快樂或悲傷的程度。

　　實驗的音檔由異性翻譯，並以單調的電腦語調朗讀，以免流露出一絲情感。這些片段中，有時人所聲稱的感受，和他們臉上表達的情緒相符；但有時並不相符，因此，會有人看似悲傷，卻聲稱自己很快樂，或看似快樂的人，聲稱自己很悲傷。在這些情況下，此人會說「雖然我看起來不開心，但其實我非常高興」之類的話。

　　結果發現，比起所顯露出的表情，他人聲稱的感受對人的信念影響更大，但受試者會認為對方的情緒，不如所聲稱的如此強烈。談到自身情緒時，受試者同樣都會受到對方的臉部表情，和所聲稱的感受影響。

　　換句話說，當看來悲傷的人說自己非常快樂時，受試者感受

到的快樂程度，不比當此人看來快樂並聲稱自己很快樂時。這些證據仍屬初步，但確實顯示出，我們的感受的確會影響自身對事物的思考；而在此實驗中，當受試者評估他人的快樂或悲傷時，對方對於自身感受的反應似乎也有影響。[17]

由此可知，情緒會影響我們看待世界的方式，也影響著我們的目標或動機。即使我們從前在評估自身的感受和思想時，並不是以「情緒是否一致」（emotion-congruent）的方式去考量，但此點依然所言不假。

事實上，我們的想法，有時多多少少源自於自身的感受。正如接下來即將討論的內容，我們的感受在其他諸多面向上，也影響著我們和我們的觀點。因此，若有興趣瞭解另一人如何看待世界，最好也能考慮到這一點。還有什麼比感受對方的感受，更好的方法呢？

雖然經驗告訴我們，特定類型的情感與特定類型的行為相關，但我們對於哪種情感與哪種觀點、動機或思維方式相關，仍欠缺明確的認識，這就是為何心理學家，能夠以此營生的原因。話雖如此，若我們能同理他人，這些資訊便可免費獲得。同理心使人從內在瞭解他人的動機，當您與對方處於一致的情緒狀態時，便會感受到這些動機的牽引。哲學家史都博曾說：「同理心讓人得以理解，一個原因為何成為原因。」說得有些遠了，但同理心確實有助於我們從內在（即從行為者視角），理解他人的行為或思考如何受到驅使。[18]

當前所在以及未來方向

　　這就是我們現下所處的情況。換位思考之所以如此強大，是因為每個人在看待世界和自身行為時，都有其自然且獨特的思維，同時，這也有別於我們思考他人及其行為的方式。我將前者稱為行為者視角，後者稱為觀察者視角。若我們能切換兩者，便可理解他人的關係網路和興趣，進而更深入瞭解他人。正如接下來將討論到，我們亦可切換視角來看待自己，如此一來，我們就能從觀察者視角，而非尋常的行為者角度來看待自己。受害者和加害者也可轉換視角。

　　然而，視角的切換絕非易事。我們舉的多數例子，都是我們（或至少有人）已經把事件需再現的核心關係梳理清楚。但要真正做到視角切換，又是另一回事了，而且並不容易，這才是重點所在。他人的成長背景、經歷和要求，都與我們各異，在此情況下，若我們只單純想像自己處於對方的處境，顯然難以理解對他人而言的重要關係，但我們必須理解這些重要關係，才能模擬他人的經歷。我們將於下一章討論此議題，但在此之前，且讓我們提醒自己，為何情緒和同理心在此情境下至關重要。

　　情緒是對我們所處環境的反應，顯示出發生在我們身上的事情的重要性。情緒也有助於我們，將注意力集中在相關的事實上，並促使我們採取行動，應對當前的處境。此外，人的判斷，雖然通常會涉及情緒，但我們似乎毋須先對世界做出特定判斷接著才會產生情緒。至少有時看來，我們之所以用特定方式來看待世界，是由於我們對自身行為的感受。

　　愛德華並非是先認為佛羅倫斯性致勃勃，然後自己才性致高昂；而是因為他本身性致勃發，才認定佛羅倫斯也是如此。當然，最初喚起他性致的原因，也許又是另一回事，可能與他對情況的判斷有關，但他認定佛羅倫斯充滿慾望的想法，似乎源自於他的個人感受。

　　此外，我們還看到證據顯示，個人的感受與他們對特定情況，或他人的看法之間存在相關性。這表示當我們與他人共感時，很容易以與他人類似的方式感受世界，例如感到令人煩惱、美妙或其他諸如此類的感受；接著我們會關注特定的事情，感到有動力去做些什麼等等。

　　情緒涉及的重點和利益十分廣泛，從注意力到動機等，各方面皆包含在內，正因如此，情緒也是理解他人的強大工具之一。以非情感的方式，為他人設身處地自然不錯，但所帶給我們的幫助，遠不及同理心之多。

7

認識他人

　　美國軍方對所謂的敵方戰鬥人員使用水刑首度曝光時，引起社會各界激烈探討：水刑究竟算不算酷刑。希欽斯（Christopher Hitchens）和曼考（Erich Mancow）認為，水刑並非酷刑，他們深信情況並不那麼嚴重，並自願接受水刑來證明此點。可惜，令他們驚愕的是，兩人都意識到水刑其實相當殘忍。以下是希欽斯對其經歷的描述：

　　　　大家現在也許已經讀過，官方對於此種待遇的謊言，也就是水刑是在「模擬」溺水的感覺，但事實並非如此。你會感覺自己快被溺斃，因為你的確是在溺水，抑或更確切地說，正被水淹沒，但過程緩慢，且受到控制，而你任由施壓的人擺布。水刑所謂的「長板」是工具，而非方法。受刑的人並非是被綁在板子，而是被不斷澆水。

　　　　我罩著頭套，但視野仍能瞥見一些隨機閃爍、令人擔憂的光線，但旋即意識到自己的頭、臉上，突然被加上了三層毛巾。在沉重的黑暗中，我的頭朝下默默等待著，直到突然感覺一股水流，緩慢地流進我的鼻子。我決心抵抗，哪怕是為了我那些時常在海上，面臨危險的海軍祖先們的榮譽，我屏住一陣呼吸，最後不得不呼氣，然後，如您所料接著吸氣。吸氣時，潮濕的布料緊緊地貼在我的鼻孔上，彷彿一隻巨大，且潮濕的爪子，突然毀滅性地包覆住了我的臉。

　　　　我無法確定自己是在吸氣，還是呼氣，淹沒我的不僅僅是水，更是單純的恐慌，我按下了預先安排的訊號，當我的身體被

拉起、頭上濕透且令人窒息的濕布被除去時，我感到難以置信的解脫。我不曉得，我是否會想公布自己撐了多長的時間。

希欽斯後來寫道：「若水刑不構成酷刑，那世上就不存在酷刑這回事了。」[1]

後來，曼考以更舒適的條件，接受了相同的水刑步驟，但他並未被戴上手銬、蒙上頭套，然後吊在某個不知名之處的板子上，而是在他位於芝加哥的 WLS 廣播電臺錄音室裡，周圍有同事陪伴。即使在此種情況下，此種經歷也是痛苦萬分。[2]

曼考表示：「這比我想像的要糟糕許多，我沒在開玩笑。」他將此經歷與自己小時候，差點溺斃的經驗相比。「頭向後仰，讓水灌進鼻子的感覺，十分奇特……而且是在一瞬間……我不想這麼說，但這絕對是酷刑。」

希欽斯和曼考都無法想像水刑有多殘忍。他們實際的經歷，與想像的經歷大不相同，這樣的結果應該不令人驚訝。畢竟，想像一段經歷的能力，絕大程度必須仰賴回顧過去的類似經歷，但誰會有過類似水刑的經驗呢？

這正是事情奇怪之處，因為希欽斯和曼考兩人，都有過溺水的經驗，他們小時候都差點溺斃，而且都認為此種經歷十分痛苦難忘，而水刑只是一個人被控制著溺水的過程，難道希欽斯和曼考忽略了此一事實嗎？不太可能。無論查詢任何關於水刑的定義，都會發現它被形容為模擬溺水的經驗。如此看來，即使曾經有過相關的經驗，也似乎無法幫助他們想像水刑是什麼樣子。

　　這些例子凸顯了有人常對換位思考提出的指控，說這根本行不通，一旦面對與我們有異，或有不同經歷的人，我們就無法正確或甚至接近正確地，去想像他們的經歷。您也許聽過，有人堅稱自己無法想像，人因為餓肚子就去偷竊，或遇到性騷擾不大聲抗議。然而，我們有證據顯示，大多數人的做法恰恰相反。

　　更令人憂心的問題是，被剝奪權利的族群堅持認為，其他族群的人不可能理解他們正在經歷的處境，尤其是處於主導地位的人。希欽斯和曼考的經歷，似乎讓情況顯得更糟。即使我們有過類似經歷，在試圖站在他人的觀點時，也不見得會使用這些經驗。兩人在親身體驗之前，都認為水刑沒什麼大不了，但後來卻堅稱這是酷刑，這可是相當大的逆轉。他們對水刑的認知都大錯特錯。有鑑於此，我們是否真有希望能透過換位思考，來瞭解一個人的想法、感受和經歷呢？

　　我們在第六章，探討了如何改變我們的觀點，以及同理心為何是改變觀點的方式。由於觀點具有形式固定和相對不變的特徵，所以改變觀點，可讓我們對他人的經歷有獨特的洞察。然而，光是改變觀點當然不夠，我們還必須採納他人看待事物的觀點。儘管個人特定的觀點與普世的人性利益有關，但人的感情和經歷確實各有所異。本章的重點，就在於我們如何掌握這些差異。

　　首先，我會討論基於自身經驗，來理解他人的各種障礙。不可否認的，若我們沒能正確地進行換位思考，那換位思考根本無濟於事。我們想像事物的方式、自傳式回憶的結構，以及內在情感的本質，都會導致我們對實際經驗產生某種程度的扭曲看法。除此之外，我們常常把自己想得太好，而且不願體驗負面情感，

兩者對於良好的換位思考都是障礙。

其次，我會指出，儘管存在著這些障礙，換位思考依舊具有強大的作用，錯就錯在我們認為，可隨意使用它來預測人的特定觀點、品味等。換位思考確實有助於預測人在特定情況下可能會有的反應，但更有用的地方則是去理解，人為何產生某種反應、所發生事件的意義、人所關心的事物，以及他們對他人和世界的態度。

換位思考不見得需要詳細瞭解另一人的具體想法、感受或意圖，而且換位思考所能提供的資訊，通常也僅是關於對方的一般態度和評價。這聽來似乎不太厲害，但事實上，釐清他人對我們的態度，常是我們最關注的重點之一，如對方對我們有敵意、輕蔑、友好，還是支持等，在在占據了我們思考他人時大部分的注意力。

從經驗中學習

希欽斯和曼考的經驗顯示，對於過去的經歷與我們想像中的類似經歷，兩者之間的關係並不總是如此簡單或直接，而且我們時常未能在兩者間建立起聯繫。這一點，在主張換位思考並非直接回憶過往經歷的實驗中表露無遺。

高久聖治（Seiji Takaku）、韋納（Bernard Weiner）和大渕憲一（Ken-Ichi Ohbuchi）在研究道歉對寬恕的影響時，決定測試一下，讓人轉換視角或回憶個人過往的錯事，瞧瞧是否會產生不同的結果。他們編了一個故事，講述一名學生在考前不久，將自己的學習筆記借給另一名學生，借筆記的學生承諾會立即歸還，但卻過了好幾個小時才將筆記送回。

　　實驗中設有三種不同的條件，受試者會被安排在其中一種條件下，閱讀此故事。第一組受試者被告知想像自己是受害者（即筆記的出借者），第二組人被告知想像與加害者（即筆記的借用者）面對面對質時的感受。與此相反，回憶組被鼓勵回想自己曾對別人做過的錯事。

　　隨後，所有組別都閱讀了加害學生的道歉信，並被要求評估他們原諒對方的可能性。正如我們從受害者與加害者研究文獻所預見，想像自己是受害者，並不會提高人寬恕他人的傾向，他們甚至最不可能原諒加害者，並對對方抱有最多負面的情緒。最可能寬恕對方的人，是回憶自己過去錯誤的人，這也表示此種回憶，在換位思考的情況下，並未起到作用。[3]

　　然而，我們不能因此歸結人在採納他人觀點時，不會使用個人的經驗。為何如此？因為受試者並未被要求從加害者的觀點思考，只被要求考慮加害者的感受。如我們在第一章所見，「想像他人」（imagine-other）的指示，僅是鼓勵人思考對方的想法和感受，但不見得是從第一人稱的角度去思考，這表示實驗的參與者，未必想像了自己成為加害者。稍後我將提供證據說明，換位思考讓人更可能原諒冒犯您的人，也將進一步支持上述的解釋。

　　但是，仰賴自傳式的記憶也存有疑慮。研究發現，人常常低估了被過往情緒困擾的影響。此外，正如魯坦（Rachel Ruttan）、邁克道爾（Mary-Hunter McDowell）和諾德格倫（Loran Nordgren）所證明，如果人之前經歷過困境，對經歷類似情況的人，會表現出較少的同情，尤其是當對方難以應付困難情況時。在此之前，巴特森也發現了類似的結果，但僅限於男性，不包含女性。從此

看來，若為了從他人的觀點出發，我們必須仰賴過去擁有的類似經歷。聽來可不太妙，但這通常是同理心的死忠擁護者所主張的，例如柯茲納里奇（Roman Krznaric）在著作《同理心：設身處地的重要性和方法》（*Empathy: Why It Matters, and How to Get It*）中，便堅稱擁有各種不同情況的直接體驗，是更具同理心的關鍵。[4]

　　因此，為了瞭解換位思考的局限，我們必須先認識情節記憶（episodic memory）的限制。仰賴回憶從前的經歷，來判斷自己在特定情況下的感受時，會面臨到兩大障礙。首先，回憶本能經驗（visceral experience），並不會真正觸動我們的五臟六腑，即回想起過去的疼痛經驗時，即使十分不愉快，也不會真正感到疼痛。其二，記憶的結構，會使我們不切實際地對過往的經歷過度聚焦。

本能經驗難以重現

　　首先，先討論本能經驗。情緒經驗可被清晰地記憶，且隨後往往會引發類似的情緒，相較之下，我們不會如同正在經歷疼痛、飢餓或口渴等本能經驗一般回憶過去。根據羅文斯坦（George Loewenstein）的說法，我們回想起飢餓、口渴或疼痛時，不會產生本能反應，因此想像這些感覺時，也不會出現類似的反應：[5]

> 除了某些重大的例外情況之外，人似乎可在認知層面上，記住五臟六腑的感覺，但即使強度降低也無法重現。人類大腦似乎不能夠像儲存視覺、語言和語意等資訊一樣，具備儲存疼痛、情緒或其他本能反應相關訊息的能力。

請試著回想筋疲力竭的感覺，隨便您愛怎麼回想就怎麼回想，對我而言，怎麼想幫助其實都不大。換句話說，我知道什麼是疲累的感覺，但我試圖回想的，是關於疲累相對的抽象概念，全然不同於真正感到疲累時的豐富現象經驗。而且經驗愈主觀、愈本能，就愈難以想像。如威爾森（Timothy Wilson）和吉伯特（Daniel Gilbert）所言：「心理模擬，不過是現實的紙板模型。」您也許會注意到，羅文斯坦將情緒視為我們難以清楚記憶的經驗類型。正如我們所見，記憶研究提出了不同的觀點，有些特別發自本能、內心深處的情緒，也許難以回憶，但可別因此誤以為所有的情緒，都像疼痛或飢餓一樣難以回憶。[6]

本能欲望和感受的另一個問題是，當我們想像自己在某種情況下可能會有的行動時，想法很難不受到本能欲望的影響。我在感到飢餓時，想像晚一點會吃的東西，就可能想吃較多不健康的食物，但我在想像時若不餓，那想吃的食物就會比較健康。不過，若我在不餓時，決定不吃櫥櫃裡的洋芋片，等到我餓了，還是大有可能會把它吃掉。羅文斯坦研究了此類行為，基本上得出了我所指出的結論，光是想像自己肚子餓，並不會讓我們選擇實際情況下會選擇的食物，所以我們永遠不該為了未來的社交場合，囤積餅乾、蛋糕或洋芋片。

口渴也有類似的情形，若您想像自己已徒步健行了一整天，幾乎並未進食和喝水，而正在想像的此時若您感到口渴，便會預測自己寧可喝水，而不是進食；若您在飢餓時想像此情境，便會預測自己寧願吃東西，而不是喝水。看來我們在想像自己處於各種情境時，很難「隔離」當下的本能感受，我們的餓或渴，可說

是滲透到了我們的模擬之中。[7]

合理假設，具有強烈本能要素的欲望（如：性慾），也相當難以模擬。不過本能經驗，並非是唯一一個讓人難以回憶起的事。情節記憶，指的是我們對自己經歷的個人記憶，本身也不見得完全可靠，部分原因在於它的結構。我們儲存個人記憶，不是為了以後能完整的檢索。情節記憶忘卻得很快，有時只需要數小時。更糟的是，新記憶有時還會影響舊記憶，上述句句屬實，後來生活發生的事，會影響我們如何回憶先前發生的事！

此外，我們所記得的內容，部分取決於我們如何、何時、為何回憶過去的經歷。感到沮喪時，我們最記得的便是過往事件中，最令人沮喪的面向。再者，我們回想起過去的想法、價值觀和態度時，比起當時的實際狀況，會發現它們更符合我們目前的想法。有時我們只能在類似情況下，才能回想起自己的經歷，此類記憶通常稱為「內隱記憶」（implicit memories）。[8]

只記重點的記憶結構

記憶研究學者沙克特（Daniel Schacter）認為，記憶中對個人最重要的環節通常是準確的，這是個好消息。但壞消息是，我們只會儲存與原始經驗相關的零星資訊，然後再根據其他可用的資訊，好比語意記憶（semantic memory），來即時填補其餘空缺的部分。語意記憶涉及到概念和事實的資訊，如：羅馬是義大利首都，它其實只是常識和概念知識的別稱。這意味著，即使是我們最親密的回憶，也是由原始經驗的碎片和抽象且籠統的資訊拼湊

而成；接著，在此過程中會融入我們當前的價值觀和評價。如果記憶儲存的是原始經驗最核心之處（即對當時的個人而言，最重要的部分），可真是相當聰明的記憶創造法。

　　畢竟，若要儲存每段經驗所有的原始特徵資訊，心智可能會超載，以致我們幾乎無法從事其他活動；相較之下，儲存一般資訊的連結用以填補記憶中的空白，是十分有效率的方式。然而，高效的副作用就是，記憶此種設計特徵，會讓我們回憶起的事物或人物，比當下實際感知的更刻板和典型。無論我們對先前事件的記憶多鮮明，也就是不論記憶多有說服力，它仍然可能相當地不準確。還記得第一章提到的故事嗎？我的朋友小時候從樓梯上摔下來，卻記得事發地點是在他摔下樓後才搬去的房子，儘管他心知這一點，但仍然清楚記得從那些樓梯摔下的情景。

　　話雖如此，我們應該清楚，摔下樓梯以及他所受到的影響，很可能是正確的回憶，只是地點錯了。所幸，想來令人欣慰的是，當我們仰賴記憶進行換位思考時，通常是試圖瞭解，一個事件在情緒或其他方面的意義。

　　我們對語意記憶的依賴，導致了心理學家所謂的「聚焦」（focalizing）或「聚焦錯覺」（focusing illusion）。人在聚焦時，幾乎完全專注於一個情況的核心特徵上。例如：假設您回想去看牙醫的情況，也許會注意到下列類似的場景，您在一間燈光明亮的潔白診間，躺在一張老式的診療椅上，毫無防備地張著嘴，有人用銳利的工具，仔細檢查著您的口腔，而您試著呼吸。躺在那裡時，您擔心上頭傳來壞消息，心想我有新的蛀牙嗎？我需要做根管治療或要植牙嗎？然而，看牙醫其實還涉及到許多其他的事

情，比如像是要如何前往，是要走路、騎自行車、開車或搭大眾運輸，其他像是沿途的遭遇、候診室的等待、與櫃檯人員閒聊等。聚焦可能讓事情看來更好或更糟，具體依個人的焦點而定。以看牙醫為例，情況通常比實際看來更糟。[9]

當我們的思維被聚焦時，很容易以去除情境脈絡的方式，來呈現特定的情況。但是，事件發生的情境，亦會影響一個人對一件事的反應。試想您吃著一盤肉醬義大利麵（若您是素食者，請想像一盤義大利燉飯），想起來很美味，對嗎？

若您和威爾森等人問過的學生一樣，想像在早上或晚上吃那盤食物，想像中的美味程度並不會受到影響。然而，當受試學生實際吃那盤義大利麵時，晚上吃卻比早上更享受。原因為何？威爾斯寫道，因為他們的思維聚焦了，受試學生只想著要吃義大利麵，而未考慮到吃義大利麵的情境。因此，從頭開始想像一件事，不見得總是有所成效，其中之一的原因，是我們的想像方式過於貧乏，未能適度置身於生活的情境中。[10]

我們傾向聚焦一事，透露出部分關於想像力的重要資訊。我們通常不會想像廣闊的情境，想像中的場景往往不是一場華麗絕倫的芭蕾舞或歌劇演出，而更像是一部舞臺布置極簡的現代戲劇，空蕩蕩的，只有主要人物和事件。

我們也許會以事物從未有過的形式，來想像事物異於平常的情況。這與我們想像看到、或聽到事物的方式並無多大差別。舉例來說，當我們在想像聽見有人歌唱時，可能只會想像聽到歌聲，周遭是一片寂靜，但現實生活中，即使不特別注意，我們也幾乎總是會聽見其他的聲音。不關注某件事物與完全忽略它，兩

者相差甚遠。現實生活中，我們未注意到的事物，有時會以無法
預見的方式，影響我們的想法和行動；我們也幾乎可不費吹灰之
力地，將注意力轉移到這些事物上。然而，在想像中沒有出現的
事物，不會產生如此的影響。

聚焦是我們為了擁有有效的情節記憶所付出的代價，而這個
代價無疑也值得付出。但是，當我們要模擬置身於他人的處境
時，切記必須考量「人會傾向聚焦」這個特點。

我們希望能從個人的經驗中獲得人生的重要道理，幫助我們
理解他人，但這些經驗通常涉及相當抽象，且非寫實的表徵，
而這些表徵，可能還會受到我們當前的評價和意義建構（sense-
making）的影響。

不過，事情不像看上去那麼糟。吉伯特的主要研究發現，聚
焦會妨礙我們正確地判斷情感的程度和持續時間。若您最愛的球
隊贏得了一場重要的賽事，您開心的程度和時間，不會如您預期
地高和久，但您仍然會感到快樂。同樣地，即使記錯自己摔下樓
梯的確切位置，摔落的經驗依然可能正確。換句話說，想像力和
記憶力雖有缺陷，但並沒有那麼嚴重。

經歷並非萬靈藥

讓我們回到曼考和希欽斯的案例，我們現在可以好好回答，
為何兩人儘管童年時有過溺水的經驗，卻不認為水刑很糟糕的原
因。首先，可能的解釋是，溺水是一種涉及本能的經驗，因此，
即使能回想這段經驗，也很難在想像中重建，所以他們可能會輕

忽溺水有多可怕。但是，此種解釋可能不太正確。請注意，希欽斯強調他是被「澆水」，而不是「被綁在板子上」，表示他並未因為水刑而聯想到溺水的經歷。此外，儘管回憶本能經驗時，無法引發本能的反應，但回想起來肯定十分不愉快，兩人在自願一試時若有聯想到此經驗，應該會加以三思。

當然，另一種可能是，他們經歷了溺水之後，也許會如同先前提及的受試者一樣，小看那些難以克服相同困境的人。但這點值得懷疑，我們沒理由認為，他們會站在恐怖分子嫌犯的角度，也有充分理由猜測，他們從未以此角度思考過。

人往往不會採納不喜歡的人的視角，當然也不會站在報導中反派的立場，其中部分原因是缺乏獎勵。多項研究發現，當人因準確理解他人、或共情他人而獲得獎勵時，會比沒有獎勵時表現的更好。這顯示出成功共情他人與獎勵息息相關。若人在正確採納他人觀點時會讓他們獲得獎勵，便會更善於從他人的角度來看事情；如果這樣做會讓他們感覺不好，便可能就不善於從他人的角度來出發。

回到水刑的例子來談，希欽斯和曼考都有理由希望，水刑其實不「那麼糟」，因為兩人都支持以水刑做為偵訊的手段。但他們不太可能會為酷刑辯護，所以，最好的辦法，就是堅稱此種偵訊手段並沒有「那麼糟」。[11]

由此，我們可獲得的結論是，希欽斯和曼考很可能根本沒將遭受水刑的過程，連結到他們自己先前溺水的經驗；但他們也未能將這些經歷，聯繫至他們想像中恐怖分子嫌犯所體驗到的事。從心理學的證據來看，此種錯誤絕不罕見。正如我們在第四章中

所見，人在回想他人讓自己失望的經驗時，也常常記不住自己也曾讓別人失望。

上述各種記憶失靈的情況，對換位思考有何影響？首先，我們不能假設人在特定情況下試圖採納他人觀點時，會自動回想起類似的經歷。即使他們真的如此做了，也無法喚起身體在一段經驗中的本能感受。

此外，人在想像一段經歷時很可能會過度聚焦。這些都是在換位思考時，我們必須考慮到的缺點，但這些缺點，並不會大幅衝擊此做法的效用。原因是，儘管我們無法捕捉到一段經驗的本能感受（viscerality），但仍可回憶起在此段經歷中，究竟是愉快或不愉快。雖然記憶不準確，但我們回想起的核心內容更可能比情境正確。

再者，心理學家發現，若明確將人的注意力，引導至情境的其他特徵上，因聚焦而引起的錯誤就會消失。這意味著，若我們努力去釐清應該關注的重點，自己也能避免聚焦所產生的錯誤。當然，這一切若無法與相關的記憶產生聯想，便毫無用處。我們並非注定不能這樣做，只是需要付出更多的努力。這也凸顯出換位思考其中一項非常重要的特質，那便是換位思考是一項技能，可以精進，也可能退步，但我們可以訓練自己表現得更好。

這正是心理學研究為何如此有用之處，它教會我們哪些是常見的陷阱。遺憾的是，心理學文獻常常被以偏向決定論的方式去解讀，彷彿研究中所衡量的能力是不可改變的。不過，值得一提的是，我的友人茱麗過去曾在佛寺中，練習冥想和反思多年，她藉由自我訓練，學習更細心的思量自己和他人。[12]

設身處地為我們帶來的效用

有鑑於各界對換位思考可能性的廣泛批評，您也許會訝異的發現，於在關係、合作、道德和正義等所謂的人類事務中，有大量的證據顯示，換位思考具有實用價值。換位思考除了關乎同理的準確度之外，還有助於正確理解他人的想法、感受或需求，以下是部分其他的因素：

換位思考可增加（或促進）

（1）　同理心的準確度。

（2）　對目標對象的好感，以及目標對象對換位思考者的好感（若目標對象知道，對方正在採納她的觀點）。

（3）　換位思考者對他人的幫助，無論是一般情況下，或針對特定的外部團體成員；以及目標對象對換位思考者的幫助（若目標對象知道，對方正在採納她的觀點）。

（4）　對目標對象的認同感，或對換位思考者的相似感（若目標對象知道，對方正在採納她的觀點）。

（5）　在競技比賽和一般談判中的表現。

（6）　對正義的渴望。

（7）　傾向做出親社會（prosocial）的道德判斷。

（8）　道德推理。

（9）　情侶雙方配合對方的意願。

（10）關係滿意度。

（11）寬恕。

（12）自戀型人格障礙患者的同理心。

換位思考可減少

（13）刻板印象。

（14）偏見和成見。

（15）憤怒和人際侵犯（interpersonal aggression）。

（16）聚光燈效應（傾向高估自身言行舉止，受他人關注
的程度）。

以及

（17）換位思考或同理心方面的能力有受損的人，會遇到
一連串人際問題。如：患有精神病或自閉症的人。[13]

上述列表令人印象深刻，它清楚表明了，換位思考與親社會
行為密切相關，如：喜愛和幫助他人、關心正義和道德、包容或寬
恕他人等。身處於令人不安的時代，這些都是我們更需要的特質。
因此，有人堅持認為換位思考和同理心毫無益處，似乎荒謬至極。

換位無法拿來解謎

話雖如此，換位思考的反對意見大多更加微妙。有人說，換
位思考也許會帶來一些好處，但整體來說，它比使用其他方法更
糟。還有哪些其他方法？像是我們應該直接詢問他人的感受、想
法、期望等，然後相信他們的答案。這就是埃普利實踐同理心的
方法（順道一提，他最討厭聖誕禮物）。埃普利的研究顯示，透
過把我們想像成對方，來猜測他們想要什麼是毫無用處的，我們

只會搞錯而已；反之，我們應該直接問對方想要什麼。對埃普利
而言，換位思考的問題，在於缺乏準確度。

第三章討論到席拉斯的研究，我們看到證據顯示，人對他人
想法或感受的信念並不十分準確。但至少席拉斯認為原因在於，
人往往不太站在彼此的角度思考。埃普利、埃雅爾（Tal Eyal）
和斯特菲爾（Mary Steffel）共同檢視了二十五項研究，以瞭解換
位思考是否有助於同理心的準確度，結果並未發現任何證據支持
這一點。他們沒有錯，受指示採納他人的觀點，對於準確推測個
人心理狀態毫無影響。埃普利認為，若要說有什麼不同，就是換
位思考會讓人在理解上更失準。若他是對的，那我們可就麻煩大
了，但他真的沒錯嗎？[14]

直接向別人詢問他們心中所想，儘管看來毫無新意，但至少
在您認為對方所說的話是可以相信時，這無疑是理解對方的黃金
準則。難以否認的是，若我們願意多花上一點時間，以此種方式
來驗證我們對他人的猜想，也許就會更接近正確的理解。

儘管如此，埃普利的提議仍存有疑慮。首先，我們之所以不
一一詢問確認他人的想法、需求或期望，其實是有理由的。假使
把這個想法發揮到極致，將需曠日持久（例如：你是否刻意以那
種方式來擺動手臂？是的話，為何要這樣做？）。抑或，我們也許
不想讓別人知道，我們在揣測他們的動機；又或者，我們也許想準
備禮物給人驚喜，如果先問了對方想要什麼，就算不上驚喜了。

從另一個方面來看，人之所以不願意、或不能直言真相，理
由眾多（如：你是不是打算在我轉身時攻擊我？）。因此，在這
些情況下，我們難道不該利用換位思考嗎？[15]

　　其次，埃普利引用的研究結果，終歸並非全部與換位思考有關，他所檢視的研究，超過半數都是經典的心智理論測試，這讓人很難指望，此種測試能顯示出多少關於換位思考的發現。正如我先前一再強調，採納他人的觀點並非理解他人的唯一方法，它只是一種有別於其他的方法，以第一人稱的方式來認識他人。

　　這意味著，此種方法也許有助於某些層面的理解，但不見得適用於所有類型的理解。例如：在辨識照片或影片中臉部表情所帶的情緒，我們就不該期待改變觀點會對結果有太大的效用。無論是關於主要對象還是他們所處的境況，若少了情境的脈絡，換位思考者便缺少有用的推論依據。因此，換位思考者也表示，相較於只被要求辨識情緒表達的人，他們認為這項任務更加困難，信心程度也更低。

　　埃普利考慮的另一組研究似乎更符合期待。他要求伴侶採納彼此的觀點，並讓他們預測對方的偏好，這似乎更符合席拉斯等人的主張。然而結果發現，研究對象的預測準確度，並不比那些僅被要求預測伴侶偏好的人更高。儘管如此，他們對自己的正確性更有信心（但控制組也是如此）。這似乎對換位思考提出相當大的挑戰，但在面對此類研究時，我們有必要謹慎評估。例如：有人可能會懷疑，換位思考是否有助於我們預測出，伴侶在中餐廳可能想吃的菜式或想看的電影——但這就是為何人通常會直接詢問的原因！某些情況下，直接問對方可能更有效。[16]

　　埃普利指出了換位思考存在的諸多限制，此點所言不假。換位思考也許不見得總是有助於預測特定的觀點、品味或嗜好，但正如巴菲的例子所示，它可以幫助我們預測，人在特定情況下的

反應。然而，換位思考的真正優勢，在於它有助於我們理解人為何有某種反應。

換位有助於理解感受

在第一章的原版故事中，荷米雅希望伊吉斯明白，她是多麼強烈反對自己與迪米崔斯的婚事，以及她多一心一意地想嫁給萊桑德。伊吉斯毋須預測她是否想嫁給迪米崔斯，或她是否愛上了萊桑德，荷米雅已經說出了她的感受和願望。相反地，她需要伊吉斯瞭解她的利益、擔憂、依戀和信念，而不僅僅是從伊吉斯自己的角度出發。

伊吉斯未能理解荷米雅，並非因為他未能準確掌握，關於荷米雅對萊桑德、迪米崔斯和父母之命的婚姻有何感受，他擁有所有必要的資訊，只是不理解這些情況對荷米雅的關聯性或重要性，他不明白當前情況對荷米雅的重要意義。為何如此？因為他並未將自己置身於相同的處境，這表示我們不能將理解單純歸納為，能夠準確陳述他人的想法或感受。

伊吉斯沒有意識到，荷米雅的抵抗和萊桑德的堅持，並非出於不敬，他沒能看清全局，也不理解荷米雅的想法和感受對他們兩人的關係有何影響。不過，就算不清楚荷米雅確切的想法或感受，其中部分的事實，他應該多少還是能理解一二。

讓我舉個例子。數月前，我正準備前往克里夫蘭去探望朋友，其中一位友人要求我先自主隔離久一點。當時，我唯一見的人是我的諮商師，但朋友希望我去拜訪前，先不要進行實體的諮

商。起初，我感到很惱火，畢竟我幾個月前，才剛從新冠肺炎中康復，不太可能這麼快再度感染。另外，我的諮商師是我唯一見過的人，更別說我甚至連日常用品都是外送上門。

　　然後我反覆尋思，若我設身處於朋友的立場，自己會作何感想？我想像自己認識一個過去重病五週的人（我自己），想像我多想避免被感染，然後想像有位客人，每週都在室內與諮商師面談一小時。好的，我明白了，我心中的怒火消散，重新安排，改與諮商師進行線上面談。

　　所以，我現在是不是認為自己的想法、感受和期望，與我朋友一樣呢？也不見得，畢竟我的推理過程太過迅速，以致除了模糊的不適感，和我自己也不會喜歡這種情況的結論之外，我對於腦海中是否閃過任何特定信念毫無所覺。

　　我只是覺得自己懂了，但我到底懂了什麼呢？我懂得朋友在意的問題，但這很難用言語表達。因為若我說，她在意的是想保護自己的安全，那其實我在採納她的觀點前就已經知道了。但當我從想保護自己安全的人（我自己）的立場，來理解這一點時，我便意識到，自己可能也會要求朋友在來訪前先自主隔離一段時間。我如今明白，她要求我自主隔離，與我們的友誼或我想見她的渴望無關，但尚未採取她的觀點之前，我其實不太能明瞭這一點。

　　我們試圖理解他人時，通常想知道的，並非他們從外部看來的確切想法或感受；反之，我們感興趣的是，為何他們會這樣想或有此感受、這對他們有何影響等。另一項明顯的重點是，我們想瞭解他們對於情況、我們或其他人的態度。

　　為了說明此點，請參考我在積極活躍的生活中，推測他人動機的另一項實例。撰寫本書時，我用了好友茱麗的例子，她採納我的觀點，來理解我為何對她開車的方式感到如此不安，當時我獲得一個小小的頓悟。

　　我曾和一名視車如命的男人約會，我很少獲得同意駕駛那輛車，就算我可以開他的車，也總是在他的緊盯之下，不用說，這鐵定會讓人比平常駕駛時開得更糟。我為此埋怨他，認為他的態度顯然是對我缺乏信心和尊重。

　　但是，當我反思自己對茱麗的態度時，突然意識到，他的感受也許和茱麗開我的車時，我所感受到的一樣，只是我自己過度解讀。我霎時有了一種「我懂了」的感覺，因而心裡倍感寬容。當他人駕駛我們的車時，我們所產生的反應並不合理，或說是不「理性」，但顯然不難理解。

　　我理解前男友為何在我開車時，會對我指手畫腳，但我並沒有理解他為何有此感覺。我也不明白自己為何在茱麗開我的車時，會如此激動。然後我明白了，人在某些情況下也許變得很固執，要求別人開車的方式必須跟自己一樣，根本不在乎對方是否覺得受到尊重。

　　我之所以清楚，是因為自己親身經歷過。這正是換位思考的部分魔力，我也許無法用言語精準的表達自己理解到了什麼，有時也只能說「就是那樣」，而「那」其實指的正是我自己的某些經歷。

　　我當然無法確定前男友的感受，是否如同我在茱麗過彎時未能換檔的感受一般，某方面來說，這並不重要。重點在於，我意識到了自己所視為的譴責背後，也許根本不存在敵意或缺乏尊重。

　　在此，換位思考為我開闢了新的可能性。對於前任的行為，我至少發現多了一種不同的解釋，而事實上，可能還有更多的解釋。不過，現在先假設我幾乎都理解正確。於是，我們可觀察到，我的模擬和他當時的態度之間，存在著功能對等（functional equivalence），意味類似的事件，讓他和我以類似的方式做出反應，但這種反應並不代表我們對被冒犯之人，存在任何惡意。

溝通比想像中來得困難

　　在我的故事中，我在意的是前男友的抱怨，以及所暗示的意義，如：他對我的態度、我們的關係狀態，以及我的自我能力。只要我能善加理解這些方面，細節基本上就無關緊要了。

　　我並不是指他人的想法與我們無關，但我想表達的是，這通常不是我們主要關心的議題，我們更關心他人的意圖有何特性，他們是好意，還是惡意？友好還敵對？為了更清楚說明，且讓我們回到第三章討論過的席勒斯關係研究。席勒斯指出，雖然瞭解伴侶、父母或子女最直接的方式，就是直接溝通您的想法，[17]

　　　但現有證據顯示，直接溝通並不保證能理解。部分研究在同理心的準確度典範中，考量「直接」和「理解」之間的關聯。據辛普森（Simpson）等人（2003）指出，在解決婚姻問題的討論中，同理心的準確度和避免衝突之間不具顯著的相關性。此外，同理心的準確度，與感知者在評比伴侶想法和感受的表達清楚程度上，兩者之間也沒有關聯。

　　這解釋再清楚不過了。而且不止於此，這表示埃普利強調的「我們只需詢問對方的期望或想法」並不像他所主張的如此理想。因為人不可避免地，必須解讀他人的話，而此種解讀主要是根據自身的利益、目標和關注。這就是為何換位思考如此重要，唯有這樣，我們才能真正聽進去對方所說的話！抑或，至少我們可以聽見自己以外的聲音。

　　部分問題在於，溝通比我們想的要困難，且費力許多。吉薩（Boaz Keysar）等人有篇關於換位思考和溝通的文章，他們在開頭如此寫道：「語言本質上總是模稜兩可，每個語言表達都能傳達不止一種意圖。」當我們直接與另一人交流時，想從中解碼對方的意圖尤其困難。因為我們除了一邊處理對方的語句，並從中擷取整體含義之外，還需要一邊想著該如何回應。

　　用於增強人際理解的聽力練習，通常要求聽者不要思考自己要回應什麼，因為這麼做，會使他們錯過許多重要的資訊。與人交談可能相對簡單，但正如我們許多人所瞭解，被聽見才是難事。當然，聽覺上也是如此。真正理解他人所言需要付出心力，而這似乎是我們經常不願付出的努力。[18]

理解往往比準確更重要

　　人在彼此交談時所說出口的話，對關係的意義至關重要。在席拉斯的部分研究中，有整整三分之一的受試者，回覆的內容都與關係的意義有關。換句話說，三分之一的交談受試對象的想法和感受，皆是關於對方所說的話語對兩人關係的影響、對方與他

們溝通的態度品質，以及其他各種重要議題。正如席拉斯表示，
人常將溝通視為：[19]

　　一種逃避（如：她只是不想認真看待整件事、不想再爭
　　論）、對抗（如：她想用言語攻擊我，而不是像人一樣溝
　　通），或具建設性的參與（如：他很合作）等行為。此外，
　　隨意將溝通歸因，還透露出了明顯的偏見。例如：不論是
　　妻子或丈夫，都將對抗的行為更歸咎於伴侶而非自己，而
　　在具有建設性的參與上，則多歸因於自己而非伴侶。

　　請注意，席拉斯觀察到的互動過程，由於相對較迅速，不太
可能涉及換位思考，相反地，評價通常反映出個人對特定情況的
看法。不過，有一點顯而易見，就是我們非常在意自己與他人關
係的品質，即使非親密關係亦會是如此。在這些關係中，人對感
知到的侮辱或輕慢，極度敏感。

　　不過，畢竟席拉斯所從事的研究，多半是關於關係出問題的
夫婦，因此他們難免會聚焦在對關係的思考上。只是，換位思考
大多時候更著重在關係的意義，而不是為了分毫不差地確定對方
的想法和感受。這也解釋了，為何致力於同理心準確度的研究者
會發現，人在伴侶採納他們的觀點時會感到被理解，即使伴侶的
觀點不甚準確也是如此。[20]

　　回想一下我們在第三章曾討論過的研究，關於社交評價的兩
個核心面向——溫情和能力。我們對他人的關注通常更為發散，
而不是去注意他們特定的心理狀態，從上述的觀點中，也可以發

現進一步支持此觀點的證據。

對我們而言，最看重的是另一人是否讓人感覺溫暖、友好。也就是說，我們非常關心自己所感知到的意圖、友好、幫助、真誠、可信、道德、公平、慷慨、誠實和寬容等特質。這些都是他人或其行為的特徵，有助於我們判斷與他人進行的任何關係、合作或其他共同事業。此外，這些特質還可預測一個人如何與他人和周遭世界建立關係，例如：他們是否值得信賴？

換句話說，我們通常關注的是他人與我們的關係，而非對方特定的想法或感受，我們在意的是對方平時的態度。他人是敵是友？是否正派或值得信任等等？這與席拉斯的觀察十分吻合，他研究中的夫婦花了三分之一的時間，反思兩人互動的整體意義。因此，我們可預期換位思考在關係意義領域，也許會特別有助益。當我們解讀他人的言語時，所賦予的意義通常反映了聽者的興趣、關注和社會情境（social situatedness）。擺脫這些，可讓我們有更多空間考慮其他的解釋，也許更能思考，對方如何看待他們自己的行為。

而且，如我們所知，個人行為多半基於自身的能動性、技能或意圖等等，因此，透過對方的角度來瞭解他們的行動，我們也能更加理解他們的能動性、技能和意圖。有時，我們說不定會固守部分特定的解釋，但我們毋須如此，換位思考也許可做為基石，讓我們知道如何問對問題，來增進對他人的理解。

少了溝通的換位思考，也許只會是徒勞，但少了換位思考的溝通，可能也好不了多少。事實上，在衝突情況下，溝通的效果往往不佳。例如：費尼（Judith Feeney）和希爾（Andrew Hill）檢

視了在伴侶關係中所寫下的日記，發現模糊的溝通導致雙方在看待傷害事件上出現了分歧。因此，為了深入理解他人，換位思考和溝通都不可或缺。[21]

　　總而言之，換位思考可以發揮諸多功能，具體則取決於我們的需求，當然還有我們能否將此事做好。對於他人特定且獨特的想法和感受，換位思考能提供更準確的概念。此外，如我們所見，有鑑於記憶的結構，透過換位思考，也許很難完全正確地理解他人的想法或感受，而且我們可能還得比平常付出更多的努力（確保我們聯想正確的記憶、根據本能感受進行調整等）。不過，太過聚焦於準確度，也會讓人容易忽略換位思考的許多其他功能，而這些功能同樣或甚至更為重要。

　　當我們做到換位思考時，便可獲得比自己在前反思觀點中，更寬廣的解讀選擇空間，我們能考量以其他方式，來解讀他人的反應，並更加瞭解對方的意圖或經驗的特質。有時，我們會設身處地，想像他人當時的想法、感受或行為，從而在人我之間建立功能對等；有時，則是透過體驗近似他人所感受的情緒來實現。

　　最重要的一點或許是，換位思考能直接從受影響的人的內心，去捕捉到他們所關心的事，以及考量眼前情況對他們的重要性，猶如自己實際受到和對方一樣的影響。換位思考有助於我們理解個人的價值觀。

　　且讓我再舉一個例子，主要是關於，在不清楚我們已知事物的確切細節情況下，我們會如何去理解。試想一張好的地圖，若您去過倫敦，可能還記得所有車廂內，都張貼著標誌化的地鐵路線圖，代表了不同路線之間的關係，中間是呈獨特瓶形的環狀

線。但讓人驚訝的是，這張地圖中沒有任何一條路線在地理上，是被準確標示的。例如：環狀線既非圓形，也不是瓶形。此外，地圖上各站之間的距離，與實際的距離也有所出入。可是，若要精確製作出完整的地鐵圖，路線的顯示也許會變得混亂不堪；為了讓地鐵圖更便於使用，圖上的路線經過簡化和修改。

我們可能會堅持認為，那些從地圖來瞭解倫敦地鐵的人，對環狀線的細節沒有精準的認識，但要說他們不瞭解地鐵線的運作，可就奇怪了。事實上，他們可能比清楚細節的人，更擅長使用地鐵系統。同理，想要理解他人，我們毋須瞭解對方確切的想法或感受，只需瞭解對方對我們或其他人的一般意圖和態度。[22]

做不好情有可原

換位思考並非輕而易舉之事，我們之所以會做不好，也實在是情有可原。為了成功採納他人觀點，我們必須發揮創造力，根據對方來重新定位以自我為中心的關係利益圖。若我們仰賴個人經驗來實踐換位思考，就必須注意各種陷阱。例如：我們在預測自己的反應時會傾向聚焦，從好的方面來說，聚焦主要影響的是，情感反應的程度和持續的時間。此外，我們通常難以重現過去情況中的本能經驗，因為我們傾向以更刻板的方式，來記住原本發生的事情。

當別人正在經歷我們克服過的困難，有時我們會給予較少的同情，我們對人或其行為的偏見，會妨礙成功的換位思考。重要的是，瞭解何時採納他人觀點以取得預期的好結果。不過我也說

了，事情並不像許多人想得那麼糟糕，正因我們知道換位思考的限制，便可藉此來校正、調整我們的模擬。

我們可以學習、改進。出現本能反應時，我們可稍加克制；我們可在想像的場景中加入更多的情境因素，以避免過度聚焦；我們可以想像自己試圖同理的人是我們真正關心的人；當我們已偏向特定結果，或對目標對象有敵意時，應加以小心運用換位思考。

然而，人們擔心的典型情況呢？比如說，較具社會優勢的人，如何試圖瞭解弱勢族群的經歷？有此提問的疑慮在於，人我之間截然不同的經歷，會在彼此間造成難以彌合的鴻溝。個人必須運用良好的判斷，瞭解自己能理解哪些類型的反應，又有哪些反應，是超出自己所能理解的範圍。話雖如此，由於我們與世界的關係，絕大程度取決於人性和我們的具體存在等，因此，人在類似情況下的反應，存在許多相似之處。這就是所謂的基本歸因謬誤（fundamental attribution error）文獻所顯示的重點。

羅斯（Lee Ross）聲稱，預測某人行為的最佳方式，不是考慮他們是什麼樣的人，而是考慮他們所處的情境。情境的影響之大，足以在性格、背景和經歷相差甚遠的人身上，引起類似的反應。某種程度上，這說明了我們得以進行心理學研究的原因，這也是為何美國軍方毫不費力地，就能想出方法拷問中東人士。[23]

然而，換位思考並不僅僅是從行為者視角來看待別人，有時也是從觀察者視角來看待我們自己，這就是我們接下來要討論的內容。

8

認識自己

　　沙特在《存在與虛無》（*Being and Nothingness*）一書中，要求您想像從上鎖的門外，試圖去辨識另一邊房內發生的事。您剛剛把耳朵貼在門上，現在正透過鑰匙孔往裡窺探。也許您嫉妒某個愛人，也許您只是過於好奇，無論情況如何，您都全心投入於正在做的事。您努力伸長脖子，以聽清楚房內傳來的咕噥聲，同時調整自己的位置，以便瞥見裡面的人。您的腦袋飛快運轉，思考著各種可能狀況。突然之間，您聽到走廊裡傳來聲音，有人來了！您呆若木雞，瞬間意識到自己像個間諜、偷窺狂，羞愧感剎時襲來。[1]

　　在上述的情節裡，說明了沙特哲學中，另一人（又稱他人）的「注視」（The Look），如何深重地影響人對自身行為和身分的認知。您從與自己的行為合一，**轉變將自身行為視為特定行為**，並視自己為特定行為的執行者。您密切注視著另一人；沒錯，您正是那在走廊暗處，或任何想像之處監視著他人的人。「注視」向您傳達了這一點，但不是直接傳達。您也許會誤以為，走廊上有其他人存在，但也許無人在此，又也許只是一隻老鼠。重點不在於另一個人實際存在的事實，而是另一個人存在的可能性。當您意識到此種可能性時，便會自動採用另一人的視角來看待自己，您會依照想像中對方的評價來評判自己。

　　沙特捕捉到，當人從完全沉浸於自身行動的行為者視角轉變為**觀察者**視角時，所發生的意識變化。以下是「侵入者」出現之前的情況：

> 我的意識中並不存在自我，因此我也毫無內在依據可用來
> 評價自身的行為。行為不為人所知——我就是我的行為，

行為本身已包含了它們存在的理由……門、鑰匙孔，既是
工具，又是障礙物。它們被形容為「必須小心應付」；鑰
匙孔被賦予為「從旁緊挨著查看」等意義。因此，從「我
做必須做的事情」此刻起，沒有任何超然的觀點能為我的
行為賦予可供評斷的特定特徵。[2]

當您在門邊偷窺著那個拒絕您的情人時，您不會對自己說：
「我在偷窺亞伯特（請隨意代換為其他名詞）。」為何不會呢？
因為您太忙於偷窺對方，而沒有注意到自己的行為。您既未意識
到自己是一個人，也沒有察覺自己在偷窺或監控的行為。

正如常言道，您「活在當下」。換句話說，您並未真正意識
到自己的感知、思考或感受，此種未經反思的第一人稱視角，不
是一種自我意識，而是對世界的意識。對我們許多人而言，沉浸
於當下的生活就是人生的典型樣貌。正因此種觀點如此不加反
思、如此常態，所以我們鮮少思考此種狀態背後的特點和意義，
這就是沙特試圖闡述的觀點。

從他人的視角理解自己的行為

第一人稱視角的另一個面向，是世界如何成為個人的延伸。
鑰匙孔的存在，只是為了讓人「從旁緊挨著查看」。也就是說，
看待鑰匙孔時是根據它為個人提供了哪些功能，而此刻即是為了
偷看亞伯特，甚或是偷看房裡另一個人。您周遭的事物，被您視
為實現目標的潛在工具。您並非以事物本身的條件來看待它們，
若您認同的話，它們是為您存在的物件。不過，當您懷疑自己可

能快被發現時，這一切都有了變化，從此刻起，您開始意識到了
自己和自己的行為：

> 我看見自己，是因為有人看見我——正如常言道……只有
> 反思的意識，才會將自我直接視為客體。未經反思的意
> 識，並不會直接去理解個人，或將人視為客體再去理解；
> 當人成為他人的客體時，就會呈現在意識中……現在，羞
> 愧……是對自我的羞愧，而承認了我確實是他人正在觀看
> 和評判的客體。唯有當我的自由脫離我，而我成為特定的
> 客體時，我才會感到羞愧。[3]

　　因此，這種受到喚醒的自我意識，暗示了他者存在的可能
性。我們並非以第一人稱視角來意識「自己生而為人存在於世
上」，那不是行為者或觀察者視角。正如我們在第一部所討論，
透過第一人稱視角，所見的事物充斥了我們的興趣和關切，但我
們自己並未明確地呈現在其中。世界是我們的世界。這一點在我
們歷經強烈的情感時，格外顯見於我們看待事物的方式上，正如
我們在第六章所見。亞哈認為莫比敵充滿惡意，但實際上，鯨魚
只是出於防衛。但沙特也指出，經驗世界是經由我們的興趣或利
益所形塑，其影響往往比我們想得更深入。

　　我們不僅將鑰匙孔視為用於容納鎖和鑰匙的門孔，還將其視
為可用於窺視的物件。在我們的感知和知覺之中，只僅僅隱晦的
呈現給自己，而那個向我們走來的人，不僅僅是帶雜貨回來的
人，而是我們隱私的侵入者。唯有當我們跳出不加反思的第一人

稱視角時，才能真正看見自己，而當我們這樣做時，我們會震驚地意識到自己的行為，以及行為對自身的影響。我意識到自己正在偷窺喜歡的人，正如英國人所說，我成了一個偷窺狂。我為此感到羞愧，不僅因為我意識到別人眼裡的評價，還因為我意識到了事情會看來如此，是因為事實正是如此。

這帶出了換位思考的另一種用途。也許聽來令人驚訝，但我們必須從他人的角度來看待自己，才能充分理解自己的行為和認識自我。部分原因在於我們經常對自己行為的本質一無所知，或是自欺欺人，而我們對自身行為未經反思的看法，不一定與他人的看法相同。但這不代表此種外部的觀點可被忽略，事實上恰恰相反，別人如何看待我們對待他人的行為，至關重要。我將於本章說明，為了充分理解自身的行為，我們必須要能「從外部」觀點來看待自己。事實上，此種能力是我們對自己行為負責的必要條件。

首先，我將先透過美國第三任總統傑弗遜（Jefferson）蓄奴的視角為例，來探討個人行為的微妙之處。想必他對自己所做之事的看法，與我們現在對他行為的看法截然不同。然而我認為，就算他不認同，他仍應該為自己所做的事負責。

現實情況是，我們無法評判自己的行為，我們行為對他人產生的影響，幫助我們確立這些行為的本質。若我們對他人所受的影響視而不見，就無法真正選擇自己要的行為，而且還會陷入社交困境。這一點在心理病態患者身上十分明顯，他們顯然特別固守於自身的觀點，我們接下來也會探討這部分。

然後，我將介紹我們談到自己的行為時，平衡自身與他人觀

點會帶來什麼影響；最後會討論，以外部觀點看待自己，對於理解我們對他人所做之事的局限。

我們在做什麼？

　　《華盛頓郵報》在 2017 年，發表了記者暨作家丹妮爾（Britni Danielle）撰寫的一篇評論，內容主要講現代美國與開國先賢蓄奴兩者之間的複雜關係。

　　傑弗遜也許是最尷尬的例子。儘管他撰寫出《獨立宣言》激勵人心的開頭，明確寫道：「人人生而平等，造物者賦予他們若干不可剝奪的權利，其中包括生命權、自由權和追求幸福的權利。為了保障這些權利，人民創立了政府，而政府的正當權力，是經由被治理者的同意而產生的。」但是，這名美國的第三任總統卻擁有奴隸，傑弗遜甚至還與其中一位名為海明斯（Sally Hemings）的女奴發生性關係，而且從她十六歲左右就開始。傑弗遜與她生了許多孩子，但她比傑弗遜小了三十歲。《每日郵報》和《華盛頓郵報》等報紙，都稱海明斯為傑弗遜的情婦。但是，丹妮爾堅持認為：[4]

> 此種語彙，掩蓋了他們本質上的真正關係……她不是傑弗遜的情婦，她是傑弗遜的財產，傑弗遜強暴了她。

　　丹妮爾說得沒錯，根據美國的法律，海明斯是傑弗遜的財產，所以她沒有資格表達自己的意願，她也無法拒絕傑弗遜。然

而，一旦我們深入瞭解，就會發現事情沒那麼單純。

傑弗遜在派駐巴黎擔任駐法大使的期間，便已與海明斯建立了關係。可是法國禁止奴隸制，因此，嚴格說來，他們旅居法國期間海明斯並非他的奴隸。海明斯與傑弗遜達成協議，傑弗遜承諾，若兩人一起返回維吉尼亞，他們在這段關係中所生的任何孩子，在成年後都將獲得解放。傑弗遜信守諾言，在他有生之年解放了兩名女孩，並在遺囑中訂定解放兒子的條款（至少還有兩個孩子早夭），但他卻從未解放過海明斯。

如果我們相信丹妮爾的說法，傑弗遜便是多次性侵海明斯。但對傑弗遜行為最慈善寬容的詮釋，肯定是他並不認為自己性侵了海明斯，海明斯本人可能也不是這樣看待情況的。在當時，奴隸主與女奴發生性關係並不罕見，尤其是當她們像海明斯一樣美麗時。況且海明斯的待遇比多數奴隸要好，此種結合之下的後代，通常仍是奴隸。

我們不曉得傑弗遜第一次接近海明斯時，海明斯是否明白自己不是奴隸，但至少海明斯在與他一同前往維吉尼亞前，肯定已經知道這一點。不過，話說回來，傑弗遜的莊園是海明斯唯一熟悉的家，且她的家人都在那裡。所以，嚴格說來，以她在法國並非奴隸的事實，來辯稱海明斯同意與傑弗遜維持長達數十年的性關係，是忽視了她處境中更大的現實情況。

另一方面，傑弗遜來自一個蓄奴的家庭，這是他部分的出身背景。在此種文化背景下，納女奴為妾在當時並不罕見，特別是在喪偶之後。海明斯本人，甚至可能是傑弗遜亡妻同父異母的姊妹，她母親也是農場主人與女奴結合的後代。而且，傑弗遜強烈

支持當時在南方流行的論點，即非洲奴隸及其後裔，在智力和身體條件上均不如白人，再加上女性在當時被認為地位不如男性，這使得海明斯處於的社會地位相當底層。

　　我們現今所認為的奴隸制，涉及了違背個人意願，迫使平等的人類受到奴役，可是傑弗遜並不這麼看待自己的行為。他也許從未想過，他對海明斯做的事，有可能等同於性侵白人婦女。若我們聚焦在傑弗遜看待事物的方式和其行為背後的意圖，那麼，堅稱傑弗遜因為蓄奴，並多次性侵其中一名女奴而有罪儼然有誤。嚴格說來，他雖蓄奴，但卻不認為自己奴役平等的人類是錯誤的行徑。

　　如果我們和傑弗遜抱持著同樣的觀點，就勢必要願意以相同的方式，去對待過去的其他人。但在一般情況下我們不會願意如此。例如：希特勒認為自己的舉動是在解放奧地利，但我們較情願說，他是入侵了這個國家。他相信自己是在讓歐洲擺脫猶太瘟疫，但我們說他發動了種族屠殺。我相信很多人絕不樂見希特勒對自己所作所為的說法。

　　決定要用什麼方式去闡述一個行動，並不只是一場文字遊戲，它指向了更大的議題——責任。我們僅儘要求人對特定性質的行為負責。例如：我們譴責希特勒時，並不是將他視為奧地利的解放者，而要求他負責；反之，我們是根據我們所看到的情況來闡述他的行為，然後要求他對這些行為負責。這意味著，我們要求希特勒對他認為自己從未做過的事負責，而我們並不認為這有什麼問題。不過，有一個有趣的問題是，為何如此？一個人是否會在無意的情況下，做他人聲稱他所做的事？誰有權決定呢？

要考慮行動的後果

　　我們可以用各種方式來描述一個行為，其中不乏一些稀奇古怪的方法，但多數行為都有規範性的描述方式。例如：當我回到一片漆黑的家中時，我開門並把燈打開，其中的「把燈打開」，就是描述我轉動電燈開關的公認說法。我們也許可以使用此類描述來決定責任。然而，如此一來，我們會面臨兩個問題。

　　首先，規範性描述的方式想必是符合文化規範。果真如此的話，希特勒聲稱自己在解放奧地利，聽來似乎沒什麼問題。第二，我之所以可以說把燈打開，至少是因為我開啟了電燈開關後，導致燈亮了起來。可是，打開電燈開關，也會讓我的貓醒來，還有我屋後的小偷，也可能會注意到我的存在；那為何我們不將我的舉動，描述為喚醒我的貓和警告小偷呢？畢竟，這兩種描述都不特別荒謬？看來，我們似乎需要更好的解釋，來說明為何把燈打開，才是正確的規範性描述。

　　上述範例正是哲學家戴維森（Donald Davidson）所舉的例子，他認為既然我不打算喚醒我的貓或提醒小偷，而且我對小偷的存在也毫不知情；那麼，嚴格來說，我只執行了一個動作，就是把燈打開。這是因為我為了開燈，扳動了電燈開關，其他的結果是我主要行動的副作用，把貓吵醒可能是可預見，但並非有意；提醒小偷則是意料之外，且無意之舉。所以，我執行的唯一動作，就是與我啟動身體的意圖（即打開開關）具有正確關聯的行動，而對此適合的規範性描述，就是我把燈打開。[5]

　　現在，假設俄羅斯人對電燈開關動了手腳，只要打開開關就

會導致隔壁建物爆炸。我炸毀了那棟建築嗎？戴維森會回答沒有。但是，假設我任職的情報機構，認為我應該要懷疑開關被動了手腳，因此終止了我的職務（我想像力不太豐富，所以請不要要求我交代細節，大家自行發揮想像力，相信多不勝數的間諜片裡會有適合的情節）。若我事先察覺開關被動手腳，卻還發生此事，那就是我的疏忽。

倘若這個例子看來過於牽強，下面的例子或許會更合適。

假設您心生不悅又在趕時間，所以就貿然衝上高速公路，結果導致一輛車為了避免與您相撞，冒險變換車道。您絕非故意，也沒有預見會發生這種情況，否則絕不會這麼做，畢竟您不是窮兇惡極之人。

但是，警察攔下您，指控您輕率駕駛，他不接受您的辯解，不採納您並非有意輕率駕駛的說法，請問您會感到震驚嗎？應該不會。畢竟，從法律的角度來看，您的確有過失。根據康乃爾大學法律資訊中心（Cornell Legal Information Institute）的說法，過失行為是指「未能按照普通謹慎的人，在相同情況下，應採取的謹慎程度來行事」。換句話說，您沒能做到自己該做的事。即使您當時並不認為自己輕率駕駛，但您確實是在輕率駕駛。[6]

現在，這一切和傑弗遜有何關係呢？傑弗遜之所以有責任，關鍵不在於他是否知道自己的行為，違反了他人的意願。從主動產生相關想法的層面來看，他強迫受其奴役的人，與他發生性關係。問題的重點在於，他原本可能知道嗎？他能嗎？

輕率駕駛的例子中，司機之所以有過失，是因為他並未考慮到自己的駕駛方式可能帶來的後果。為何如此？原因在於，他當

時一心一意想快速抵達目的地，就像沙特筆下那位走廊上的偷窺者，全神貫注地窺探房間裡所發生的事，因而對自己的行為毫無所覺；他在偷窺，但自己卻完全無意識。正如他人的觀點，導致偷窺者以不同方式來看待事物。肇事司機也需要採取不同視角，他需要反思自己的行為。

有能力換位思考就要負責

如果沙特是對的，那麼，反思的自我意識，只是我們看待自己時取用另一個觀點，也就是第三人稱的觀察者視角，抑或部分情況下，是受害者或加害者視角。只要有能力採納他人觀點，那麼實際上有沒有做都無關緊要。

傑弗遜顯然具有換位思考的能力，因此他應該能從其奴隸的視角來理解這件事。問題在於，即使如此，也不能代表他有過失。原因是，從理論上來說，傑弗遜確實有可能採納了奴隸的觀點，但仍然按照自己的方式行事，因為他認為這些奴隸，實際上與他的差異更大。畢竟，他認為奴隸的智力上有缺陷。說到底還是換湯不換藥，由於傑弗遜的文化背景，他無法理解自己的行為。

有些哲學家認為，文化對個人在思考事物的方式，具有很強大的影響，因此，我們無法合理地期望他人，能按照我們現在的看法，來看待他們所做的事。例如：沃夫（Susan Wolf）認為，如果有個族群的道德觀和價值觀與我們截然不同，而某人恰恰來自那個族群，那麼他最終也許會缺乏能力去意識到自己所犯的錯。何以見得？原因在於：[7]

　　考量其成長的社會環境，他們必然對自己行為的道德許可性（moral permissibility）具有錯誤的信念，並從中產生錯誤的價值觀。若我們認為行為者不可避免地，會對其價值觀產生誤解，我們就不會因為這些價值觀所啟發的行為，而去責怪對方。

　　傑弗遜是否或多或少，能夠以我們現在的觀點，來看待奴隸制？我們當然無法提供確定的解答，但權衡證據顯示，答案是肯定的。個人之所以難以將自己社會的某些做法視為錯誤，原因通常在於，缺乏接觸其他觀點的機會。然而，傑弗遜的情況並非如此。與他親近的好友中，不乏廢奴主義者。

　　傑弗遜的導師威勒（George Wythe），深信他的奴隸具有平等的智力和身體能力，並教導他們讀寫，最終解放了他們。拉法葉侯爵（Marquis de Lafayette）堅決反對奴隸制，他也是傑弗遜的密友和筆友，經常試圖勸說傑弗遜，叫他放棄關於種族的保守觀點。美國另一位開國先賢華盛頓（George Washington），在其妻過世後，就下令解放他的奴隸。在傑弗遜時代，北方反奴情緒高漲，華盛頓年輕時就曾為逃跑的奴隸辯護，指出「人人來到世上，皆具有人身權，並可按照自己的意願，使用身體……這就是所謂的個人自由，是大自然的造物主所賦予，因為這就是人類的生存所必需。」

　　在婦女權利方面，傑弗遜有諸多友人娶了聰明有才智的女性，並視她們為智性上相等的另一半，還讓自己的女兒飽讀詩書——不僅是閱讀傑弗遜認為適合女性思維的感傷文學，也接觸

哲學和政治相關議題的書籍。他過往的好友亞當斯娶了知識份子史密斯（Abigail Smith）為妻，而史密斯後來更成為傑弗遜擔任總統時最親近的顧問之一，也常與傑弗遜書信往來。[8]

　　傑弗遜顯然有足夠的機會獲得他所需的資訊和論據，來認知到當時所謂的奴隸制，就是現代觀念所認定的奴隸制，或至少是當時的廢奴主義者所認為的奴隸制。傑弗遜畢竟是高知識份子，且遊歷各地、見多識廣。他在巴黎生活了五年，當地不僅禁止蓄奴，並且多不贊同奴隸制。既然毫無跡象顯示他有任何精神上的異常，會導致他無法同理他人，因此，對於他如此盲目的最佳解釋，就是他並非無法看清楚現況，而是為了自己的方便，而選擇性的盲目。

　　傑弗遜從奴隸制受惠匪淺，他住在自己的大莊園裡，過著舒適的生活，仰賴奴隸的勞力來維持生計，他可以隨意與年輕漂亮的女孩發生關係。要不是他解放了兩人所生下的子女，他所擁有的奴隸人數只會再增加。另一方面，倘若他解放了這些奴隸，他的收入將頓受打擊，性生活也會受到影響等等。假使他真正看見了自己加諸於他人身上的不公和殘忍，也許會因此夜不能寐。傑弗遜缺的並不是瞭解自身作為的能力，一切他都心知肚明，他缺的似乎是意願。

自身行為的後果往往比想像中大

　　從傑弗遜的例子顯示，我們在看待自己的所作所為時，存在著相當程度的自欺。我之所以用「我們」，是因為透過傑弗遜來

舉例，只是為了說明人類普遍的傾向。我先前曾暗示過，自愛（self-love）深深影響著我們看待世界的方式。我們一方面會自然而然地，以世界能為我們做什麼（即從自身利益來看）來看待世界；另一方面，我們擅長以最佳方式，來呈現自己的行為。

我想起影集《夜行天使》（*Angel*）中的一段情節，劇中人物科黛莉亞（Cordelia）對安傑（Angel）說：「這就是為何你讓岡恩（Gunn）和衛斯理（Wesley）破門而入？」他回答：「破門而入聽來有點負面，他們只是從尼亞茲古卷（Nyazian Scroll）找回一些遺失的部分。」想必您明白我的意思了。

順帶一提，偷竊很常見，但人通常有辦法用其他方式來解釋他們的行為。我在先前工作時，讓學生寫了一篇關於非法下載的報告。非法下載幾乎人人都做過，但沒人承認這是偷竊或錯誤的行為。這並非因為學生們認為偷竊是可容許的，他們知道偷竊是錯的，但並不認為下載音樂是偷竊。他們對於反方的證據，似乎多半漠不關心。

後來我也與高薪的管理階級者，對此行為有過長時間的討論，他們堅稱他們的非法下載，既不是錯的也不是偷竊，他們的論點最後通常會歸結為，既然我可以輕而易舉地下載，又不受懲罰，那肯定沒有問題。我當然也偷過東西，我用了公司的信封來寄我的醫療帳單；當然，當時的我並不認為這是偷竊；我只是需要一個信封，而手邊正好有一個……。我讀過一篇文章，內容是一名鰥夫回憶亡妻的誠實，他提及妻子甚至不會將辦公室的文具用於工作以外的用途，這使我突然意識到，自己並不像我想的那麼誠實。顯然地，偷竊公司財物這件事十分常見。

　　根據傑克海耶斯國際顧問公司（Jack Hayes International）2016年的一項調查，75% 的美國員工承認自己曾經偷竊過公司財物。事實上，美國企業每年因竊盜而損失五百億美元，據估三分之一的企業破產可追溯至此原因。話雖如此，其中有多少人會認為自己當下的行為是偷竊呢？我猜想，肯定遠比您想的要少。[9]

　　我們不能單靠自己對自身行為的看法，來理解我們在當下、過去或即將從事的行為。人總是會心存偏見，偏好以我們做得多好、多聰明或多高效來關注自己的行為。同時，我們也很容易以最有利的方式，思考自己想做的事情，導致最後做出自己原本無意做出的事。更糟的是，我們常常只考慮自身行為所引發的小部分後果。

　　有些事超出我們的理解範圍，有些則不然。我們傾向只考慮對自己和其他社會行為人的影響，但日益明顯的是，不論房子開暖氣、購買某些產品和開車，我們都在加劇全球暖化，而這將導致數十億動物死亡，以及難以估算的人類喪生。儘管我們無意如此，但也心知自己正在做什麼，因此，我們理應對此負責。

　　這與換位思考有何關係呢？換位思考讓我們在看待自己的行為時，能擺脫狹隘的前反思方式。透過採取外部的視角，我們能以新的方式看待自身行為。諸多情況下，我們會開始以他人的角度，來看待自己的行為。

固執己見的心理病態與強暴犯

　　截至目前，我提出了換位思考的案例，來說明換位思考有助

於我們擺脫沉浸於自我，且帶有偏見的觀點，並讓人能以新的方式看待自身行為。不過，截至現階段，一切都還只是理論，或如某些人所言——是哲學上的討論。您想必也好奇這是否屬實。現在，讓我們來看一些實證的研究。

許多精神疾病會影響人的同理能力。心理病態者的情況尤其特殊，常是支持同理心的研究人員最喜愛的樣本。心理病態者僅占總人口的 1% 到 2%，但犯罪數量卻十分驚人。根據最近的估計，美國 94% 的男性心理病態者，受到監禁、假釋、或以其他方式與刑事司法體系有所牽連。

心理病態者冷酷無情、控制欲強、冷漠、自戀，且對於恐懼、愛、羞恥、共情、罪疚和悔恨的感受能力，明顯較低。他們的問題核心在於人際關係。因此，不意外的，許多精神病研究人員指出，缺乏情感同理心或同情心，是心理病態者反社會和不道德行為的根本原因。

話雖如此，經常受到忽視的一點是，心理病態者似乎並未真正理解自己對他人所做的事，這並非因為他們無法理解他人有自己的想法、感受或欲望。他們本身並不缺乏認知同理心，但奇怪的是，此種認知似乎脫離現實且抽象。例如：一名強暴犯在與海爾（Robert Hare）訪談時，談及他的受害者，他說：「他們很害怕，對嗎？但是，我真的不太明白，我自己也曾感到害怕，但並不覺得不快。」下列是海爾研究中的另一個案例：[10]

　　當他被問及，是否後悔刺傷一名搶劫的受害者時（這名受害者隨後因傷住院了三個月），我們其中一名受訪者回

答:「別傻了!他只是住院了幾個月,但我卻在這裡腐朽。我只是稍稍砍傷了他,如果我真想殺他,大可割斷他的喉嚨。我就是這樣,我可是給了他機會。」

法隆(James Fallon)在他的半自傳著作《天生變態》(The Psychopath Inside)中,形容他在歷經多年的緩慢過程中,逐漸發現自己是一位心理病態者。當真相終於大白時,他的反應如何?他不在乎,他感覺很棒,一直如此。他當然知道自己的妻子想要一個真正的婚姻;他的手足對於他的冷漠而煩心;他的同事厭倦了他不負責任的行為。但如您所見,他毫不在乎。他試著要做得更好,但是[11]

當我為了讓別人快樂,而開始變得不快樂的那一刻,就是我打住的那一刻。我仍舊不想放棄所有與那些不合適的人,一起從事的不恰當或危險的活動,即使這可能讓身邊的人有生命危險或危及我的事業。我確實喜歡這些事,所以,這會是我明確設下的底線。

這些案例中最引人矚目的一點是,心理病態者對他人或可能發生的事驚人地缺乏考量。原因為何?我們從海爾的心理病態案例獲得提示。他就是不明白問題何在,而問題似乎就在於,他將自己的反應投射到受害者的身上,但由於他患有精神疾患,影響了他的防禦反應,使其無法直覺地理解受害者的感受。

法隆喜愛從事冒險行為,這也可能是他為何不太懂,自己讓

別人經歷了什麼的原因，但請注意，他並未以此替自己的行為做
辯解。他願意遷就他人，只要不妨礙他做他喜歡做的事情即可。
即使他所做的事會危及他人的生命，對他來說也並不重要。那些
不善於採納他人觀點的人，並不會有這些反思。相反地，法隆如
同前述的搶劫犯一樣，根本沒有採取任何觀點。法隆唯一看見
的，就是自己的觀點，這不僅讓他難以真正理解自己對他人造成
的影響，也為他的自我概念帶來了問題。他在書中常說自己是個
好人，而且似乎也深信不疑，但事實顯然恰恰相反。[12]

美國的精神病學家克勒利（Hervey Cleckley），是最早開始深
入研究心理病態者的人之一，據其指出，心理病態者 [13]

> 完全無法以別人看待他的方式，來看待自己。更確切地來
> 說，也許是他完全無法知道，別人看他時的感受，也無法
> 從主觀上，體驗與情況相關的任何類似感受。所有涉及到
> 他的地位、價值觀的重要影響，全都被他低估。

克勒利早在 1940 年代發表的研究中，就認為心理病態者之
所以如此善於欺騙和操縱，並非因為他們對他人的感受或思想高
度敏感，而是由於他們缺乏洞察力，看不出自身行為有何結果，
以及這些行為會對他人有何影響。如他所言：[14]

> 亦有跡象顯示，他在自己的基本反應中，無法正常地評估
> 自己的所作所為、自身狀態，以及過去經歷。

　　心理病態者，似乎並不像看待他人那樣看待自己。克勒利的許多患者，對於知道自己可能因犯罪而即將要入獄，感到吃驚，他們知道犯罪者會因此入獄，但他們並不認為自己是罪犯、小偷、強暴犯或騙子。克勒利繼續說道，心理病態者可能只會從表面上意識到自己的行為，但通常不瞭解這些行為的真正意義，和對其個人身分特質有何影響。

　　曾有一位克勒利認為無法康復的患者，在被送回家後，寫了信給他，讚揚治療很有幫助，也帶來巨大轉變。這些都是我們在那些無法考量他人觀點、或甚至無視外部視角的人身上，可預期看見的荒謬行為。因此，最近一項研究發現，不同次群體裡的心理病態者，都缺乏一種情緒：羞恥感。[15]

雙重標準的問題出在哪？

　　心理病態者最為人所知的，就是具有雙重標準。他們期待受到特殊待遇，但對別人，哪怕是最基本的尊重都不願表示。一旦他們覺得受到不公的對待，就會不擇手段的加以報復。法隆愉快地講述了，他最終總能報復那些錯待他的人。他是否曾稍加思索，若其他人對他做同樣的事，自己會作何反應？完全沒有，他甚至想都沒想過。他無法用看待他人的方式來看待自己，因此自然很容易為自己和他人，設定兩種不同的標準。

　　為什麼呢？原因就在於自己和別人不一樣，自己是很特別的存在。何以見得？因為自己的視角是看待世界的唯一眼光；自己是永遠的主導者；自己不會試圖透過換位思考，將自己的能動性賦予

他人。自己若無法採納他人觀點，當然永遠會是主體，而他人永遠是客體。

　　陷入此種心態的人也許會輕忽，自己的所作所為對別人的重大影響。因此，心理病態者堅持視自己為例外，即他可以對人做的事，別人不能對他做，也許是因為他們真心認為，自己與他人的作為不能相提並論。他們之所以認為自己與他人的行為不可等量齊觀，可能是因為他們缺乏採納他人觀點的能力，也可能只是他們沒有這樣做而已。

　　我們有理由懷疑是後者，何以見得呢？原因在於，若指示他們去想像自己就是需要幫助的人，即使是那些整體而言，對他人福祉漠不關心（因此心理病態指數高於多數人）的人，也較能共情目標對象的悲傷。相較之下，若僅被指示「對目標對象感同身受」，對他們來說並無相同效果。數據顯示，心理病態者毫不在意他人的觀點。[16]

　　儘管如此，即使是沒有精神障礙病史的人，也可能如同心理病態者一樣，表現出令人震驚地缺乏換位思考的能力，他們同樣也表現出奇特的世界觀。

　　2015 年 1 月，有人看到特納（Brock Turner）在兄弟會宿舍外，性侵一名不省人事的女子，他後來被兩名研究生趕走。在後來名為史丹佛性侵案的審判中，他以無罪答辯，但最終性侵罪名仍判處成立。特納、他的父親和兒時友人的諸多言論，都暴露了他們看待特納處境時的視角有多麼單一，以及對受害者所受的傷害驚人地缺乏理解。例如：特納兒時的朋友，拉斯穆森（Leslie Rasmussen）寫道：[17]

我認為將他未來十多年的命運，交由一個女孩所對他提出的指控來決定，並不公平。女方除了記得喝了多少酒，什麼都記不清。我不是在直接指責女方，畢竟他的行為還是不對。但我們該如何去界定，才能不用再時時刻刻擔心自己是否政治正確，才能瞭解到發生校園性侵案，並不代表人人都是強暴犯。

儘管，拉斯穆森在描述特納的行為時用了「強暴」一詞，可她還是否認特納是強暴犯。眾所周知，因嚴重身體傷害而入獄的心理病態者，有時會形容自己友善，且關心他人。另外，請注意，拉斯穆森並未考慮受害者的觀點，同時還呼籲法官採取特納的觀點，來思考入獄對他人生將造成的影響。

更嚴重的是，拉斯穆森的陳述中，還暗示與失去意識的人發生關係，只有對那些滿嘴仁義道德的人而言才會是問題。您可能會認出這是加害者視角。拉斯穆森顯然採取某人（也就是特納）的觀點，諷刺的是，她卻沒能考慮到被特納性侵的女性觀點。

以下是受害者對辯方說的話：[18]

最後你（特納）說：「我想讓大家知道，酒醉一晚可以毀掉一個人的一生」。一個人的一生，你的人生，但你忘了我的人生。且容我重述你的話：「我想向讓大家知道，酒醉一晚可以毀掉兩個人的一生。」你和我的人生，你是因，而我是果，你把我一起拖入了這個地獄，一次又一次地讓我重新經歷那個夜晚。

　　你摧毀了我們兩個的堡壘，我和你同時崩塌了。若你認為我倖免於難，毫髮無傷，從今起就能幸福快樂地生活，而你卻遭受人生最大打擊，那你就錯了。我們無人是贏家，我們都身心交瘁，都試圖在這些痛苦中尋找一些意義。

　　你蒙受的傷害是具體的，被剝奪了頭銜、學位和入學資格；但我所受的傷是內心的、無形的，時時刻刻伴隨著我。你奪走了我的價值、隱私、精力、時間、安全感、親密關係、自信、聲音，直至今日都是如此。

　　法院的意見已經相當明確了，特納僅被判處六個月監禁。比起考慮受害者遭受的長遠傷害，（男性）法官顯然比較擔心，入獄對特納人生所造成的影響，現在，法官的「寬大」處理，又加劇了對受害者的傷害。然而，我們不難看出，從受害者的觀點出發，並瞭解性侵對她生活的影響，對於理解特納的所作所為至關重要。正如拉斯穆森的聲明清楚地顯示出，若我們無法考量受害者的觀點，可能就只會將「性侵」視為一件不幸的事，而不去正視犯罪者的性格或罪責。

不同觀點為我們帶來的助益

　　要想理解自身的行為，最關鍵的是去瞭解，受我們行為影響最大的人會如何看待我們所做的事。此點在受害者與加害者的故事中格外明顯，史丹佛性侵案便是一例。我們主要（有時是完全）

會根據想要實現的目標，來思考自己的行為；因此，在看待自身行為時，也必須用另一種觀點來平衡。

其他觀點有時可捕捉我們行為中最重要的特質，但所謂的其他觀點，不見得來自我們行為的受害者或受益者。在沙特舉的例子中，我們所冒犯的人，就是正在窺視的對象，在我想像的情境中，那個對象則是亞伯特。但我並未採納亞伯特的觀點，也不是他的視角讓我察覺了自己的行為，而是走廊上走來的那名陌生人。我雖對此人一無所知，但他即將看見我在門邊彎著身子，顯然是偷窺的行為，這讓我不安地意識到，自己正在做什麼事。

打破自欺欺人的外部視角

由此可知，瞭解不相干的他人會如何評價我們，有助於我們正視自己的行為，以及此行為如何反映我們是什麼樣的人。此種視角將我們置於社會環境裡，也將我們的行為置於社會情境之中；此種視角包含了我們的社會地位和社會認同相關的資訊，像是我是個偷窺狂、混蛋、風趣的人或善良的人等等。

我多年前住在聖路易時，許多人告訴過我一些非常私密的事，我大惑不解，尤其是我已習慣了面對向來守口如瓶的英國人。我與友人卡爾討論時，提出了一個假設，我說：「也許因為我看來很隨和。」卡爾笑不可抑，彷彿有人說出了格外荒誕或自欺欺人的話。我得出結論，儘管我個性比以前放鬆許多，但「隨和」絕不是他會用來形容我的詞彙。

另一方面，卡爾反倒常被認為個性十分隨和，我當然可以堅

持認為自己很隨和，但可以想見這會有多奇怪，畢竟唯有周遭的人認為你隨和時，你才算得上隨和。

　　受害者或加害者視角都有其偏頗之處，相較之下，不涉身其中的觀察者視角，提供了一個不那麼扭曲的視角，幫助我們搞清楚，在更廣泛的社會現實中，自身的行為所呈現出的樣貌。觀察者視角讓我們以其他方式來思考，那些與本身行為意圖沒有直接相關的所作所為。

　　話說回來，那個從走廊走過來的人是誰，也許只是我們想像出來的虛構人物？此人當然不是別人，正是您自己。佛洛依德派也許會說，走廊上的來者是您的超我，即當您反思自己和所做的事時的您，如同您正藉由另一人的眼光，來看待自己。

　　幸運的話，您會像對朋友一樣對自己產生同情。可惜，大多時候，我們的自我批判會比這更加嚴厲。這或許不失為一件好事，畢竟，我們不會希望自己的超我（或隨您要如何稱呼自我反思的自我）像拉斯穆森一樣，縱容自己最卑劣的行為。

　　我這麼說的意思，並不表示我們在各種情況下，都會自覺地加以自我評判，但對於這位行為即將當場被我們發現的人，我們缺乏相關資訊，所以我們所能做的，就是將自己的想法和感受投射到他的身上。

　　在沙特的典型案例中，我們並非在回應一個真實的他人；反之，我們抽離自己，被迫像評價他人一樣評判自己。當然，我們之所以能用此種方式反應，是因為我們在人群中長大，學會了對他人做出反應，觀察了他人如何與我們應對，接受了某些行為規範等。

　　沙特的宇宙不是唯我論的，正如心理學家所言，若我們適度地社會化了，我們的判斷將有一定程度反映出我們的文化或社群。他人的身分，甚或存在，都無關緊要，他人只是我們某種程度上的同伴，我們想像從外部觀點來看待自己時，可將自己的反應完全投射至他們身上。

　　當我們以第三人稱觀點，或他人的觀察者視角來看待自己時，便可平衡了我們對自己的自愛和自欺；畢竟，自愛和自欺經常會混淆我們對自身行為的判斷。當我站在走廊上，意識到可能有其他人存在時，由此產生的第三人稱（觀察者）視角，會將我與其他所知的事物連結在一起，這正是某種窺看！[19]

己所不欲，勿施於萬物

　　簡單來說，採取不同的觀點，來看待自己和自身行為，可以避免雙重標準。而我們無需一個真實存在的他人，便可做到這件事，只需要從外部觀點來看待自己，暫時脫離我們沉浸在其中的生活。這也有別於心理病態者；典型的心理病態者，會大聲抱怨他認為別人錯待他的事，但同時，卻又樂於對他人做出相同的行為，甚或是更糟。他們總是會為後者找藉口，但卻從未替前者想過。就算比較他們與他人的行為，也不可能對他招致非議或有負面影響。

　　換位思考可防止我們產生這類心理病態者的想法，還可避免在上一章所討論到的批評——我們不可能完全正確地理解他人，但通常也毋須如此。拿撒勒人耶穌宣揚「己所不欲，勿施於人」

時，也正呼應了前人所闡述的古老準則，包括西元前二千年的古埃及人、西元前六世紀左右米利都的泰勒斯和西元前五世紀左右的孔子等，現今稱此為黃金法則（The Golden Rule）。這概念言簡意賅，從他人的角度來看待自己，是有益的行事準則，即使行為者不過是您自己的投射也好，均有助於我們善待他人。[20]

我認為有必要再三強調此點，如今愈來愈多人聚焦在投射的缺點上，但請容我們暫時回來談談傑弗遜。他所面臨的問題是，是否要將自己預期的生活方式，或自己應該受到何種待遇的渴望、想法和感受，都投射到他的奴隸身上？事實正好相反。他以非人化的方式看待奴隸，因此不會對他們產生任何認同。若他能單純地將自己對自由和自主的渴望，投射到婦女和奴隸身上，情況也許還好些。

當我們談及如何對待他人時，最大的問題，通常不是我們假設他人與我們太相似，而是我們沒能像對待自己一樣，賦予他們同等的考量和重視。他人的痛苦，無法像自身的痛苦一樣觸動我們。過去的歷史顯示，想像他人比我們認為的更像我們，可防止諸多不公的情況。

印度藏傳佛教徒主張，以「自他交換」（exchanging self and other）做為培養慈悲心的工具。儘管此處所指的「交換」一詞具有高度隱喻的性質，但它涉及了切換視角的部分基本要素。願意將自己的視角與他人交換，等同於承認對方與自己具有相同的價值；而拒絕觀點的改變，就等於否認了他人具有同樣的價值，以及其經驗的同等重要性。

此處再度顯示了，重點不在於，正確得知他人的特定想法或

感受。當您練習審視自己時，您想像中的人，往往不是特定的對象，而是全人類的代表。重要的是，您必須賦予對方與自己相同的重要性，您所想像擁有的特定想法或感受，可能根本不重要。重點在於，您必須從另一方設想自己的行為，也就是受您行為影響的一方，而不是執行的一方。

順帶一提，我們也可將同樣的道理套用在對待非人類的動物身上。工廠化飼養（factory farming）並不可怕，可怕的是，未能充分意識到我們與牛、豬和雞之間的差異，我們否認了牠們的感受、痛苦和渴望自主。換句話說，之所以如此，是因為我們否認了牠們在這些關鍵層面上，其實無異於我們。

以傑弗遜而言，他之所以盲目，有一部分也許源自於他的權力地位。心理學研究顯示，握有權力者不太可能採納他人的觀點。更確切來說，權力關係造成了觀點不對稱，握有權力者，對他們所操控對象的觀點不太敏感，而權力較小的人，則更可能採納掌控權力者的觀點。問題不在於，權力會削弱個人採納其他觀點的能力，而是會影響他願意這樣做的傾向。[21]

權力有礙共感

在一項關於權力和觀點最直接的研究中，賈林斯基與其同事，先是要求受試者回憶他們掌控他人的事件，藉此讓他們感覺自己掌握權力。然後，他們被分配了兩項測試協調技能的任務（或說受試者是如此認為）：迅速彈指和在額頭上畫一個「E」。後者顯然是換位思考的任務。感覺自己掌控權力的人，更可能以

自我為中心來畫出「E」，看著他們的人會看到「ョ」；而那些感覺自己權力較小者，較可能不以自我為中心的方式寫「E」，如此別人看著他們時，就會看到「E」。

此項研究也獲得了其他研究的支持，這些研究顯示，對他人具有控制力的人，比較沒興趣知道他人的想法和利益，他們更想知道掌權者的想法。權力愈大的人，較少共感他人的痛苦和憐憫，也較少與他人的動作產生共鳴。

進一步的證據顯示，原因是相較於權力小的人，掌權者更常調節自己的負面情緒，因此，掌權者會調節自己對於落難弱勢族群的情緒反應。從馬基維利主義（Machiavellian）的世界觀來看，這點不無道理。對強勢者來說，關心對他們獲取資源影響不大的人、顧及弱勢者的想法和感受，並不符合利益，反倒可能使強勢者減少剝削；從純粹自利的角度來看，這顯然不利。相較之下，權力小的人有動機去瞭解掌權者的想法和感受，畢竟，這可能會影響他們自己的競爭地位。[22]

由此可知，權力是人際理解的障礙。關鍵在於動機而非能力，此點值得一再重申。掌權者，可以採納弱勢者的觀點，但卻傾向不這麼做。權力的影響，當然可以克服。眾所周知，佛陀就是一位備受寵愛的王子，但他對那些權力在他之下的人，表現出極大的憐憫。掌權者如果想克服同理心不足的問題，其中一個方法是，改變對權力的看法。研究顯示，若掌權者將注意力聚焦在對弱勢者的責任上時，會實際增加採納弱勢者觀點的意願。[23]

話雖如此，有些人可能會過分推進此一思維。黃金法則的聞名之處，不在於告訴我們該做什麼，而在於幫助我們知道不該做

什麼。人與人之間的確存在著差異，單憑以自己做為模型，來理解自身任何行為對他人可能產生的影響，而不去考慮他人的個體性，想必行不通。一切完全取決於我們進行換位思考的目的。

值得一提的是，他人看待我們行為的方式，也許實際上不見得能幫助我們更理解自己的行為，因為他人的**觀點**有時可能會有所扭曲並帶來傷害，這部分我們將在下一章進一步討論。

未來的難題

為了更明智地決定自己的作為，我們必須從不同的角度來設想自己的行為，而不是以沉浸其中的角度來思考。當我們專注於生活之中，會直接注視著目標，全神貫注於自身的行動，這使得我們無法考量情境、對他人的影響、他人如何看待我們的行為，以及若我們並非行為者時，會如何看待同一事件。

我們傾向從最正面的角度，看待自己和自己所做的事，這增加了我們固守自身**觀點**的危險。在我看來，這是心理病態者的心理運作模式，不過也許有人會稱之為自戀。但名稱並不重要，重要的是背後所存在的現實，這一種全然以自我為中心的思維，導致了我們對自己的所作所為，視而不見。也許正如史坦（Gertrude Stein）寫道：「玫瑰就是玫瑰就是玫瑰就是玫瑰。」但捏人屁股，可不只是捏人屁股而已，還得看看是誰的臀部，這個行為也許構成了性騷擾。[24]

哪怕只是為了幫助我們決定該怎麼做，我們都該考量他人會如何看待我們的行為。但是，他人也許無知、心存歧視、偏見或

惡意。果真如此的話，他們的**觀點**可能只會提供有關他們的資訊，但對於理解我們是誰和我們的行為，並沒有幫助。事實上，如我們即將所見，以懷帶敵意的態度看待自己，可能十分有害。

　　儘管換位思考是相當有益的工具，我們也應當更常練習切換視角，但諷刺的是，它也使我們特別容易受到他人操控。如此說來，我們該如何是好？進入下一章便知分曉。

9

同理心的陷阱

　　長久以來，澤維曄（Xavière）僅是芳絲華（Françoise）生活中的一個片段，剎時之間，她成了至高無上且唯一的真實存在，而芳絲華如今反倒成了倒影，只剩黯淡的輪廓。芳絲華忿忿不平地想著：「為何是她而不是我？」。她其實只需要說兩個字，她只消說：「是我」，但她必須相信那句話，她必須知道如何選擇自己。幾個星期以來，芳絲華再也無法將澤維曄的仇恨、她的感情和思想化為無害的輕煙。她受制於這些情緒，自己變成了獵物。在她抵拒和反抗的時刻，她任意地利用自己來摧毀自己。她成了冷漠的旁觀者，目睹著自己的人生歷程，卻從不敢堅持自己的權利，而澤維曄卻是從頭到腳地活出了自己，以如此確定的力量使自己存在，以致芳絲華這般著迷、忘我，甚至喜歡澤維曄更多過自己，從而抹殺了自己。她甚至已經到了透過澤維曄的眼光來看待地方、人和皮耶（Pierre）微笑的地步，她已不再認識自己，只能透過澤維曄對她的感覺來看自己，而現在她試圖與澤維曄融為一體，但在如此絕望的嘗試之中，她只是成功地毀滅了自己。

——西蒙・波娃（Simone de Beauvoir），《女客》，原書第
　　292-93 頁

　　在一部看似講述三角關係的存在主義小說中，我們正處於高潮處，故事的女主人翁芳絲華，試圖擺脫情敵的意識對她的影響。澤維曄是芳絲華的朋友，受邀來到巴黎，以逃離鄉間的沉悶生活。但是，澤維曄一到旅館，就遇到芳絲華的長期伴侶皮耶。

芳絲華具有現代思維，她包容甚至鼓勵這段關係。但澤維曄並不領情，她不喜歡扮演第三者；她的花招逐漸占據了這對伴侶的時間和注意力，讓芳絲華感到非常沮喪。正如引文所表明，澤維曄不僅占據了芳絲華的時間，也占據了她的思想。儘管芳絲華試圖擺脫此種催眠般的心靈融合，但她失敗了。

不過，芳絲華最終與皮耶和新情人吉爾博（Gerbert）在一起，她與澤維曄共享吉爾博，但澤維曄並不知情。當澤維曄發現後，理所當然地感到被背叛，她對芳絲華說：「妳嫉妒我，因為拉布魯斯（Labrousse，即皮耶）愛上了我。妳讓他厭惡我，甚至為了報復把吉爾博從我身邊奪走。」

芳絲華「驚恐地思忖著澤維曄注視的那個女人，而那個女人就是她自己」。她認同澤維曄對她的看法，並一心想著「是我，我做了這件事」以及「這就是我永遠的樣子」。然而，過了一會兒，她突然想起自己是多麼單純地受到吉爾博的吸引，而吉爾博對她亦是如此。然後，她回過神來想道：「『不』，她重複著，『我不是那個女人』。」[1]

然而，[2]

她無法用膽怯的言辭和鬼祟的行為來保護自己。澤維曄存在、背叛也存在，「我內疚的臉存在於我的血肉之軀」。它將不復存在。

〔……〕

是她還是我？應該是我。

　　芳絲華走進澤維曄的房間，打開瓦斯，殺死了澤維曄。此部分的故事有如上一章中的偷窺狂。芳絲華面對了一個令她不安的自我觀點，但她無法忽視，可是她最後並未接受自己的過失，而是藉由殺死指控她的人來消弭她的愧咎感。當澤維曄不在，她的受害者就不再存在，在同情的魔法下，她的過錯也被抹去。

　　這顯然不是應對他人觀點的健康方式，但我們不難理解芳絲華的困境。下列是同系列事件兩個截然不同的版本，且兩者有點矛盾。澤維曄的指控聽來屬實，芳絲華確實不僅背叛了澤維曄，她與吉爾博萌生情愫，開始了一段外遇。此外，她也因為與澤維曄的情人發生了關係並對她隱瞞，而背叛了澤維曄，即使她無意背叛任何人，她實際上還是這麼做了。

　　話雖如此，澤維曄的觀點也是片面的，她在得知真相後，對芳絲華說道：「妳肯定在嘲笑我吧！」但我們並不清楚芳絲華是否出於報復而引誘吉爾博，澤維曄純粹是從事情對她的影響來看待此事。儘管如此，芳絲華的確是並未考量澤維曄的感受，或她讓澤維曄陷入的處境，她自問：「那份純真的愛情，怎會淪落成這等醜惡的背叛？」問得很好。[3]

　　澤維曄和芳絲華在觀點上的衝突，只是日常生活中相對平凡情況的一個極端例子。觀點有時的確可以互補，但並非總是如此。當我們的觀點與他人明顯不同時，該怎麼辦？我們如何平衡不同觀點？

　　為了回答此問題，我會先帶大家回顧一下波娃撰寫《女客》的靈感來源：即黑格爾（Georg Wilhelm Friedrich Hegel）的主奴辯證法（master and slave dialectic），此種辯證法闡述了我們在《女

客》中看到的意識鬥爭。主奴辯證法在最初的階段，有點類似於今日所謂的「煤氣燈效應」（gaslighting），我將於該節進行討論。

在〈虛偽自白與錯誤記憶〉一節中，我將討論虛偽自白（false confessions）和錯誤記憶（false memories），並指出多數人出乎意料地都非常容易受此影響。這將帶領我們進一步瞭解，如何克服過度受到他人對我們和周遭世界看法的影響，答案其實也很黑格爾：我們必須綜合自己與他人的觀點。我將在〈觀點的正－反－合〉探討此點。

至此，您可能會心想，採納不相干的觀察者視角是否無法讓我們省去麻煩，答案是否定的，我會在〈不涉身其中的觀察者〉中解釋原因。

何謂主奴辯證法？

我們已經看到，為了要對自己有正確的認識，我們或多或少必須暗自地承認其他觀點。事實上，我們必須能夠採納其他看待自己的觀點，否則我們的自我將無法與世界區分開來，我們就會是我們的世界。其他觀點使我們認識到，自己體驗世界的方式可能與實際的世界不同。若少了其他人，我們很容易將自己的世界觀與世界的本質混為一談。

然而，能夠做出此種區分的能力（即承認自己的觀點只是其中一種觀點）與堅持固守自己的觀點，兩者可以並存，正如有自戀傾向的世界觀所表現出的一樣，以及其所伴隨的各種問題，反之亦然。

也就是說，一個人也可能會過於投入於另一種觀點，以致遠離自我，如同第一章提及的電影《犯罪分子》，其中的偵探就是此種認同的例子，他最終成了自己所追捕的兇手。芳絲華對澤維曄的認同雖然沒有那麼嚴重，但仍然相當戲劇化，這通常稱為過度認同（overidentification），被認為是病態的。不過，對於主體來說，認同和過度認同幾乎看來一樣，當一個人認同另一人時，自己的觀點就會消失，人會陷入自己認為的另一個人的觀點中。然而，一般情況下，過度認同通常與高度認同，以及長時間認同有關，例如：芳絲華對澤維曄持續數月的關注。

意識與意識的戰爭

波娃用《女客》的故事，來說明十九世紀德國哲學家黑格爾首次提出的主奴辯證法。此辯證法後來在法國存在主義的互為主體性觀點中，扮演了重要的角色，被視為是基石，有助於克服嚴重的社會分歧，開創更公正平等的社會；同時，它也凸顯了相互承認（mutual recognition）對人際關係發展的重要性。主奴辯證精采地捕捉了觀點衝突中發生的情況，因此，以本書的目的而言，它格外地重要。

主奴辯證法始於兩個意識的相遇。在兩者相遇之前，我們可以想像每個意識都是自我封閉的，世界不過是自我的延伸，每個意識都僅從世界對自己有利的角度來看待世界，自我可說是一切。但正因自我是一切，因此它也什麼都不是，唯有自我承認另一個意識，並意識到另一個意識也承認自我是一個意識，意即相

互認同，一個意識才會認知到自己是一個意識。

　　一個意識承認另一個意識，意味它承認了有別於自己以外的不同觀點，也就是源自另一個意識的觀點。它認識到，正如其他意識對它而言是一個外部、其他、需要被理解的客體，而它同樣也是其他意識的客體；它也是來自外部、其他、需要被理解的客體，只是它無法掌握自己被理解的方式。

　　兩個意識的相遇與相互認同，是自我意識真正存在的時刻，若沒有這樣的相遇，就不可能實現。但對於個體而言，此種相遇是一把雙面刃。一方面，其他意識視其為客體來確認此個體意識的存有（或存在）；另一方面，其他意識也是一種威脅，會將其個人及對世界的印象強加於它，它既無法控制，通常也對此非常陌生。在沒有其他的考量下，其他意識就只代表了一種外部觀點。因此，任何能夠承認其他意識的意識，都處於喜樂參半的處境，夾在自我肯定以及受他人自我否定的力量之間。[4]

　　隨之而來的，自然而然是一場意識間的爭戰，每個意識都試圖取得優勢。在此情況下，所謂的優勢是指使其觀點或視角具有主導性，而其他意識將採納其觀點，並將自己的觀點拋諸腦後，這不僅僅是整體採納對方的世界觀，還意味接受其他意識對自身的看法。這場爭戰的輸家將處於自我否定的狀態，將自己視為另一人的客體，儼然成為另一個意識的奴隸，而另一個意識則成為主人。

　　這似乎真切反映了大部分的世界史，但黑格爾是樂觀主義者。他堅稱，主意識戰勝奴意識的代價高昂，主意識貶低其他意識為奴，就剝奪了真正的其他觀點對自己的認同。於是，在某種

意義而言，它又回到了兩個意識相遇前的狀態，它既是一切，卻也是虛無。同時，奴意識認知到自己所扮演的角色對主意識而言的重要性，進而提升了奴意識的地位；奴意識察覺到主意識必須仰賴它，因此開始超越自身的束縛。

由於奴意識逐漸認知到自己的力量和能力，主意識也認識到自己的存在若要被認同，是取決於其他自由意識（具備真正不同的觀點）的存在，因此，兩者將一同超越主奴關係，實現更大的平等。儘管黑格爾是從實現世界精神（World Spirit）的角度來構想主奴辯證法，但存在主義者更感興趣的是黑格爾思想中的人際和政治面向。沙特的「他者」觀深受黑格爾的影響，波娃在《第二性》中對女性的看法亦是。

黑格爾思想在存在主義思想中的表現方式是這樣的：每個人類意識都有兩種的存在模式，即在己存有（being-in-itself）和對己存有（being-for-itself）。前者是事物本來的樣貌，無需參考其他任何事物即可理解，是世上所有事物存在的特徵；另一方面，對己存有是事物具有反思並能理解自身。儘管所有存在者都是在己存有，但只有部分是對己存有，而後者必須透過與另一個意識的相遇才得以實現。

我們已看過此種相遇的部分影響，如：當您在走廊上透過鑰匙孔偷窺時，卻被他人發現的差恥感，此種影響即使對我們的自我理解相當重要，但只是短暫的狀態。波娃等人更感興趣的是，長期受制於外部觀點對個人的影響。她著名的主張即男性物化女性，並將女性視為「他者」。或許，更大的問題是，在這嚴格社會認可的權力結構之下，女性被剝奪了在世上多數的行動權利和

機會，而且在此制約之下，自然而然地會透過壓迫她們的男性眼光來看待自己。[5]

波娃在《第二性》中，勾勒了女性從童年到老年的一生，在此歷程中，她的自我和主體性的基本條件都遭受到否定，這是因為她被迫從男性對女性的外部觀點來定義自己，用現代語彙來說，將女性視為性對象是強加於她的外部觀點。女人被迫從他人對她的渴望來認定自己的價值，像是滿足性慾、被照顧等，而她自身的事業、目標或價值觀則不被採納。

波娃大量運用文學來闡述她的觀點，她用了托爾斯泰（Leo Tolstoy）的《戰爭與和平》，以書中皮埃爾（Pierre）和娜塔莎（Natasha）的「完美婚姻」為例，提出了令人毛骨悚然的觀點。波娃直接引用托爾斯泰的文字：「她是一個風情萬種又浪漫的女孩；婚後，她放棄了對打扮、社交和消遣的興趣，全心投入到丈夫和孩子身上，認識她的人都大感驚訝，她的臉上，不再像從前時時刻刻洋溢著生氣，那曾是她充滿魅力之處。現在，人們常常只看到她的臉與身軀，但根本看不見她的靈魂。」對波娃而言，這意味一個意識正被另一個意識抹殺，這不僅僅是兩個意識之間權力鬥爭的結果，而是社會中某些成員受體制化奴役。

觀點不僅僅是特定的人在特定時間對世界的短暫態度，而是在藝術、文學、政治和規範中被宣揚，誰的觀點能做為代表，終歸取決於權力和影響力。沒錯，能完全依照自己的觀點生活是終極的權利，抑或您喜歡的話，亦可說是終極的自由。這個故事與我們在第八章探討的權力與觀點研究十分吻合，掌權者往往不會考量弱勢者的觀點。[6]

意識會屈服於強權

　　波娃所描述的病態認同模式，也在哲學領域外的精神分析理論獲得發展。安娜・佛洛依德（Anna Freud）和費倫齊（Sándor Ferenczi）都提及受害者具有認同施暴者的傾向，此點在虐童案中尤其明顯。受虐孩童不僅不會反抗，還將成人的罪惡感內化：[7]

> 這些孩子在身體上和道德上都十分無助，他們的人格尚未充分固化，即使只是在思想上都不足以抗議。然而，到達一定極限時，他們會像自動裝置一般，被迫屈從於攻擊者的意志，洞悉他的每個渴望並加以滿足；他們完全忘了自己，且認同施暴者。透過對施暴者的認同，或說對施暴者的內射，施暴者消失於外部現實，而成為受害者精神內在而非外在的一部分。

　　此處的概念是，認同具有防禦作用，類似投射和壓抑。然而，有別於投射是將威脅定位在外部，而認同則是讓我們以某種方式消失。我們的觀點消失了，我們與威脅者融為一體，完全認同強勢的壓迫者。此時，我們不會將自身受到的壓迫視為壓迫。

　　正如法蘭柯（Jay Frankel）指出，不僅是經歷過嚴重創傷的人會習慣性地「認同施暴者」。據法蘭柯觀察，他的許多病人有一種傾向，即儘管他們知道別人的觀點不甚準確，但依然會「相信」別人對他們的看法。例如：有名患者按照正確的程序，將特定表格帶去給主管簽字而遭到斥責，但他仍無法擺脫自己做了蠢

事的感覺。

為了擴大「認同施暴者」的特徵，法蘭柯提出童年創傷包括情感上的遺棄／孤單，以及受到更大權力的支配。此種更大權力是所有關係的特徵，但父母與子女的權力關係不對等，尤其容易引起此種輕微的創傷。人人都有可能純粹因為自己曾是孩子而認同施暴者。認同他人的傾向有時會損害我們自身，不過在下列情況下，形式較不戲劇化。法蘭柯表示：[8]

> 我認為，小程度對施暴者的認同，其實無形地普遍存在於多數人的日常生活……我們在與象徵性的權威人物進行社交互動時，總是會抹去自己的個性，面對他們，我們變得恭敬、溫順、嚇呆或容易受騙。像是面對醫生、老闆、名人、專家、穿著制服或西裝的人，我們會成為順從的病人、溫順的員工（即使心有埋怨）、熱切的消費者、行走的企業廣告或順服的公民。

換句話說，我們都會接收那些有權威或有聲望之人的慾望、評價或態度等。在適當的情況下，此種傾向相對有利；然而，它也會使我們輕易地採信對自己有害的觀點和態度，這一點在受虐者身上就表現得相當明顯。這也引出了一個問題，即我們如何看待此種以他人觀點取代自身觀點的傾向？

黑格爾的論述暗示，不同的觀點在未來有可能「融合」（synthesis），即使不是必然，也是觀點來回碰撞期望的結果。可惜，波娃小說的陰鬱結局卻暗示了截然不同的情況。現在，取

得進展的最佳方法就是從理論轉向實用領域，心理自助和虐待相關的心理學詳細討論過度認同的危險，只不過他們用的是煤氣燈效應、共依附（codependence）和操控（manipulation）等術語。[9]

煤氣燈效應

「煤氣燈效應」一詞源自 1938 年的戲劇《煤氣燈下》（*Gas Light*），其中最著名的改編版本是 1944 年褒曼（Ingrid Bergman）主演的電影，該劇描述一名男子試圖讓他的妻子相信自己瘋了的故事。他刻意製造某些現象，如：閣樓上的腳步聲或閃爍的煤氣燈（因此得名），然後否認發生過這些現象，藉此讓妻子相信那都是她自己的幻想。不論是在戲劇版或電影版，劇中的丈夫均從事著精心策劃的操控行為。但「煤氣燈效應」不僅僅是單指此一種情況，只要是人為了達到控制的目的，而使另一人懷疑他們對現實的看法，都適用煤氣燈效應的說法。

學術研究幾乎鮮少提及煤氣燈效應，直到近幾年，大家才開始對此領域表現出興趣。儘管如此，若您在網路上搜尋「煤氣燈效應」一詞，會發現眾多的檢索結果，來源相當多元，例如：YouTube 上的影片、部落格文章和討論區，《今日心理學》（*Psychology Today*）雜誌裡也有一系列與此議題有關的文章。煤氣燈效應與主奴辯證法之間的關係，在下列的引文中顯而易見：

對於病態的情感操縱狂（gaslighter）來說，煤氣燈效應的最終目的是權力和控制。情感操縱狂積極利用錯誤資訊為武器，不斷向受害者灌輸削弱其自信的資訊，目的是為了從心理上征服和壓制個人、團體或整體社會。然後，情感操縱狂便可隨心所欲地操控受害者，以達到社會支配和謀取個人利益的目的。[10]

雖然煤氣燈效應常被認為只發生在戀愛關係中，但正如近期的時事顯示，它在職場和政治場域中也時有所見。煤氣燈效應是常見於心理病態和自戀者的行為。然而，根據專門治療煤氣燈效應倖存者的薩基斯（Stephanie Moulton Sarkis）表示，此種情況在反社會、邊緣型、做作型和自戀型人格障礙患者中也很常見。[11]

許多人發現自己處於煤氣燈效應的接收端。撰寫本章時，全美都發現自己落入於情感操縱狂的手中。川普（Donald Trump）儘管謊言無數，而且對最基本的治理都一無所知，但他依然獲得了異常的支持，正好證明了一個事實：面對一個扭曲現實的意志堅定者，任何人都可能成為受害者。但情感操縱狂並不是我們的重點，重要的是情感被操縱者（gaslightee）。[12]

情感被操縱者通常的反應是所謂的「認知失調」（cognitive dissonance），此種失調指的是他人所提供的資訊，與個人所認為的事實之間存在衝突。對於認知失調，自然的反應是進行一些探索或反思，以檢驗哪個版本為真，前提是資訊提供來源被認為是可靠來源。例如：無論地平說學會（Flat Earth Society）如何宣稱，鮮

少有人會瘋狂地開始探索世界是否真的是平的。當然，如果我們能輕鬆接觸到全知全善的上帝，事情就簡單多了。然而，根據現實，一個人的可靠來源（如：科學家），對另一人而言也可能是騙局。

　　話雖如此，諸多情況下，事實查核並不麻煩，並且可以提供良好、可靠的結果，如：就職典禮的人群規模就是一例。可是，在較典型的煤氣燈效應案例中，具爭議的事實通常更不明確，可能涉及某人的意圖、對方說的話、其他人說的話（大家都很熟悉這種「各說各話」的棘手情況），或某件事物多有品味、多好或多時尚等。諸如此類的情況下，事實查核必須仰賴他人的配合，但倘若對方是個情感操縱狂的話，也許會不願配合、憑恃記憶或相信自己既有的價值觀和承諾。

　　然而，最關鍵的是，任何有理智的人肯定都會接受自己可能會記錯某些事、可能犯錯或價值觀過時、有問題，正因如此，他們就很容易受到煤氣燈效應的影響。

　　成功的煤氣燈效應操縱行為，會導致受害者懷疑自己對現實的看法，認為自己是壞人，同時為加害者辯護，或捍衛加害者。當然，受害者如果能拒絕對方扭曲現實，以此解決認知失調，情況會更好。心理治療師經常指出，有創傷、焦慮或抑鬱的人，比沒有這些疾病的人更容易落入煤氣燈效應的陷阱中。他們所言屬實，統計數據顯示，童年時有受虐經驗的人，在成年後更可能陷入有虐待傾向的關係中。英國最近一項研究指出，兒時受虐的人中，有三分之一成年後也遭受虐待，而兒時未受虐的人中，僅有11% 的人遭受虐待。[13]

　　聚焦過往虐待行為的問題，在於它忽略了人在面對猛力且持

續呈現的另一種事實陳述時，會合理產生自我懷疑的衝動。葛拉威爾（Malcolm Gladwell）在其著作《解密陌生人》（*Talking to Strangers*）中使用了「預設為真」（default to truth）一詞，主要取自心理學家萊文（Timothy Levine）的研究，藉此表示我們傾向相信別人說的是真話。

這也許是深刻的真理，或顯而易見的事實，主要取決於您的身分。由於我們假定人說的都是真話，所以即使謊言讓人難以置信，我們也還是會傾向於相信說謊者。如果碰巧我們認為自己知道與此不同的事實，我們至少會短暫地懷疑自己。人若從未有過一絲一毫自我懷疑的傾向，其實不太合理。事實上，無論如何都仍堅持自己的信念，是一種心理病態、思覺失調症或偏執狂等精神疾病患者的特徵。

願意懷疑自己對真相的看法是心理健康的標誌，但心理健康並非總是帶來良好的結果。因為處在有害環境中時，健康的個體可能更易受到操縱。最近一項關於錯誤記憶的研究清楚地顯示了這一點。[14]

虛偽自白與錯誤記憶

1989 年 1 月 3 日，柏頓（Huwe Burton）返家後發現母親在床上被謀殺。她的脖子被刺了兩刀，血濺四處。他報了警，警方進行調查，確定沒有強行侵入的跡象，唯一不見的是家裡的車和車鑰匙，看來不像是一起普通的入室盜竊案。因此，警方認定這是自己人所為，柏頓的父親當時在牙買加，所以主嫌旋即成為了

柏頓本人。柏頓當時才十六歲，遭到警方長時間訊問。警方說服柏頓承認謀殺了母親，否則他將因為與十三歲女友發生性關係，而被判處法定上的強暴罪。偵訊人員聲稱，法庭會判定這起謀殺案為意外事故。

柏頓獨自一人，年幼無知且受到驚嚇，家人不在身旁，也沒有律師在場。於是，謀殺案發生兩天後，他承認了犯行，但很快便反悔。然而，案件並不如警方聲稱的如此單純。謀殺案發生一週後，偵查警員攔下一名住在柏頓和他母親樓下的年輕人，他當時駕駛著失蹤車輛。接受偵訊時，他聲稱自己幫助柏頓掩蓋謀殺案。儘管他先前曾因強暴和搶劫未遂而遭到定罪，但警方讓他離開了。

這名年輕人在案件開審前遭到殺害，柏頓被判處十五年至無期徒刑，並在獄中度過了二十年，最後在「冤獄平反協會」（Innocence Project）的幫助下，才推翻了他的判決。[15]

柏頓的自白似乎決定了案件的結果。在 1990 年代初期，一個人會承認自己沒犯下的罪行，這樣的想法聽來似乎很奇怪。而且，如果他沒有殺害自己的母親，為何要承認罪行，尤其是他可能因此遭到終身監禁？這實在毫無道理，確實如此，但不代表此種情況就不可能發生。

這是人類心理另一個怪異之處。人沒事當然不會四處去做虛偽的自白，他們通常是在脅迫之下如此。柏頓並非一坐下來就自白，他獨自一人，驚嚇不已，被警察盤問了數小時，而這些警察數月前才將另外兩名男子屈打成招。警方的偵訊方式顯然大有問題。這些警官也許行為特別有問題，但那並非唯一的問題。另一

項問題是，依據當時的警員所接受的偵訊訓練，使用的技巧叫做萊德偵訊法（Reid interrogation）。

若您從前看過警察題材的戲劇，對於萊德偵訊法應該不陌生。嫌犯長時間被關在幽閉狹小的房間裡，不停被指控涉嫌犯下的特定罪行，警方同時出示（真實或捏造的）證據證明他犯了罪。其中一個案例是，一名遭到指控殺害父母的嫌犯，被告知他的父親活了下來，並作證指認他就是兇手，但他的父親其實已經去世。警界導入萊德偵訊法取代以毆打的方式審問，後來在取得人犯口供上大獲成功，以致美國聯邦最高法院在 1966 年米蘭達案（*Miranda*）判決時提及此偵訊技巧，要求警方必須告知嫌犯他們無需提供自證其罪的證據。

現在看來，萊德偵訊法聽來頗像是煤氣燈效應——警方的煤氣燈效應。因此，近年來此方法一直受到抵制。2017 年，與美國警察部門合作的主要顧問團體威克蘭德－祖拉夫斯基事務所（Wicklander-Zulawski & Associated）宣布，他們將不再以萊德偵訊法進行警察培訓。[16]

事實證明，虛偽自白可能發生在任何人身上。心理學教授卡辛（Saul Kassin）長期以來一直批評某些類型的偵訊技巧，如：假定有罪或具有對質特性的偵訊方式，因為此類技巧在諸多案件中造成了虛偽自白。虛偽自白很難推翻，即使證據顯示被告並未犯罪，但許多案件仍是根據供詞來作出判決。透過「冤獄平反協會」獲得無罪釋放的六百七十五人中，有超過四分之一的人做過虛偽自白。

2017 年，《紐約客》發表了一篇關於警方錯誤偵訊的報導，案件是發生於內布拉斯加州比特里斯市（Beatrice, Nebraska）的威

爾遜（Helen Wilson）謀殺案。經過一連串偵訊後，一共有六人被定罪，其中一人指控了另一人。最終，所有人都獲得無罪釋放，所有的自白都是假的，多數被告都有自己的問題，有人是亂倫的受害者，有人則有智力障礙。不可思議的是，其中一名被告泰勒（Ada JoAnn Taylor）竟聲稱自己對謀殺受害者有清晰的記憶。

　　從此事可看出，有些人特別容易成為煤氣燈效應的受害者。雖然柏頓幾乎立刻就翻供，但泰勒卻因為她從未犯下的罪行，而背負了二十多年的罪惡感。所幸，我們現在有證據表明，幾乎所有人都可能成為錯誤記憶和虛偽自白的受害者。[17]

我們的記憶並不可靠

　　心理學家誘導人們對各種活動和事件，產生虛假的自傳式陳述，如：小時候在購物中心迷路、被猛獸攻擊、考試作弊，以及會令人驚訝的與查爾斯王子一同喝茶。蕭（Julia Shaw）和波特（Stephen Porter）拿前述的研究做為基礎繼續進行探討，他們發現，依照卡辛的說法，使用導致大量虛偽自白的警方偵訊技巧來進行三次訪談後，70% 的大學生獲得了關於犯罪的錯誤情節記憶，研究人員告訴受試者，他們在年輕時犯下了這些罪行。

　　研究者用了哪些技巧呢？首先，訪談者會先與學生建立良好關係，然後對學生展示證明他們犯了罪的有力證據，例如：「你父母告訴我們……」；或施加社會壓力，像是：「努力一點的話，大多人都能回想起這些事」；還有提供關於如何記起事件

的建議，好比：使用意象在心理上重現事件。訪談者在詢問受試學生對事件的記憶時，會利用長時間的沉默或開放式問題，如：「然後呢？」等；當第三次的訪談結束時，研究人員向受試學生說明結果，他們震驚地發現，自己被要求回憶的事件居然從未發生過，但自己先前卻完全不疑有他。[18]

真實記憶和錯誤記憶之間有區別嗎？當然有。受試學生會更清晰、確定且更詳細地回憶起自己的真實記憶，而且較可能同時從觀察者和現場者視角來回憶真實事件。不過，學生在真實和錯誤記憶中，都會回想起視覺、觸覺、聽覺和嗅覺相關資訊的細節；回顧真實或虛假的行動或事件時，同樣會感到焦慮，而且在這兩種情況下，認知精緻化（cognitive elaboration）的程度幾近相同。

值得注意的是，這些訪談是在相對舒適的環境下所進行，受試學生並不是在與外界隔絕的情況下被警方困住數小時，他們並未受到驚嚇，也沒有睡眠不足，而且他們是回家後一週，再回來接受另一次四十五分鐘的訪談。

試想，倘若如此輕微的誘導，都能引起犯罪的錯誤記憶，那麼警方嚴厲的偵訊又會帶來什麼樣的後果！另請注意，受試學生所回憶的犯行要麼是盜竊、傷害，要麼是持械傷人，而且他們甚至還講得出與警方接觸的虛構細節！

從上述的研究所示，相信不難看出這與換位思考有何關係。若您所接收到關於自己的證據，有違您認知中所發生之事、所作所為、您的意圖或最終動機，那麼您就很容易產生自我懷疑。

我們通常希望人不要以此種方式將自己的觀點強加於他人，但正如我們所見，煤氣燈效應的現象其實並不少見。例如：在成

癮者中相當普遍的行為。成癮者讓親近的人相信他們沒有用藥，找盡所有藉口解釋奇怪之處，並經常試圖說服他們的父母、配偶或孩子是他們有問題。

從錯誤記憶和虛偽自白的模式來看，會發生這些情況並不難理解。可是，在其他情況中原因則可能更為複雜，例如：情感操縱者可能會對自己的看法深信不疑，而他們的觀點可能不是明顯有誤，而只是不可靠的。這真的算得上煤氣燈效應嗎？當然，這也符合常見的用法。

有部分心理學家堅持，情感操縱者通常知道自己在做什麼，但閱讀這些文章時，不禁令人好奇，那些影響他人懷疑現實的人是否受到了醜化，這些人難道真的全都理解現實嗎？別忘了，特別自戀的人，在判斷他人行為對他們產生的影響上也許並沒有錯，錯的是他們太過關注自己的印象，而排除了任何其他的解釋。

這帶出了下一個問題。個人將自身觀點強加於另一人身上，而後者也接受了這種通常不利於己的觀點，此種影響形式究竟有多普遍？據部分人士表示，此種情況非常常見。

觀點的正－反－合

黑格爾信誓旦旦地說世界精神會朝向更大的「融合」方向發展，在他的主奴辯證法中，這無疑是最理想的結果。但我們如何在人際層面上達到「合」的狀態呢？我在第八章中清楚闡述了，採取他人的觀點對我們的自我認知有多重要，但現在我們也已看

到了如此做的危險之處。如果我們只是單純地接受他人對我們行為的詮釋，那我們並未真正達到觀點的融合，而更像是被取代。部分情況下，此種取而代之的觀點可能是友好的，且最終有所助益；但在其他情況下，如本章所考量的狀況，顯然是充滿惡意。我們該如何看待這一切呢？

融合產生新觀點並不容易

乍看之下，似乎只要我們能判定他人是否患有精神疾病、成癮或單純個性不佳，就可以保護自己遠離此種不當的影響。這無疑是個不錯的建議，但也代表了互為主體性存在一種根本上的錯誤思維。

更確切來說，黑格爾認為所有意識天生都有想被認同的衝動，但此種思維卻將他的思想當成一種病態來解釋。意識所追求的是更深層的認同，而非像是在酒吧被人關注一般膚淺的認可。有意識的生命渴望獲得對其經歷、世界觀和觀點的認可，然而，正如我們所見，問題是只有另一個有意識的生命才能給予它此種認同，但另一個意識的存在也代表著不同的觀點。

用比較誇大其辭的說法就是，他人是福也是禍。一方面，他人認同我們也是體驗世界的源頭，並證實我們做為有意識的生命而存在；另一方面，即使他人認同我們是觀點的持有者，他們也可能會否定我們的觀點。無人會與我們的觀點完全一致，因此，他人的存在剝奪了我們單純以自己的觀點反映事物的自由，包含我們如何看待自己、自身經歷、行為和整個世界的觀點在內。因

此，衝突自然不可避免。

　　波娃在《女客》中描述了這樣的衝突，雖然小說以三角關係為核心，很難算得上是日常事件，但這個故事即使最後並未達到黑格爾所說的「融合」，的確也有助於帶出主奴辯證法的邏輯。故事後來，我們看到了對敵對觀點的最後反撲，導致了主意識的消亡。

　　主奴辯證法的不幸是存在主義者探討的一個主題，沙特原著劇本《無路可出》(No Exit) 中的男性角色呼喊著「他人即地獄」，正是此一縮影。《無路可出》的男主人翁在死後發現，自己與兩個女人一起被困在旅館的小房間裡。當他們在等待著預期將遭受的、難以想像的痛苦時，也同時為了各自有無罪過而爭吵不休，此時他突然明白了一點：地獄不是刀山火海，而是與其他任意對待你的人，一起困在一個房間裡。他的言下之意是，他對自己的看法受限於周遭其他人的觀點，這些觀點局限了他、阻止了他真正自由地選擇自己要成為什麼樣的人。

　　存在主義者顯然沒有好的選項來達到「融合」的狀態，反之，他們筆下的角色，似乎都陷入了不健康的主奴辯證關係中。[19]

　　我們可以做得更好。回到《女客》來看，會發現波娃筆下的女主人翁芳絲華，對事物抱持著非此即彼的態度，要麼接受澤維曄的觀點，要麼採納她自己的觀點。當然，如果我們假設世上只存在一個真正的觀點，這便說得過去。但問題正在於此，世上並不存在神的觀點，即使有，也不會與芳絲華的觀點一致，芳絲華也無法接觸到它。這就是為何我們一開始先談論了觀點。

　　還記得圖 6.1 中的兩個人，在爭論他們從不同角度看到的數字是 6 還是 9，假如他們交換了位置呢？看到 6 的人一旦從 9 的角度看到了 6，就走過去殺掉看到 9 的人，只為了確保他的觀點不受質疑，這無疑荒謬至極。我想說的是，芳絲華殺死澤維曄的戲劇性舉動也同樣如此荒唐。世上總會有不同的觀點來看待她的行為、人際關係和各種事務，她不太可能找到任何人能在所有細節上，完全採用她的觀點。如此一來，她大概得殺死所有人，想來真胡作非為又無趣。那麼，她為何要殺害澤維曄呢？她就不能忽視澤維曄的觀點嗎？

　　當然，波娃的觀點是，芳絲華太清楚澤維曄的抱怨有多麼合理，因此，唯有殺死了澤維曄，她才能無視澤維曄。這起謀殺案象徵著我們如何在心理上，排除那些不想聽、或與我們有關卻無法接受的合理抱怨。芳絲華的問題在於，她無法融合兩者的觀點，她無法不全盤接受澤維曄所說的言論，也無法不用澤維曄的經歷取代自己的經歷。

　　然而，回到爭論數字 6 和 9 的兩名男子，事情不一定非得如此，根據他們掌握的證據，他們之所以相信自己的觀點完全合情合理，但如今他們已從不同角度看到了這個數字，也應該能夠承認它既是 6 也是 9。在此情況下，觀點的融合即使不見得令人滿意，但至少很明確：這個數字可以是 6 或 9，或者兩者皆是（對那狡猾的繪者而言）。

　　對於芳絲華來說，觀點的融合又會是如何呢？不可否認的是，她的確是背著澤維曄與吉爾博發展關係，她也知道吉爾博與澤維曄有來往，書中所有角色似乎都很樂於接受開放式關

係，但似乎有一個規則，即公開透明。澤維曄對她和皮耶的戀情很坦誠，皮耶亦是，芳絲華公開表示支持，但卻默默忍受，所以澤維曄抱怨自己被蒙在鼓裡很合理。此外，澤維曄確保自己得到了芳絲華的祝福，但芳絲華卻不在意澤維曄是否能接受她所做的事。

　　另一方面，與吉爾博外遇或許並不是為了報復澤維曄。但是，我們又讀到「芳絲華突然感到十分疲憊。她曾經熱切地想要徹底擊敗那位傲慢的女主人翁，但她已不復存在；只剩下一個可憐、憂愁不堪的受害者，她再也無法對其報復。」如此說來，我們也許應該說，芳絲華與吉爾博交往不僅僅是為了報復，也是吉爾博引誘了她，而她並未抗拒。但是，正如她對澤維曄所說：「我沒有嘲笑你……我只是為自己著想，多過於為妳著想。」這並非難以融合的觀點，澤維曄誇大了自己所受的傷害以及芳絲華的冷酷無情，但芳絲華的確背叛了她的信任。[20]

　　所以，問題並不是觀點的融合遙不可及。難題在於，任何能公正地反映她自身行為和意圖的觀點融合，對芳絲華來說都難以接受。即使她的朋友對她造成困擾，她也無法忍受自己背叛了朋友。她必須是無辜的，必須是對的一方。芳絲華殺害澤維曄時，也等於扼殺了自己內心部分的良知。她意識到自己的罪責，但她無法忍受，因此逃避不願面對。從此看來，她顯然未能接受他者的存在。何以見得？因為這干擾了她正向地看待自己（即使她意識到此種看法是錯誤的）。

　　對我們而言，道理很簡單──不要重蹈芳絲華的覆轍。雖然我們有時只是想瞭解他人的想法，並出於如此明確的目的而採納

他人的觀點，但我們應該小心不要陷入其中。考量他人觀點，不是為了讓別人的觀點成為我們的觀點，而是為了獲得更多關於他人的資訊，以達到某些目的，也許是想改善關係，也許是想測試我們對於事物發展的想法。無論何種情況，一旦我們採納了另一人的觀點，就必須融合我們和他們的觀點。

不涉身其中的觀察者

　　我所主張的是，採納他人觀點通常是邁向更大目標的第一步。然而，一旦此種方法為我們帶來的不只是對他人的理解時，我們就該試著將此觀點與我們自身的觀點相融合。有時這可能很難，尤其是當人與人對同一系列事件的看法存在強烈分歧時，如《女客》中所顯示。但倘若我們可以選擇站在不涉身其中的觀察者角度的話，為何我們還要致力於觀點的融合呢？

　　回顧煤氣燈效應事件，看來解決衝突最簡單的辦法，似乎就是採用此種不涉身其中的觀察者視角，不考慮自己和衝突方的觀點。採用這種方法可以讓我們能以最客觀的角度看待情況，肯定比從第一人稱視角的片面看法更勝一籌。這個想法聽來確實誘人，但諸多原因使此種方法也不乏問題。

　　首先，要完全採取不參與其中的觀察者視角，您必須漠視自己在情境中的體驗。我在第八章中曾提出警告，我們在評估自己實際經歷時，需要有足夠的批判。所以，降低自己對事件的個人投入、淡化可能過度誇大的印象，似乎頗有幫助。這個主意有時不錯。但問題是，如此一來，您也等同捨棄了自己的經驗。以存

在主義者的說法，即您將會朝向自我否定。最後，您會變得與情感被操縱者並無太大分別。失去了自己的觀點，只是您所採用的觀點較不具敵意或支配性，而是一個對您或您的關係不特別感興趣的人的觀點。這是代用的解決方案，也就是說它根本算不上是解決辦法。

其次，您也會排除衝突方的觀點。雖然澤維曄早期操縱了芳絲華，但如我們所見，澤維曄的觀點其實合情合理；芳絲華在決定消滅她的觀點前，其實也心知肚明。不涉身其中的觀察者也許會注意到背叛，但不太可能捕捉到被背叛的感受。完全排除相關人士的觀點，當中必定會有遺漏之處。當然，若您陷於超麻煩人物的掌控之中，那就另當別論了。採取觀察者視角也許大有必要，但這應該是例外，而不是常規。

第三，本書絕大部分內容都在試圖說服您，採納另一位行為者的觀點，在諸多情況下至關重要，若不如此我們難以無法完全理解對方。因此，儘管某些時候我會建議您淡化，甚至忽略自身或他人的觀點，但整體來說，一般情況下並不建議您這樣做。

值得深思的是，為何行為者視角如此重要。尤其是在面對各持己見的衝突時，人很容易認為，如果大家都能保持客觀，事情就好辦多了。希望現在我已經說服各位世上不存在客觀的觀點，因為那是種不知從何而來的觀點。不過，我們的確很容易去想，自己該不該盡可能地減少投入特定衝突，以找到解決的出路。

問題在於，我們愈不涉身其中，就會變得愈冷漠。而我們無法確定，漠不關心人類感受和經歷是否有助於人類的任何發展。其中還潛藏著另一個危險，非人性化（dehumanizing）是極端客

觀立場的特徵，您可以透過這種方式擺脫衝突，但代價是捨去人性。經驗很重要，但經驗總是屬於某個人，總是源自於某個觀點。為了理解特定經驗，我們必須嘗試採取有經驗者的觀點。相信您現在已經明白這個道理。

雖然不涉身其中的觀察者視角無法完全取代互動者的視角，但可以滿足諸多其他目的。它可以是採納他人觀點的其中一步。通常分歧愈嚴重，人就愈難採納對方的觀點，尤其當對方從方方面面來看，都不太可能讓人讚賞時更是如此，但我們也許能拉開距離以更遠的視野來看待問題。

再度重申，採取觀察者視角時，我們仍需回歸自身觀點進行比較，然後再綜合兩者的看法。如我們在上一章看到，它也可以做為重要的觀點糾正措施。不僅如此，它也可以是幫助人們站在衝突方角度看問題的基石。然而，所有一切都仍需考量其他行為者的觀點。雖然把觀察者視角當成是提供我們客觀且「真實」的看法，聽起來很吸引人，但我們不應該上當。

結合他人觀點再做運用

採納他人觀點至關重要，有助於我們理解他人、他人關心的事、我們對他們的影響，以及我們在其心中的地位。儘管如此，換位思考也會使我們特別脆弱，容易受到惡意觀點的影響。但請記住，下一步是觀點的融合，而非同化。我們設身處地的用意，不是為了讓他人評估您、您的行為或整個世界觀，而是為了將這些資訊和您自己蒐集到的資訊做結合，並明智地運用。

　　有人可能會認為，為了保護自己不受煤氣燈效應和其他形式
影響的另一種辦法，就是不關注其他相關人士的想法，並採取不
參與其中的觀察者視角。至此，希望我已說服您這是一種錯誤的
期待，觀察者視角自然有其珍貴之處，但並不能取代其他觀點。

　　然而，談到道德或法律等問題時，人們經常以為，觀察者視
角可讓我們擺脫同理他人時必然會產生的主觀視角。這將是我們
在本書最後一章要討論的重點。

10

追求公正的代價

無論是顯失公平判決（unconscionability decision）特殊道德
基礎的回顧，還是沿襲自傳統模式而可能展現「我這樣做
是為你好」的家長式前瞻判斷，兩者均取決於法官的道德
感——因此一定程度上受到其道德情緒（moral emotion）
和道德情操（moral sentiment）的影響，同理心和同情心也
包括在內。法官在道德上不一定會對當事人的行為感到反
感。然而，除非他能同理達成協議的雙方，然後對其中一
方表現出更強烈的同情，否則他不會知曉此種行為是否在
道德上難以接受。這在所難免。

　　——羅賓・威斯特（Robin West），《反同理心的轉向》
　　（*Anti-empathic Turn*），第 29 頁

　　威斯特認為，同理心是做出良好司法判決至關重要的條件，
這樣的觀點在上世紀時全然是主流。光是懂得法律知識還不夠，
唯有法官能以同理心考量雙方的主張時，才能對當前案件做出合
適的判決。根據此觀點，法律的應用是具歷史性、回顧性和特殊
性的，仰賴普通法、假定的自然法、道德感和法律判例。因此，
司法推理部分仰賴於對過去案例的類比。但是，為了確定一個案
件是否與過去的案例足夠相似，法官必須「瞭解對於承諾、保
證、診斷和判別能力的主觀感受。從定義上看，類比推理似乎需
要透過共情來理解，人至少可藉此來類比他人極端主觀的情況、
問題、恐懼、焦慮、痛苦、機會、夢想和軟弱。而且儘管不是用
在全部的判決上，但大部分的判決確實是透過類比來進行」。[1]
　　如今情況有別以往。威斯特認為，美國法律經歷了典範

轉移。她聚焦契約法的改變，尤其是公平原則（conscionability doctrine），藉此說明這種轉變。顯失公平原則適用於契約條款明顯有利於最具議價能力的一方時，或極度不公正以致違背善良良心的契約。威斯特指出，現今的契約法已從對當事人的同理關懷，轉向關注判決對未來契約當事人福祉的影響。由於這種轉向導致了我們對於能否理解他人福祉能力的懷疑，以及人人都是自身福祉的最佳評判，此兩種觀念使得同理心在法律實務的應用上受到質疑。如今，大家愈來愈注重使用可觀察和可量化的行為做為福祉的參考，還有什麼比使用金錢更好的量化方式呢？

海耶克（Friedrich Hayek）的絕妙想法是根據市場的選擇來量化個人福祉，人決定花錢購買什麼在不同的福祉觀念中似乎是中立的。由於海耶克的思想既可保證以客觀來衡量福祉標準，又可輕易地涵納不同的價值觀，因此逐漸滲透至社會政策、政治和法律觀念中。福祉與衡量福祉的方法顯然是兩件事，然而，一旦我們決定用何種方式來衡量福祉，通常也就定義了看待衡量對象的方式。因此，在市場上是否有選擇的能力，成為了普通法中福祉保障的核心，在美國尤其如此。[2]

威斯特指出，上述此種以科學主義衡量福祉的方法，使得同理他人變得無關緊要，不僅如此，甚至它也使得同理心被視為「正向毒性」（positively toxic），不僅在普通法中，從更普遍的法律層面來看也是如此。我們身為公民，「如今非常公開地被教導說，審判中以同理心進行判決不僅不是追求的目標，還應努力避免、甚至厭惡的事。我們被告知，同理心本身就有悖法治原則，是不被允許的激進主義判決的前兆」。

　　威斯特警告，我們在此典範轉移的過程中損失許多，我們失去了對諸多普通法學概念的道德闡釋，如：將契約視為允諾、將侵權視為傷害等，此類對契約允許內容制定出道德限制的概念，以及將普通法和過往的判決，做為特殊判決在參考上的智慧寶庫等觀念。請容我迅速小結，以我個人的解讀來看，威斯特擔憂的是，具有個體差異的人如今已經脫離了法律的視野，而被一個普通的理性人（rational person）取而代之，而理性人的未來福祉主要是根據其經濟選擇來衡量的。3

　　有趣的是，上述觀點與哲學和心理學領域的同理心懷疑論者十分相似。普林茲在歸納同理心的缺點時，強調同理心可能導致特殊待遇和偏見，如：我們更常同理自己的友人和盟友，而不是陌生人；更常同理我們的同胞，而非外國人；更常同理長相可愛的人，而非不好看的人，依此類推。

　　可是，為何這會是壞事呢？同理心可引導我們先幫助那些我們共情的人，然後才去幫助我們不同理但可能極需幫助之人。談到道德相關情境的案例時，我們常聽說醫院的候診名單、受汙名化的族群和因颶風而受害的人等等，但卻幾乎從未聽聞，以人與他人的個人遭遇做為道德相關情境的例子。

　　布倫姆延續了此一趨勢。他在討論以同理心做為道德指引的弊端時，著重於如何消除開發中國家的饑荒、建造遙遠國家的孤兒院、治療疾病、幫助自然災害的受害人，以及其他大規模的行動。在這等討論當中，個人消失了，我們改以效用來進行計算。正如他所言：「真正的問題是大家通常不在意數學」，因為同理心讓我們更關心個人，而非大眾，所以用同理心做為道德工具並不理想。實際上，布倫姆也明確將道德的行為者比作政策制定

者，此種不近人情的態度，看來頗像將自己比擬作裁判的羅伯茲大法官。[4]

此種以數字為基礎的道德觀中，看不見對其他個體的關懷，我們只能不帶感情地去計算著，如何為我們永遠遇不到的無名個體創造更美好的世界。道德如同法律，已變得完全不近人情，此種做法是大錯特錯。非個人的客觀公正不僅不可能，而且也不可取。我們已在第一部中瞭解到為何這不可能，現在要再來看看為何它是不可取的，以及為何與我們近期所聽聞的同理心有別，實際上同理心可以使人更加公正客觀。

在下一節中，我會說明同理心對法律的重要性，因為瞭解個人的意圖對於判定其有無罪責（犯罪意圖）至關重要。接著，在〈觀點對客觀公正的影響〉一節中，我會探討我們能否用公正或理想的觀察者視角來取代個別利害關係人的觀點，我認為我們不能，原因是理想的觀察者，欠缺對道德和法律而言影響深重的人性。然後，在〈世上無完人〉中，我會回應對同理心常見的擔憂；最後，我會總結本書整體的論點。

完美的法官、理想的陪審團和無辜的被害人

誰是完美的法官？原因又是為何？在本書的開頭，我談到了關於索托馬約爾大法官在提名聽證會上的辯論。她在法律應用上傾向採取同理心，並且聲稱明智的拉丁裔女性做為法官，會比從未有過相同經歷的白人男性做出更好的裁決，這也使得她因此飽受抨擊。外界擔憂她會為「非少數族群的白人」帶來偏見。原因何在？

　　也許他們是這樣想的：拉丁裔法官會受制於自己的身分認同，特別是像索托馬約爾對自己的拉丁裔身分如此敏感的人，以致她無法對其族裔以外的人做出公平的判決；反之，她將對犯下嚴重罪行的拉丁裔被告較寬容，並將嚴厲的判決留給白人。正義女神不再蒙著雙眼。[5]

　　此種看法的基本假設，無疑是認為白人男性法官就沒有族群認同的問題，因此他們做出公平且依法判決的能力不會受到影響。您不必讀過本書就能質疑此一主張。這種說法聽來可疑，因為它的確值得懷疑。白人男性當然也是一個族群，倘若族群認同會影響個人的客觀或公正，那白人男性不免也會受到族群認同的左右。因此，不難看出賽申斯反對索托馬約爾的提名，根本是刻意的盲目和虛張聲勢，不僅如此，在此底下掩蓋了更深層、更令人不安的事實。

　　隸屬多數族群的人，他們的生活願景和福祉不僅受到文化的認可，也推廣至社會政策、流行文化和藝術領域當中，因此，他們很容易輕忽自己對生活、他人和世界的看法，其實也只是一種視角；他們很容易將其他人看待事物的方式做為一種視角，這顯然是放大版的行為者視角。不過，此種放大凸顯了一個重點，有此現象主要由於這群人處於舒適的權力地位，廣義而言，他們的觀點是普遍共同具有且不受質疑的，這恰恰支持了索托馬約爾的說法，她也許比白人男性法官更善於執行公正的判決。

　　索托馬約爾的主張並非是指她的偏見，將可平衡白人男性法官的偏見，而是整體而言，法院做出的所有判決中對少數族裔的偏見將會減少。事實是，目前聯邦初級法院的法官中只有 7% 為

拉丁裔，而女性僅占 27%。相較之下，女性人口比例為 51%，拉丁裔人口比例為 12.6%。若索托馬約爾偏頗的程度如同白人男性法官，並以相同方式對待她所認同的族群，可預見整體偏見會有所翻轉，情況可望比目前更公平。

然而，索托馬約爾根本沒有提出此種主張。反之，她聲稱自己比白人男性法官更有能力代換自己的身分認同，並提供更公正的判斷。何以見得？事實是，婦女和少數族群之所以強烈意識到各種觀點，是因為整體社會文化主導的觀點，都並非他們自己的觀點，也不以他們為中心。

在美國、加拿大和歐洲，主要的文化視角仍是從白人男性出發，這個事實日日夜夜都在提醒婦女和少數族群。為了適應環境，他們必須採用此種觀點，那些不太反思的人也許不會注意到，但較善於反思的人，則能輕易地在生活環境中清楚看見這一點。身為一名白人男性，毋須停下腳步思考自己是不是帶有這個觀點，也能隨意、冒冒失失地生活，只要安穩地生活於主流社會之中，就不會面臨太大的反對力量。

像索托馬約爾這樣的人，她的優勢不僅在於她是少數族裔和女性，因此存在與白人男性不同的偏見，而是因為她的地位使其能認識到普遍存在的主流偏見，並積極與之對抗。她表示，要做到這點，其中一種方法就是同理那些受歧視的人。從抽象層面而言，這聽來很不錯，但要如何將同理心應用於實務中，也許會是一大挑戰。為了瞭解如何將同理心實踐於法律實務，先讓我們思考一下意圖（intent）在刑法中的作用。[6]

溫情影響我們如何看待他人

　　意圖對於判定所謂的「犯罪意圖」（*mens rea*，即拉丁文「有罪思想」之意）至關重要。要確定一個人的罪責，就必須先瞭解其目的。正因如此，換位思考顯得格外重要。在第三章我們瞭解到，人會不假思索地快速評估他人相對的溫情或道德水準，這些評斷反映了我們的過去、經歷，以及文化上的偏見。心理學家柯蒂（Amy Cuddy）、菲斯克（Susan Fiske）和格里克（Peter Glick）製作一張圖表來比較各個社會族群的感知能力和溫情程度。

　　在美國，家庭主婦、基督徒、美國人、中產階級、愛爾蘭人和黑人專業人士，皆在溫情和感知能力方面都獲得了高分，這與無家者形成了鮮明對比，後者處於溫情和感知能力低下的底端。接受社會補助者、貧窮的黑人、土耳其人、阿拉伯人和女權主義者表現稍佳，但也好不了多少。此研究的發現很重要，因為溫情影響了我們如何看待他人其餘的性格和行為，以及我們如何對待他們。所以，我們最終希望透過溫情來判定什麼？溫情決定了個人意圖的特性，以及誠實、可信、可靠和德行等特質。[7]

　　有鑑於此，我們如何看待個人意圖有哪些特性，決定了我們後續面對他們的態度。個人溫情、個性和意圖的判斷似乎息息相關，彼此間相互影響。我們認為一個人愈溫暖友好，就愈會正面看待他們的動機；若我們判定一個人愈冷漠，就愈可能認為他們的意圖有問題。這不僅適用於日常生活，也適用於法庭。迪加度（Mauricio Delgado）和迪爾莫（James Dilmore）寫道：[8]

　　正如庭審律師所熟知，在訴訟初期塑造證人值得信賴、品
行端正，且正直的個人形象，也許會在整個審判過程中帶
來回報。證人的道德操守（moral aptitude）的確常是刑事
審判的核心。在刑事審判中，被告的行為會被評估是否具
有犯罪意圖。

　　證人若被認為溫暖友善，就更可能被採信，然而，不僅證人
會受到評斷。更令人憂慮的是，被害人的人品顯然也很重要，會
深深影響陪審員判定犯人罪行的輕重。「死刑陪審團調查計畫」
（Capital Jury Project）是一項全國研究計畫，主要重點是確認陪
審員在死刑案件中的量刑決定，是否符合憲法或存有偏見。

　　該計畫顯示了被害人特徵（victim characteristics）會影響陪審
員是否建議判處死刑。例如：若謀殺案的被害人是隨機選擇的、
正在從事日常活動、具有良好的品格和社會地位、已婚、有兒女
或是女性，則陪審團更可能建議判處犯人死刑；另一方面，若被
害人未婚或離婚、相對孤獨、有個人困難、吸毒或酗酒、或某種
程度上與犯罪者有牽連，陪審員較可能建議無期徒刑。假設刑罰
的輕重可追溯至犯行的錯誤程度，那我們從此可得出的結論是，
被害人是「誰」，影響了旁人判定謀殺他們的錯有多嚴重。

　　被害人特徵對陪審員的影響，亦可從審議期間討論被害人所
花的時間看出。43% 的陪審員表示，他們花了大量（11%）或相
當多（32%）的時間討論「被害人的聲譽或品格」。39% 的人表
示，他們的陪審團花了大量（18%）或相當多（21%）時間爭辯

「被害人在犯罪中的角色或責任」。陪審團評議被害人的品格或在犯罪中的角色愈久，建議判處死刑的可能性就愈小（順帶一提，我並非建議判處死刑，只是用這些證據來顯示陪審員的判斷如何受到被害人特徵的影響）。

　　換句話說，會被判處無期徒刑的被告所殺害的對象，在品格或責任上可能較具爭議。由此可知，個人的道德品格甚至會影響他人對於被害人所遭受行為的評判，以及被害人對自己遭遇到謀殺案該負多大責任？值得一提的是，此類案件並不限於毒品交易失敗，或被害人與犯人之間的爭執。某個案例中，被害人深夜在一家色情書店遭到另一名男子搭訕後隨即被殺害，他被認為該對自己的死負有部分責任。[9]

司法偏見多不勝數

　　美國在關於被告品格陳述允許度（permissibility）的法律相當複雜。然而，即使缺乏此類證據，陪審員依然有大量資訊可做為品格判定的基礎。在「死刑陪審團調查計畫」進行時，當時的法庭並不允許提出被害者產生影響的證據（victim impact evidence，即被害人或被害人家屬，向法院陳述所為之犯罪對其所造成之身體上、精神上，以及經濟上的影響），但被害人特徵卻會影響陪審員的決定。這就是說，一個人被認為值得信賴、誠實、公平、熱心、樂於助人和品行端正時，會讓我們更寬容地解釋他們的行為。當行為不明確或其背後的意圖不清時，此種傾向最為強烈。然而，多數行為在說到其背後意圖的特性時，多多少少都有點模稜兩可。

　　最近，連法官也受到了檢視。部分研究有了令人驚奇的發現。例如：以色列一項研究聲稱，肚子餓的法官比不餓的法官更不可能讓被告交保候傳。另一項研究發現，喜愛的球隊在前一週意外慘敗的法官，比起愛隊沒有慘敗的法官判處了更長的刑期。無論這些具體結果是否禁得起審視，證明司法偏見存在的證據依舊多不勝數。例如：法官和普通人一樣容易受到直覺偏誤的影響，在進行司法推理時也是如此。此外，法官在諸多情況下同樣也仰賴對被告品性的評估，像是在決定犯罪的嚴重程度或是否予以保釋時。[10]

　　如我們所見，換位思考賦予了我們工具，來平衡我們對他人行為既有的解讀。在一連串支持此觀點的研究中，心理學家阿里亞加（Ximena Arriaga）和拉斯布特（Caryl Rusbult）發現，如果人能從伴侶的立場來看問題，會更願意容忍對方，並原諒犯錯的人。看來透過採納對方觀點，伴侶便能理解另一方對事件的解釋，且不會歸咎于對方的不良意圖。

　　另外，我該指出「死刑陪審團調查計畫」的另一項發現：陪審員經常自發地認同某些被害人，因而採納了他們的觀點，並因此對被告處以更嚴厲的刑罰；他們也會自發地不認同其他被害人（通常是被認為道德有疑慮的被害人），進而導致了被告的判刑較輕。

　　這些發現，也支持了那些譴責同理心會帶來個人偏見判斷的人。因此，有人也許會認為，我們應該嚴加防範陪審員和法官以同理心來進行審判。然而，問題在於，認為只要不去認同就可以讓判斷更公正，其實毫無道理。事實上，陪審員的陳述顯示了相

反情況。倘若被害人被認定不值得同情，那麼令人髮指的犯罪，有時會被認定為沒那麼嚴重。這又讓我們再度回到了相同的想法，即平衡自身觀點的唯一選擇，就是採納他人的觀點，這也是理解索托馬約爾的一種方式，她主張同理心對於適當的判決至關重要。[11]

我在此又聚焦在索托馬約爾身上，不是因為我認為換位思考在法律領域比生活其他領域更重要，而是由於好法官通常被視為是具有道德能力的人，他們代表了某種道德理想，因此我們視其為榜樣，期許自己成為更好的人。然而，問題依舊存在。說我們在試圖理解他人及其行為時不能單靠自己的觀點，只是說來好聽，但要堅持採納各種不同觀點以達到一般認為對道德和法律核心的公正，則完全是另一回事。

如此說來，我們何不採取一些不受觀點陷阱阻礙，真正客觀、公正且理想的道德人士的觀點呢？重點在於，如果我們相信道德哲學家的說法，那麼這樣的人根本就是毫無觀點可言，畢竟道德哲學家往往主張，道德要達到公正，就必須去觀點化（aperspectival）。[12]

觀點對客觀公正的影響

正是這一點，典型的同理心主義者便會發動攻勢。若觀點主義（perspectivism）意味偏袒和偏見，那我們便須說明該如何克服此種偏袒和偏見。如同我已解釋過，我們一旦意識到本身早已具有觀點，因此心知自己總是不公平且偏頗，所以為了減少偏見，我們顯然必須採納更多觀點。這樣做時，我們將採納其他的一些

偏見，來為我們提供看待事物的新思維。當然，這只是其中一種
解決的方案，我們隨後仍須退後一步，相互平衡這些不同的觀
點，以評估整體的情勢，無論評估的結果如何。

偏袒是人性

　　若您願意的話，同理心可以不僅僅是同理心，它也是屬於過
程的一部分。例如：當您處於爭吵的過程，可能會站在對方和不
相干的觀察者角度來思考，視角的轉換會改變您關注的利益，使
您將注意力集中在另一人身上。正因如此，我們可以確知這些技
巧有助於產生相對公正的判斷。

　　順帶一提，值得指出的是，儘管許多人士強烈反對偏見，但
許多研究顯示，採納他人的觀點，有助於減少我們對他人及其所
屬族群的偏見，這顯然是我們期望看到的結果。

　　批評者可能會抗議，認為換位思考如今使我們對其他個體和
群體產生偏見，但如果我們採納他人觀點是為了更理解對方或消
除對他們的偏見，就毫無道理會如此。此外，若我們想採取更公
正的觀點來看待事物，答案並非是同理任何一方，而是同理雙
方，相信現在您對這個說法應該很熟悉了。然而在這場爭辯中，
反對同理心論點中並未言明的前提立場其實令人存疑，可這點時
常被忽視。他們主張偏袒或偏見是不好的，所以我們應該努力擺
脫，而且愈快愈好，但果真如此嗎？[13]

　　這樣想好了，假使偏袒確實在道德上是壞事，那麼每當您厚
待自己的孩子多過於別人的小孩時，偏心自己的配偶而非他人的

配偶時，或選擇性地將時間、精力和金錢花在朋友身上，而非陌生人身上時，就表示您行為有所不當，如此一來，您的整個人際網路都將充斥著不道德的行為。家庭價值觀也許最糟，畢竟，它所指的是極其偏愛我們所愛或視為家人的人。若您要講求公正的話，您在自己的孩子身上就不該比別人的孩子多花一分錢，以及諸如此類的論述。

如此看來，多數人就算不認為自己不道德，也會覺得頗令人難以接受。這就是為何道德常被認為是用以規範社會領域，有時甚至排除了私人領域。自家發生的事與他人無關，事情就是如此。此種想法的概念也許是，我們通常傾向關心自己的家人，這一點足以確保家庭生活的幸福，因此道德中的偏袒問題便消失了（某種程度上）。

不過，鮮少有人認為，我們對家人的義務比對陌生人更少或根本沒有；事實恰恰相反，我們認為對家庭成員負有更多或特殊的義務，對於朋友和伴侶也是如此。莫怪但丁（Dante）將加略人猶大（Judas Iscariot）置於地獄的最底層，畢竟，他背叛了他的朋友和老師。[14]

儘管堅稱道德意味以公正無私壓制了上述偏袒親友的事實，但若加以追問，幾乎所有人都會接受無論道德與否，人在這種情境下就是會有所偏袒，但他們的理論往往無法好好地解釋其中的原因。例如：有個觀點宣稱，若有人無法同時拯救自己的妻子和陌生人，就必須找到理由在道義上來說明，拯救他的妻子為什麼比救陌生人更恰當。

威廉斯（Bernard Williams）認為他有必要寫一篇論文來反對

此觀點。他有句名言說，此種正當理由根本就是「想多了」（one thought too many）。我們不該需要爭辯，自己的親朋好友比陌生人來的更重要。當然，凡事都有界線，沒有人認可為了讓伴侶從冗長的不省人事中清醒，就可以犧牲整個村子。一旦我們接受偏祖不僅是道德正直之士容忍的行為，而且實際上也是道德的要件，就會發現同理心的懷疑者對偏祖的固執有誤。

　　有人可能會說，此種一般人多半認為可接受，且也許在道德上為必要的公正，有別於賽申斯聲稱希望在法官身上看見的公正，也不同於同理心懷疑者普遍在意的公正。考量道德上必要之事時，是否必須平等地權衡所有人的利益？我們先前的信念、利益、看待事物的方式等，是否會影響我們公平地評判他人、行為和情況的能力？兩者是截然不同的問題。因此，當涉及我們真正關心的公正時，我們對家人或朋友的偏愛是否勝過其他人，其實已無關緊要。

　　此種反駁的意見僅在一定程度上合理，當威廉斯談到救援情境所涉及的思考時，其實就觸及了我們在此所討論到的偏見，原因在於，他與妻子的關係形塑了他如何看待當下發生的事、重要程度和他的選擇空間。如同我在本書前後一再重申的論點：在關係、利益和利害關係的網路中，我們所處的位置決定了我們的視角。威廉斯當然不該因為以此種方式看待世界而受到譴責，若是這樣的話，我們也許同樣可以狠批他是根據自己的身體來設想周圍的環境，但身體正是他賴以生存的要件。一般情況下，偏見並非壞事，但某些情況下的特定偏見，肯定就大有問題。[15]

公正判決需要多元視角

　　當我們大聲疾呼要求道德或法律上的公正時，其實要的並不是毫無觀點、不近人情的客觀公正。相反地，我們想要的是，在特定情況下、特定方面、針對特定人士的公正。上述所指的是，公正的人不該在其判定前，對預期的結果有任何利害關係。例如：她不能在審判前就已經想要譴責對方；她不該讓自己對行為、人或情況有先入為主的想法，導致影響之後的判斷。公正的法官會謹記自己的觀點是片面且可能有誤的，因此，反而應該多加考量其他的觀點；除此之外，也會考慮在此情況下與個人相關的重要主觀事實。我們需要、可以實現的公正，必須仰賴採納對發生事件的不同觀點，並融合各種觀點，如此所形成的理解，便能足夠稱得上是公正。

　　然而，從上述立場中我們也不難看出，其中所存在的一些問題，像是我們得考慮多少不同的觀點？我們有能力做到嗎？我們會不會感到不知所措？諸如此類。對於思維想法更簡約的人來說，可能會想要更簡化一點的方法。為何不呢？若我們能採用未直接參與其中的人的視角來看事情，何必多耗費時間去檢核各種多重的觀點呢？換句話說，我們何不單純採用觀察者視角呢？

　　使用觀察者視角的問題在於，它忽略了主要參與者對情況的看法，因此，除了偏見之外，我們還可能輕忽他們的經歷、關切、感受和人性。如此一來，我們不僅忽略了他們的經歷和感受，情緒上也無法與他們產生連結。相反地，我們會更關注他們的意圖，將他們的信念視為信念；我們會認為這些人更易受到外部因

素和欲望的影響；我們更在意他們是否溫暖友善，而不去探究他們的能動性。因此，只採用觀察者視角可能存在缺陷。

我們會專注在他們所處情況的抽象特徵上，以及事件的整體意義，而不是事件的細節和情境。不僅如此，我們還可能假設自己這樣做會比捲入衝突的人更瞭解他們自己！我們會認為，對他們而言，心理需求不如生理需求重要。我們會低估他們內心經歷的痛苦，並假設他們比我們更能自主掌控自身的信念。這就是觀察者視角，在我看來，這樣似乎並沒有特別客觀。

如果普通的觀察者視角無法完成此項工作，那麼試試最高級的觀察者視角如何？這個想法對哲學家來說應當不陌生，從休謨（David Hume）和史密斯（Adam Smith）的著作中可窺見。為了平衡同理心和自愛所產生的偏誤效應，休謨建議人們採取「些許共同的視角，大家可從這些視角中觀察自己的對象，並使所有人都看見他呈現出相同的樣子」。他極力發展的思想是，公允無私地評價他人的品格或行為，最終在道德上也能更加客觀和公正。

史密斯也追隨休謨的腳步，不過他提出的論述是「公正的旁觀者」（Impartial Spectator），即不偏不倚且全面瞭解個人動機、品格、行為對他人的影響等等的人。這樣的人當然不存在，無人全然的客觀公正，但史密斯認為，我們可以想像這樣一個人的存在。當我們從道德的角度去評價某人時，不論是做為行動者的受害者或受益者、做為行動者、或做為不相干的觀察者，我們都應該採取公正的旁觀者視角。透過這種方式，我們可以克服自己和他人的限制，包含我們的偏見、有限的知識和情感傾向等。[16]

後來的理想觀察者（Ideal Observer）版本更加嚴格。費斯

（Roderick Firth）所謂的理想觀察者，對於不道德的事實無所不知、無所不覺、無私、冷靜、一致，但在其他方面的表現正常（天曉得這是什麼意思）。從上述不難理解為何這個觀察者很「理想」，就算不是，至少可說是很「理想化」。如此的觀察者與人類相去甚遠，可假若理想的觀察者不是人類，我們要如何確信他的判斷實際上會與人類道德相似呢？

　　費斯似乎認為我們可以放心這一點，他認為理想的觀察者其實就是上帝全視（且毫無感情）之眼的替身，從意義上而言，上帝知道什麼對人最好。但祂真的知道嗎？

全知視角缺乏人性

　　猶記多年前我曾聽過哲學家阿特（Brad Art）討論《約伯記》（*Book of Job*）的精采演說。《約伯記》講述了一個考驗約伯信仰的歷程，這也是撒旦與上帝的一場賭局。撒旦指出，上帝的忠實追隨者恰好都生活富裕、身體健康、有妻有小；但如果他們生病、受到所有人排擠、並失去了所有財產和家人呢？他們仍會追隨上帝嗎？

　　為了找出答案，上帝容許撒旦殺死約伯的妻小和所有家畜，並讓約伯受到疾病的襲擊，唯有當約伯仍完全順服於神的旨意時，他才真正獲得解脫。上帝也因此贏了與撒旦的這場賭局。為了獎勵約伯的忠誠，上帝治癒了他，賜予他新的妻子、孩子和牲畜等。最後，全書以「於是，約伯安享天年，壽終正寢」作結。

　　阿特指出，此種「幸福」結局簡直異乎尋常，驚人地無視個

人生命的價值、人類情感和人類經驗。就算後來的孩子更多、更漂亮（如書中所述），新妻子或孩子也無法如此簡單地取代過世的妻小。由於疾病、排擠、痛苦和損失而留下的創傷，並不會因為恢復健康或重新受到尊重就被抹去。事實上《約伯記》中的上帝，可說是冷酷無情且殘忍，完全不懂得何謂人生重要的事物──也許這正是有人對理想觀察者的期待。[17]

我們為了確保客觀公正而採用理想的觀察者視角，但是問題在於這個觀察者缺乏人性。布蘭特（Richard Brandt）批評此觀點時表示，理想的觀察者無法體驗「因未來的不確定而產生的驚訝、失望和焦慮」。若要無所不知，就得先瞭解事實，但事實是什麼？光是瞭解事實就足夠了嗎？體會情感的能力難道對道德無關緊要嗎？這點我們還不太清楚。

不過經驗或情感知識至少直覺上不同於抽象知識。當約伯向上帝抱怨自己所受的苦難時，他指出上帝沒有肉身，便無法受苦；上帝不會死，所以無法理解生命的有限。正如阿特指出，這意味「一個毫無弱點、永生的上帝，無法理解脆弱且生命有限的凡人兩種最重要的經歷。約伯得出結論，這使得上帝不可能成為人類理想的道德觀察者」。阿特繼續強調，這凸顯了神與人之間必須建立一座橋梁，也是我們後來在拿撒勒人耶穌身上看見的，稍後我們將會進一步討論。[18]

沃克（Margaret Urban Walker）也提出警告。她和我同樣質疑所謂理想的觀察者，在判斷上是否會與人類的道德相似。她寫道，理想的觀察者……[19]

在本哈比卜（Seyla Benhabib）的想像中，「有如處於不同房間裡的幾何學家，各自獨立進行推理，但最終都得出了對同一問題的相同解答」。這種情況之所以可能發生，是因為此種模式的設定是已具備整體資訊和完美的知識能力，而不去考慮獲取相關資訊的技術和手段的問題，尤其是那些涉及將資訊進行彙整、分享和解讀，以實現更全面且相互校正的人際方法。

　　這與我們的日常行為形成了強烈的對比，我們在日常生活中經常與他人討論困難的道德抉擇，以及協調我們或他們該如何被對待。實際上，理想的觀察者是獨自思考他人，而非與他人觀點達成一致。

　　史密斯的「公正的旁觀者」也同樣存在此種擔憂。公正的旁觀者應該要對被評判的人抱持同情心，假設同情確實與史密斯心目中的公正相容，那麼富有同情心的公正旁觀者，仍是出自於家長式的前瞻判斷，不與涉及道德爭議的當事者們溝通。但沃克指出，毫無疑問地，我們在做出道德判斷時，期望的是能與他人的觀點達成一致，而不是獨立思考。

　　有人也許會辯稱（事實上我的一位學生也曾說過），根據假設，理想觀察者可能透過沃克所提及的方法獲得到所有的資訊，因此，他已經知道我們與其他人爭辯時的各種可能結果。所以我們實際上毋須與爭執中的當事人交涉，或是去採納每個人的觀點。相反地，我們只需想像自己是理想的觀察者，或思考理想觀察者的想法。

　　此種說法凸顯了此一思想的問題之處，這大概也是為何休謨和史密斯都不建議將此技巧用於日常的道德判斷上，而是將其視為用以一種判定道德對錯的行為特徵理論。問題在於想像力並非魔法，難以無中生有，我如何單憑自己的期望，就能想像出參與事件的行為者之間對於道德問題的討論結果？

　　這肯定超出了我們的能力範圍，但我們能想像實際的討論情況，然而為了使想像中的討論切合實際情況，我必須設想每個人會關注哪些的議題。當然，如此一來我便必須採納每個人的觀點。然後，我可將這些觀點與自身觀點進行對比，若我並未參與其中，那麼我的觀點便是觀察者視角。接著，我就可得出較不偏頗且更細膩的立場，這顯然正是我所提出的主張。請注意，我的建議並不表示，採納不同觀點就不必傾聽他人意見，或與他人共同來討論決定出哪些行為符合道德。

　　換位思考不單純是另一種更複雜形式的家長式判斷。我所指的重點在於，我們若不考慮他人的觀點，只是從自己的角度去聽別人所說的話，那麼最終解讀的結果，也會比考慮發言者的觀點時更為偏頗。例如：人在法庭上會發言，但卻通常沒有被傾聽。換個方式來說，也許邏輯上存在某種智慧，它不需要觀察、不參與其中，且毫無立場，但就能輕易地獲得到所有可能的互動資訊，但這並非是我們的智慧所能理解的世界。我們也許能想像有此種智慧的存在，但我們若不從特定視角去想像所有個體間的互動，肯定也想像不出來從觀察者視角所理解的內容。[20]

利用三角檢驗法保有人性

　　身為人類的我們與理想的道德仲裁者之間，另一個顯著區別是後者是一個「旁觀者」或「觀察者」，而非行動者。然而，我們所處的棘手困境在於，我們不僅得做出道德判斷，還要根據這些判斷採取行動，並承受行動的後果。然而，法官毋須承擔判決後的行動與結果，而由獄警、行刑者或假釋官負責後續的事宜，這是否會使得法官的判斷力比我們更好？普遍認為是如此。

　　但沃克指出，在面臨艱難的抉擇時，人經常自問自己能否接受自己所下的決定。例如：若我對一位垂死的家長說謊，承諾會在他們死後實現他們那一個充滿問題的遺願，此時我會作何感覺？這並非旁觀者會面臨的問題，旁觀者只負責判斷，但不採取行動。因此，他們對多數人道德慎思的重要事實並不敏銳，不涉身其中偏見就較少，但參與度肯定也較低。正如我在第二章所示，我們先是行動者，其次才是哲學家（思想家、反思者、思辨者、沉思者等），然而，道德自然是更關乎於行動多過於思考。

　　理想的觀察者理論讓人不滿的原因眾多，它承諾滿足我們對「真正的」公正客觀的期許，但也讓人脫離了人際互動、交涉和妥協的混亂，進而有可能做出不適合人類正義和人性觀點的判斷。因此，我們必須綜合不同的視角，以三角檢驗法（triangulation）來檢核自身、他人，以及不涉身其中的觀察者視角。這不僅是一件好事，三角檢驗法能讓我們保持人性，還讓我們能充分考量真實人類的利益。

　　有人大概會反對，說先前批評的理想觀察者，並非史密斯

的公正旁觀者。例如：哈曼（Gilbert Harman）指出，理想的旁觀者「設想自己處於行為者的處境，並想像自己在那些情況下會如何反應」。旁觀者同時也隸屬於當事者的道德社群（moral community），因此他們的反應深受慣例與習俗的影響，觀察者由於採取內部和外部視角來相互辯證行為者的行動，所以不僅僅是旁觀者，實際上也確實是行動者。

　　這個公正的旁觀者聽來像是真有其人，透過了多重檢核做出了明智的評判。但在此例中，表象是會騙人的。何以見得？哈曼在上段話之後寫道：[21]

> 如果行為者的反應與旁觀者想像的反應相似，則旁觀者會同情行為者；若行為者的反應比旁觀者想像的反應更極端，則旁觀者不會同情行為者……旁觀者認可他們能夠同情的反應，並反對他們無法同情的反應。

　　三角檢驗法與此方式大不相同。我們進行三角檢驗時，會認真看待他人的觀點，而不是如同我們不加反思地接受自我的觀點，或如同某個理想的旁觀者像獲取訊息般接收觀點，並單純地表示贊同或反對。我們將另一人的觀點與其他相關的觀點放在一起考慮，也不採取更「明事理」之人的觀點，也就是不會用具有「正確反應」之人的觀點。

　　當然，若情況中有看似不合理的反應，我們也可以決定不過於採信。可是，此種三角檢驗法仍然有別於理想的旁觀者，它消除了以某種理想存在裁決身邊情況的觀念，事件中只有我們自

己，我們必須協調出彼此融洽相處的方式，而不是訴諸於某個虛構的神聖大家長。

除此之外，我們在〈完美的法官、理想的陪審團和無辜的被害人〉的段落中，曾提及改善過的新法律精神，亦可與此種公正性觀點來進行比較。法官聚焦於判決對社會福祉的抽象影響，並牢記底線和手段，日益忽視案件中的個人。例如：對某份合約提出特定投訴的實際當事者是誰，在現在的判決上絕大程度上幾乎不重要；反之，法官是從抽象的層面上來考量一個理性的行為者，而所謂的理性通常被簡化為市場選擇。正如哲學家都深知，理性實際上難以解釋，更遑論理性的渴望了。而且，如同我的友人傑克（Tony Jack）所補充，把理性視為單指一件事是錯的，因為同理心也是理性的一種表現！22

幸福不能簡化為金錢

法律之所以有此轉變，原因頗富啟發意義。此種轉向源於有人開始質疑，人是否真能得知他人的偏好？如果我們只能假設所有人都有相同偏好，便可以此為基礎繼續思考福祉議題，但我們知道事實並非如此。所以，根據此種思維，由於人我之間的差異太大，以致無法獲得好的結果，所以同理他人並無益處。

既然如此，我們如何公平看待主觀偏好呢？如果這個擔憂聽來熟悉，那是因為的確如此。這是我們從一開始就關切的議題，而在本書的整個論述過程中，我們也發現它被過分渲染，儘管如此，此種憂慮依然瀰漫於最近的自由主義思想。一個自由開放的

社會允許其公民追求自己的利益，無論利益為何，只要不與其他追求自身利益的公民有所衝突即可。美國《獨立宣言》的作者們明確指出，個人（或至少是有產階級的白人男性）不僅享有生命和自由的權利，還有追求幸福的權利。

然而，一個人對幸福的理解不見得與另一人相同。對於在歐洲逃離宗教迫害的人來說，這就不僅僅是哲學上的觀點了。因此，如果我們希望我們的法律和道德，足以廣納各種對幸福看法的差異，我們便不能局限在自身對幸福和美好生活的想法上。

所以說，我們該怎麼辦？經濟學家海耶克認為，將福祉簡化為市場選擇預計能解決這個問題。根據人們花錢的方式「客觀地」計算他們的偏好，有助於我們擺脫個人喜好的主觀迷思，如此以一來，市場就成了客觀的人類價值寶庫。[23]

話雖如此，現在我們都很清楚此種新自由主義思潮會將我們帶向何方——肯定不是個好地方。顯而易見，問題在於我們對幸福的理解不能簡化為花費的金額，人會為了自己所珍視的理念而犧牲自我，會因為堅守意識型態或信念而放棄經濟利益，而人們眼中最重要的事物通常是無價的。

正如約翰・藍儂（John Lennon）所唱：「金錢買不到愛情。」為了追求更大的公平正義，我們創造出了一個怪物，人類的價值觀墮落至被金錢取代，曾經神聖的個人如今卻僅變成是商品的消費者。到頭來，此種戲劇化的轉變根本毫無必要。正如我們在本書中所見，人是可以相互理解的，即使不是全然地瞭解彼此，我們也沒理由認為消費比共情、理解更適於用來衡量個人的偏好。

人們花錢購買的事物往往只是反映出一時的風潮、積極投放

的廣告和供需等結果，全都無法體現社會政策或法律層面與幸福相關的基本理念。可是，人我之間有的是更多相近之處，而非相異之處。

我們熱切追求更廣大的自由之際，也忽視了道德和法律的真義，它們無關乎從高層制定的、不可變的規則應用；反之，道德和法律體系是用於規範我們的行為，以便人與人能夠和平相處，其核心就在於尊重與關懷他人福祉，而兩者都能透過同理心和換位思考來促進達成。

如同許多看似完美的事物一般，當我們呼籲著公正時，我們想追求的可能不是不近人情的客觀公正。我們想要的絕非如此。您猜怎麼著？三角檢驗法也許有助於提供我們所需的客觀公正。

請容我以宗教歷史學家阿姆斯壯（Karen Armstrong）對黃金法則「己所不欲，勿施於人」的觀察作結，他說：「我發現各宗教制定的傳統教義上均有此條黃金法則，並直指此法則是其宗教的基本教義，而並非特定的教條。」倘若我們對幸福和美好生活的看法如此不同，那麼各種不同宗教都贊同此一簡單的思想，那簡直就是奇蹟了。舉例來說，我們很難想像堅持黃金法則為其核心教義的耶穌，會像《約伯記》中的上帝那樣與魔鬼打賭。[24]

世上無完人

我主張，為了更加的理解自己、世界和他人，我們必須採納他人的觀點。而要做到此點，可以透過想像自己處於反映他人利益、利害關係和關係網路的位置，抑或更簡單的做法，透過同理

他們的情緒（也會達到類似的效果）。但是，我們要如何因應同理心的陰暗面呢？同理心不僅因為偏頗而受到批評，在第九章我們還討論了過度認同的問題。

　　儘管在上一章裡，我們認識到同理心的真實危險，但這並非不可控制，錯就錯在於誤以為同理他人是好事，所以我們就該一直、毫無分別或盡可能地這樣做，而不考慮情境、對象和可能的後果等。布倫姆讚揚理性思考的優點多過同理，就是犯了這個錯誤。唯有糟糕的共情者，才會把其他可用的工具置之一旁，並在所有情況下都去同理他人。同理他人時，我們當然必須考量在特定情況下同理對方是否有用、是否會帶來好的結果；我們也許還需要先考慮對方是否希望我們同理他們。

　　布瑞斯奧普特（Fritz Breithaupt）在其著作《同理心的陰暗面》（*The Dark Sides of Empathy*）一書中警告，相較於被同理者，同理心對同理者的好處更多。原因為何？他指出，被同理會賦予人弱勢之感，我不禁懷疑他想的是否為同情，而非同理。我鮮少聽到有人抱怨太常被他人同理，現實情況正好恰恰相反。儘管如此，對他人展現同理心之前，禮貌上也許最好還是先確認對方是否有此需要。

　　布瑞斯奧普特的另一項擔憂也獲得了布倫姆的支持，當我們同理受害者時，同理心會導致暴力和仇恨的產生，所謂的道德暴力其實十分常見。正如布瑞斯奧普特所堅稱：「人往往認為同理心可幫助解決衝突中的緊張局勢，但諸多時候同理心恰恰是導致極端的因素，使人更加分化……人通常很快就會選邊站，當您選擇了某一方，就會採取那一方的視角，您會從中發現並同理此

方的痛苦，而同理心會促使您用更負面和懷疑的眼光看待另一方。」這就是為何布倫姆建議我們不理會同理心，而是擁抱它更理想的近義詞——同情或憐憫。

如果我們能確保同情或憐憫與同理心具有相同效用，並且本身毫無缺點，這自然會是個不錯的建議。然而，同情或憐憫並不會為我們帶來其他觀點，但似乎會導致道德攻擊的行為。

法泰歇爾（Stefan Pfattheicher）、薩森拉斯（Claudia Sassenrath）和凱勒（Johannes Keller）進行了一系列研究，他們發現，人愈同情特定不法行為的受害者時，就愈想嚴厲懲罰加害者。此研究用的其中一個事件中，有個人因為年輕人粗魯地撞到他而摔斷了肩膀，被要求保持客觀、不太同情他的人認為此名年輕人應當受罰。然而，同情受害者的人認為年輕人應該受到更多的懲罰。這正是布倫姆對同理心的擔憂，由此可知，同情和憐憫並不能取代換位思考或情感同理。[25]

對於同理心招致道德攻擊行為的批評，顯示出了一些典型常見的觀念，像是最近對同理心的批評，多半是在想法上過度簡化了同理心的定義、作用和實踐方式。正如我在本書中煞費苦心地一再強調，採納他人觀點是一件相當複雜的行為，不能倉促成事之外，我們也不希望自己受困於他人的觀點。許多研究似乎都忽略了，一個良好的換位思考，其實裡面要考量的細節錯綜複雜。

以下面的研究為例，穆艾曼（Maron Mooijman）和史特恩（Chadley Stern）發現，要求社會觀念保守人士想像自己是同性戀，並與同性伴侶發生關係，會增加他們對自己想像的人和同志族群的厭惡程度，並使他們較不正面去看待性少數人的權利。原

因似乎是，想像與同性伴侶發生性行為使他們感到反感。

　　我們如何解讀此項發現呢？依我所見，我們不該斷言換位思考毫無助益。因為此項研究實際所顯示出的，其實是保守人士不太擅長換位思考同性戀者的觀點，而且從不同角度來看問題的轉換能力也不佳。

　　若您是一位社會觀念保守的異性戀男性，並試圖想像與男性伴侶發生性關係，那並不是在採取男同性戀者的觀點；這就像要求為了理解異性戀男性的立場，要求男同志想像與女性發生關係一樣。雙方都並未根據另一方的利益，重新調整自己關注的焦點，他們不該想像與自己毫無性趣的人發生關係，而是應該想像與他所愛之人發生關係。無法做到這一點並不代表換位思考不好，只表示這是一件難事。[26]

　　儘管如此，不可否認的是，採取別人的觀點有時比不做還糟糕。例如：據沃勞爾（Jacquie Vorauer）和佐佐木（Stacey Sasaki）的發現，當換位思考的目標對象具有負面特徵（粗魯或冷酷）、從事負面行為（壓迫他人、忽視需要幫助的人），或對我們或我們的自我形象構成威脅（屬於受壓迫族群），採取他們的觀點可能會讓我們更嚴厲地批判他們，並增加我們對他們的敵意。

　　有此模式並不令人意外。對於那些我們認為具備正面特質的人，我們很樂於認同；對於那些具備我們不認同特質的人，我們會加以疏遠。我們似乎會將負面的意圖賦予負面行為的人，將敵意賦予讓我們感到威脅的人，而且我們也只看得見這些負面特徵。出現此種傾向的結果相當令人遺憾，畢竟，我們最常需要從內在去理解的人，往往就是那些我們不認同的人。

電車難題中的道德困境

　　不過，我們毋須悲觀。顯示換位思考負面影響的研究，大多數都要求學生採納他人的觀點，可是他們本身並沒有動機這樣做。真正想理解另一人時，人會更努力，事實上女性更經常是如此，但這點也許太顯而易見，所以鮮少被特別指出，可是過往的研究文獻卻常常忽略這一項事實。

　　我們在此所指的努力，意味試圖尋找更多關於對方的資訊。研究顯示，自私所導致的偏見通常是由於我們未能考慮有違自己偏好的證據。另一個值得抱持樂觀的原因是，當我們努力獲取自己試圖瞭解對象的更多相關資訊後，是否能成功理解對方常取決於行動。

　　電影《辛德勒的名單》（*Schindler's List*）上映後，范恩斯（Ralph Fiennes）接受《紐約時報》採訪，談論了他飾演惡名昭彰的德國納粹集中營軍官——歌德（Goetz）一角。范恩斯秉性親切正直，形容自己最終變得跟歌德一樣，他指出：「這件事毫無理性可言，而是一種本能……當你在扮演一個角色時，會沉浸在角色的觀點中做思考，像是他會如何行動或他的思想等。最後，這個角色成為你自我的延伸，你會喜歡上他。」我們夠堅持的話，便能克服自己傾向以負面方式看待不願認同的人。至於是否應該這樣做，顯然取決於各別具體情況。[27]

　　范恩斯對歌德的認同，指出了同理心另一項令人擔憂的問題，它既可用於做好事，也可用來做壞事。哲學文獻長久以來一直認為，同理心和換位思考最終不會讓人更關懷他人。

　　據說，施虐者利用同理心來找出讓受害者傷害加深的方法。在布班特（Nils Bubandt）和維勒斯列夫（Rane Willerslev）最近的一篇文章中指出，部分非西方文化中「第一人稱的想像投射，既涉及認知又涉及情感，此種將自己投射至另一對象的觀點當中……與企圖欺騙人心的行為息息相關。」例如：一名西伯利亞獵人知道他所獵殺的麋鹿如何看待世界，知道牠不會害怕另一頭麋鹿，而且甚至可以冷靜地接近牠。因此，獵人裝扮成一頭麋鹿，像麋鹿一樣移動、欺騙牠，以便獵殺牠——而這當中似乎看不出太多的關懷。[28]

　　同樣地，上述也並非同理心的問題，而是以一種過於狹隘的觀點來看待換位思考或同理心的用途。上述說法的基本概念似乎是指，有時人即使同理他人，但仍會對他人做出可怕的事，因此，具有同理心並非好事。

　　然而，此論點要成立，我們需要另一個前提，也就是說我們必須假設同理心提供的任何動機，始終會凌駕於個人可能擁有的其他動機之上。可是我們為何要如此認定呢？畢竟，大多數源自道德考量的動機也都不見得不能翻轉，人們偷竊、欺騙、撒謊、傷害和殺害他人等行為的頻率高得令人震驚。即使看起來不像是會做出這類事情的人，也常常會因為當下有其他更重要的考量，而做出不符道德的行為。即使是道德聖人也會因為道德困境，而必須以牴觸道德動機的方式行事。

　　人在道德上被要求做兩件相互牴觸的事時，就會出現道德的困境。假設有一輛失控的電車沿著鐵軌向前疾馳，而前方軌道上有五名徒步健行者，所幸我人就在轉轍器旁邊，我可以將電車切

換至另一條軌道上，但這條軌道上也有一名徒步健行者。做為道德正直的公民，我既想切換電車方向，以拯救五名徒步健行者，但又不想改變電車方向，殺死另一名徒步健行者。無論如何，我都必須從兩者中做抉擇。無論我如何選擇，都有違道德動機。然而，我所做的選擇並不表示，未引發行動的動機本身是不好或不道德。

例如：我因為必須吃飯，而翻轉自己善待所同理對象的動機，這並不代表同理本身就不是好事。現在，您可能會認為電車的例子與西伯利亞獵人的例子不同。從何說來？原因在於，獵人用同理心來傷害他所同理的對象，換句話說，同理心是用來達到獵殺目的的手段，但疾駛電車的情境並非如此，殺死一名徒步健行者並不是拯救五名徒步健行者的方法（切換電車行進方向才是方法），而是此做法（可預期）的副作用。

然而，在道德困境的相關文獻中，所舉出的案例多半更像西伯利亞獵人的例子。試想與前述案例相同的情況下，您看見一輛電車衝向五名徒步健行者，可是現在的情況是您手邊沒有轉轍器，但您自己站在天橋上，並發現旁邊有一個胖子，您意識到阻止電車的唯一方法就是將他扔到鐵軌上，因為您又矮又瘦，自己跳到電車前毫無用處。

假設您認為在這種情況下最重要的事就是拯救五名徒步健行者，所以決定把胖子推下橋。我們可以說，您這樣做的動機是為了拯救五名徒步健行者，但這個動機直接導致了胖子的死亡。這是否意味救人於危難的動機本身就不好呢？當然不是。

有鑑於此，只因為同理心可用來做壞事，就斷言它毫無益處，未免言之過早。正如電影《熱情如火》（*Some Like It Hot*）

中，菲爾丁三世（Osgood Fielding III）在達芙妮（Daphne，即傑瑞 Jerry）向他透露自己不是女人後的回答：「世上無完人。」[29]

拓展對世界的理解

　　本書已接近尾聲，若我有成功說服您，您現在應該堅信，我們每個人看待世界的方式既是世界「本身」，也是我們身分、期望、定位以及與對象建立關係的方式，我們以自身的利益和關注的事物來理解世界。觀點常被視為一種偏見，我們被教導，偏見是不好的，所以最佳的辦法就是消除觀點，但嘗試這樣做注定會失敗。我已論證過觀點無可避免，而且是人性的一部分。

　　想解決觀點的黑暗面，方法並非是在我們的世界觀中，試圖分毫不留地剔除掉主觀的片段；相反地，我們應該擷取更多的觀點，並在此過程中平衡各種的觀點。偏見本身並非壞事，若我們對需要在意的事沒有偏見，鮮少有人能存活下來，因為我們便不會立即對危險做出反應，甚至還在考慮自己所處情況的其他所有面向。偏見幫助我們存活、幫助我們追求自己的興趣和利益、幫助我們尋求快樂，但偏見也會帶來麻煩，它引導我們根據他人行為對我們的影響和自身過去類似的經歷等，來瞭解他人的行為及動機。

　　這會使我們在看待自身行為時，較常從我們行為的目標來思考，而較少思考行為對他人的影響。為了克服自我局限和理解他人的雙重難題，我們必須學會採納他人的觀點。雖然人與人之間存在著不小的差異，但這也絕非是不可能達成的遠大目標。視角

具有相對固定不變的性質，使我們因而得以採納其他行為者的視角，因為我們本身都是行為者。

這是如何運作的呢？首先，我們不再像平常一樣總是以自己為中心，而是將我們的注意力聚焦在想換位思考的對象身上。為了做到這一點，我們必須調整自己的生存利益、身體能力、關係和情感依附、希望和興趣，使這些特點從對方身上擴散到自己身上。這涉及了認同與投射，甚至還有其他更多的因素。若換位思考只關乎於投射，茱麗便無法理解我；而我會繼續認定前男友不尊重我；巴菲也不會去救薇洛。

當我們將重心轉移至另一人身上時，我們需要將所知的他人的關係和情感依附，以自己類似的關係或情感依附來代入，藉此修正我們之間的差異。這就是為何當一個人在想像自己是同性戀者與伴侶發生親密關係時，無法成功地採納另一方的觀點，最後以反感收場。若您是異性戀者，便不該想像與同性發生親密關係，反而應該要想像自己與伴侶發生關係，或至少是與您身體上深受吸引的人發生關係。

由此可知，若我們無法釐清他人的情感依附和對什麼感興趣，這將會非常難去理解對方的觀點，而釐清這些資訊需要極大努力。正如另一位支持同理心的學者柯茲納里奇指出，我們可以廣泛瞭解他人的經歷，將自己置身於他們所處的情況，當然，若有機會我們也可以與對方互動。[30]

我們並非總是需要努力去深入瞭解他人的經歷。如先前的論述，當我們在情緒上與他人共情時，就會採納對方的觀點，至少是由他人情緒經驗所構成的部分觀點。如我們在第六章所見，透

過情緒我們可以獲得關於某一情況的（潛在）影響，以及在此情況下會如何做反應等大量的資訊。恐懼會發出危險訊號，讓我們注意潛在的威脅，並準備採取補償性的行動（如：不動、逃跑或戰鬥）。

當然，我們不是以科學報告的形式來獲得這些資訊，而這些資訊也許是具體（來了個龐然大物！）、帶有評價（喔，糟了！）、關係到福祉（我有危險了！）或具有動機（快逃！），我們必須付出一點努力才能有自覺地更意識到它。一般來說，不論對象是誰，我們都不會全然地採納對方的觀點，那畢竟超出了我們的能力範圍，但我們可以在特定情況下，針對特定事物來採納對方的觀點。

換位思考對我們有幫助

同理心是理解他人的途徑，然而，我們常因對方正在受苦，而預期同理後會有的反感、分心、粗心或單純不適，而無法採取同理的方式。本書中所舉的換位思考例子多半屬於複雜的認知類型案例，但這不表示情感同理心不重要，事實上它非常重要。

當我們採納他人的觀點時，就彷彿我們正經歷（想像中）對方經歷的事。由於行為者視角反映了我們自身和生存導向的本性，一旦我們在其他情況下採用此種視角，自然而然就會將自我的利益與該情況、行為或事件連結在一起。因此，我們會以自己對該情況的想法、感受和期待，來重現此情境對他人的重要性。

此種方式有助於我們以新的觀點來呈現他人所處的境況。換位思考鼓勵我們以他人為導向，視他們的福祉與我們的福祉同

等，或幾乎一樣重要，這是一種很特殊的無私傾向，因為這是藉由自我利益為基礎所建立起的無私想法。[31]

　　換位思考不僅在面對他人時有用，對我們自己也大有幫助。當我們從外部觀察自己時，新的重點便會脫穎而出，尤其是當我們想超越的觀點，就是自己會不加思索以利己做導向的情況時，道德特質就會以某種方式重新表現出來。正因我們很輕易地就從自身利害關係的角度來思考事物，所以，我們要對自己的行為負責，採納其他視角來加以考量就會變得不可或缺。我們若想做對的事（即使是照自己的標準），就必須瞭解自身行為的性質和後果，但自身觀點對此會給出明顯片面的看法。

　　當我們將自己的行為視為是別人的行為，或從旁來觀察自己的行為時，看待自身行為的方式也常會透露出我們的性格。人本能地傾向認為自己的意圖帶有善意，但我們經常自欺欺人，忽略對其他人而言顯而易見之事。此外，認為我們對導致自身行為意圖的好壞，擁有最終的決定權，根本是錯誤的想法。為了真正瞭解自身行為的特性，我們需要的不僅僅是參考自己對自身行為和動機的見解。[32]

　　我在本書中並未討論太多互動者視角，原因在於我們一旦超越了受害者和加害者的視角，進入到互動者交織錯綜又對立的結構時，此種觀點實際上就會更近似持有視角，而不是換位思考。一是由於沒有事先採取他人觀點的意圖，而且嚴格來說，我們並非跳過自己與他人的互動，直接從他人的視角出發與另一人互動，所以資訊的交流會複雜許多。

　　在多數的情況下，我們是與對方分享共同創造的經驗，其中

的邏輯超出了此處討論的內容，例如：團體共感和經驗共享的感覺，通常是共同從事活動時不可或缺的要素，而且本身就是對自我和他人產生新的理解的手法，特別有助於我們意識到自己，並不像自己想的如此孤立無援。

所有人都渴望被認同

　　最後，我想以黑格爾的見解來作結，他認為我們基本上渴望被認同，而且每個意識都希望其存在能被另一個意識認同。意識是一種觀點，而有別於另一個意識之處，不在於其形式特徵，而是內容。換句話說，意識之所以成為意識，關鍵不外乎其經驗的內容（我們在第一章也談到了此點）。因此，我們渴望的是自己體驗世界的方式獲得認可。荷米雅在第一章被否認的正是此種認可，她的觀點對她父親來說毫無意義、對雅典公爵來說無關緊要、對迪米崔斯也無足輕重，這就是壓迫控制的真正面目。

　　如今我們日益意識到，社會中部分成員的觀點無法獲得認同，反而被期望採納統治或支配者的觀點，女性就是一例。上世紀中葉，波娃書寫了女性自身的觀點如何受到否定，並被迫以男性視角來看待自己，視自己為性對象、玩物、妻子或母親，此番論述引起社會各界一片嘩然。數年前我在《紐約客》上讀到的笑話正好完美地反映了此一議題，場景是一家書店，一名年輕女性問店家：「請問你們有關於白人男性經歷的書嗎？」

　　否認一個人觀點的有效性或重要性，是對她施加的最大暴力。藉由拒絕接受她的觀點，來展現出您對她的支配，以及她做

為一個人、一個有意識的存在有多麼無足輕重。

　　道德或司法體系若以不近人情的客觀和公正，來做為評判基礎的問題在於，此種方式的前提已否定了對相互來往的人的認同。因此，當歐巴馬堅持同理心是法官應當具備的特質時，他其實所言不假。想要解決同理心偏誤的問題，方法並不是減少同理，而是更常去同理他人，藉此我們也認同了他人人性的部分。「認同」並不像有些人所認為的必然意味「贊同」。但是，採納不同視角為我們提供了新的思維來看待他人、自己和我們共有的世界。這正是同理心的力量所在。[33]

誌謝

本書集結了我過去六年多研究的結晶，這段期間許多人與我討論過我的想法，幫助本書問世。

首先，為原稿提供支持與寶貴意見的人中，我想先謝謝Anthony Jack。我們花了許多時間討論同理心，他從頭至尾閱讀了整份書稿並提供建議，少了他的幫忙，本書絕對大不相同。再來，我想謝謝 Jenefer Robinson 提供了寶貴的幫助。她讀過本書各個版本，並與我一同思前想後，克服了諸多難題。本書接近尾聲之際，我絞盡腦汁想著如何為書稿繪製插圖時，我的老友Peter Bruce 鼎力相助，為我繪製了各位在書中看到的美麗插圖。Peter，謝謝你！

我的博士生 Kyle Furlane 是一位出色的討論者，為我指出了第二章所引用的部分研究。Evan Wenstra 和 Kristin Andrews 在約克大學（York University）主持的讀書會對本書第一部的評論也讓我受益匪淺。西班牙巴斯克大學（University of the Basque Country）邏輯、認知、語言和資訊研究所（ILCLI）的研究小組在最後階段完整閱讀了我的書稿。Zvi Biener、Kate Sorrels、Jeanne-Marie Musca、Tom Polger、Valerie Hardcastle、Larry Jost、Colin Marshall 和 Peter Langland-Hassan 閱讀了書中部分章節的雛形版本，他們的反饋幫助引導了我的寫作。Angela Potochnik、Tony

Chemero 和 Vanessa Carbonell 為稍微完整的章節提供意見，對我助益良多。Kyle Snyder 提供的評論與指教幫助我使本書的核心論述更清楚明瞭且聚焦。

十分感謝大家！另外，還要感謝我在牛津的編輯 Peter Ohlin，沒有他的敦促，我的想法無法具體呈現。

2016 至 2017 年 間，我 在 辛 辛 那 提 大 學（University of Cincinnati）塔夫特中心（Taft Center）擔任研究員，讓我有充足的時間與另外兩位研究員 Arya Finkelstein 和 Gergana Ivanova 一起發展我的想法。Karsten Stueber 在我研究即將結束之時來訪，並為書稿的前半部提供了寶貴的意見，他的聰明見解使本書更為精采。塔夫特中心前一年已提供了許多的支持，並贊助我前往雪梨麥考瑞大學（Macquarie University）參訪；Jeanette Kennett 也在我前去參訪時舉辦了一場座談會，我們在會上討論了本書的前幾章，讓我獲益良多。

我曾前往許多大學演講書中各章，其中包括巴斯克大學 ILCLI 研究小組、University of Antwerp 哲學與心理學中心、Indiana University South Bend、Southern Illinois University、Roskilde University、University of Rijeka、澳洲麥考瑞大學、University of Memphis、印度加爾各答的 Jadavpur University、University of Wollongong、Carleton University、Case Western Reserve University、University of Copenhagen、University of Manchester、辛辛那提大學和約克大學。非常感謝所有聽眾直言不諱且發人深省的討論。2019 年夏天，Francesco Orsi、Bart Streumer 和我在愛沙尼亞塔圖大學（University of Tartu）開設了暑

期班，給我珍貴的機會可在詩意的環境中與一群聰明絕頂的人討論本書。

此外，各大會議和工作坊上的討論也讓我受惠不少，如歐洲情感研究哲學學會（Philosophical Society）、歐洲哲學和心理學會（European Society for Philosophy and Psychology）、國際情緒研究學會（International Society for Research on Emotions）、巴西分析哲學學會（Brazilian Society for Analytic Philosophy）、語言、認知和語境研討會（Workshop on Language, Cognition, and Context）以及辛辛那提大學和俄亥俄州立大學（Ohio State University）哲學系共同舉辦的工作坊。

最後，我在辛辛那提大學的研究生和大三生講座上介紹過部分材料，也讓我獲益匪淺。我在本書的不同階段曾在辛辛那提的精神分析研究協會（Association for the Study of Psychoanalytic Thought）進行過簡報，非常感謝與會者提出精闢、有益的評論和指教。經歷這一切，尤其在新冠疫情艱難的居家防疫期間，謝謝我的朋友、家人和克羅斯比（Crosby）讓我能保持理智（假設我當然「仍然」如此）。

本書撰寫期間，我曾任辛辛那提大學哲學教授和塔夫特中心研究學者，並歷經我擔任巴斯克大學邏輯、認知、語言和資訊研究所 Ikerbasque 研究教授的最後階段，感謝巴斯克政府贊助（IT1032-16）和西班牙政府贊助（PID2019-106078GB-I00 [MCI/AEI/FEDER, UE]）。

科學文化 227

發現你的共感天賦
同理心如何運作
The Space Between: How Empathy Really Works

原　　著 —— 麥波姆（Heidi L. Maibom）
譯　　者 —— 張嘉倫
科學叢書顧問群 —— 林和（總策劃）、牟中原、李國偉、周成功

總 編 輯 —— 吳佩穎
編輯顧問 —— 林榮崧
責任編輯 —— 吳育燐、陳韋宏（特約）
美術設計 —— 蕭伊寂
封面設計 —— 蕭伊寂

出 版 者 —— 遠見天下文化出版股份有限公司
創 辦 人 —— 高希均、王力行
遠見・天下文化 事業群榮譽董事長 —— 高希均
遠見・天下文化 事業群董事長 —— 王力行
天下文化社長 —— 林天來
國際事務開發部兼版權中心總監 —— 潘欣
法律顧問 —— 理律法律事務所陳長文律師
著作權顧問 —— 魏啟翔律師
社址 —— 台北市 104 松江路 93 巷 1 號 2 樓
讀者服務專線 —— 02-2662-0012　　傳真 —— 02-2662-0007；02-2662-0009
電子郵件信箱 —— cwpc@cwgv.com.tw
直接郵撥帳號 —— 1326703-6 號 遠見天下文化出版股份有限公司

電腦排版 —— 黃秋玲
製 版 廠 —— 東豪印刷事業有限公司
印 刷 廠 —— 祥峰印刷事業有限公司
裝 訂 廠 —— 聿成裝訂股份有限公司
登 記 證 —— 局版台業字第 2517 號
總 經 銷 —— 大和書報圖書股份有限公司 電話／ 02-8990-2588
出版日期 —— 2023 年 10 月 31 日第一版第 1 次印行

國家圖書館出版品預行編目 (CIP) 資料

發現你的共感天賦：同理心如何運作 / 麥波姆
(Heidi L. Maibom) 著；張嘉倫譯 .-- 第一版 .
-- 臺北市：遠見天下文化出版股份有限公司，
2023.10
　面；　公分 .-- (科學文化；227)
譯　自：The space between : how empathy really
works
ISBN 978-626-355-458-0(平裝)

1.CST: 同理心　2.CST: 哲學

176.525　　　　　　　　　　　　112016692

定價 —— NTD 480 元
書號 —— BCS227
ISBN —— 978-626-355-458-0　|　EISBN 9786263554603（EPUB）；9786263554597（PDF）

天下文化官網 —— bookzone.cwgv.com.tw

天下·文化
BELIEVE IN READING